Das Buch

Über 30 Jahre lang verfolgte Oberstaatsanwalt Egbert Bülles verbrecherische Organisationen. Er ermittelte gegen Mafiosi und Menschenhändler, deckte Kartelle und kriminelle Strukturen auf und legte die Finger in staatliche Schwachstellen, wie etwa beim Visa-Missbrauch. Heute weiß er: Der Krieg gegen die organisierte Kriminalität ist kaum zu gewinnen – jedenfalls nicht, wenn er so weitergeführt wird wie bisher. Politische Quertreiber, mangelndes Personal, zu wenig Geld, bürokratische Hindernisse und widersinnige gesetzliche Schranken sorgen dafür, dass hiesige Strafverfolger gegen die in- und ausländischen Syndikate oft auf verlorenem Posten stehen. Ohne Umschweife benennt Egbert Bülles in seinem Buch die Schwächen der deutschen Verbrechensbekämpfung und zeigt, was dringend verbessert werden muss, um der Schwerkriminalität Einhalt zu gebieten.

Der Autor

Egbert Bülles, geboren 1946, war bis zu seiner Pensionierung im März 2012 in der Staatsanwaltschaft Köln tätig und leitete viele Jahre als Oberstaatsanwalt die Abteilung Organisierte Kriminalität im Kölner Justizzentrum. Er ist verheiratet und Vater von zwei Kindern.

EGBERT BÜLLES

DEUTSCHLAND VERBRECHERLAND?

MEIN EINSATZ GEGEN DIE ORGANISIERTE KRIMINALITÄT

UNTER MITARBEIT
VON AXEL SPILCKER

ULLSTEIN

Besuchen Sie uns im Internet:
www.ullstein-taschenbuch.de

Zum Schutz von Personen wurden Namen, Biographien und Orte zum Teil verändert und Handlungen, Ereignisse und Situationen an manchen Stellen abgewandelt.

MIX
Papier aus verantwortungsvollen Quellen
FSC
www.fsc.org
FSC® C083411

Erweiterte Ausgabe im Ullstein Taschenbuch
1. Auflage Januar 2015

Umschlaggestaltung: ZERO Werbeagentur, München,
nach einer Vorlage von Christian Otto Geviert
Titelabbildung: © Josef Ley / BILD-Zeitung
Satz: LVD GmbH, Berlin
Gesetzt aus der Cheltenham
Papier: Pamo Super von Arctic Paper Mochenwangen GmbH
Druck und Bindearbeiten: CPI books GmbH, Leck
Printed in Germany
ISBN 978-3-548-37575-5

Inhalt

Prolog

Die Monate während der Arbeit an diesem Buch waren nicht einfach. Von allen Seiten prasselten mehr oder minder gutgemeinte Ratschläge auf mich ein. Die Ankündigung meines Buches in der Programmvorschau des Verlags rief etliche Kollegen auf den Plan. Im Kölner Justizzentrum wurden einige zunehmend nervös. Allzu gut waren den Vorgesetzten noch manche meiner kritischen Statements in den Medien in Erinnerung. Oft genug habe ich bei Pressekonferenzen kein Blatt vor den Mund genommen, was mir manchen Rüffel von oben eingebracht hat.

Und nun also dieses Buch über die Probleme bei der OK-Bekämpfung – da schwante offenbar einigen meiner Kollegen Übles. Anfangs versuchte man mich mit netten Worten von meinem Vorhaben abzubringen. Bei einem Treffen mit den Spitzen meiner Behörde redete der Leitende Oberstaatsanwalt auf mich ein, ich solle die Sache doch einfach fallenlassen. Das bringe doch nichts, meinte der Chef. Das sehe ich nach wie vor anders.

Viele Kollegen, mit denen ich teils jahrzehntelang befreundet war, rückten von mir ab. Verdiente Mitarbeiter aus meiner Abteilung, die ich im Buch lobend erwähnen wollte, drängten plötzlich darauf, sie bitte nicht zu erwähnen.

Andere wiederum gaben mir den freundschaftlichen Rat, das Projekt aufzugeben; so was wolle doch eh keiner lesen. Und ändern würde sich dadurch ohnehin nichts. Das Ganze erinnere ihn an Don Quichote und dessen Kampf gegen Windmühlen, meinte ein Abteilungsleiter. »Warum also all der Ärger?«, lautete seine Schlussfolgerung.

Dazu kann ich nur sagen: Ich habe das Thema nicht um meiner selbst willen aufgegriffen. Es geht mir in diesem Buch weder darum, mich zu beweihräuchern, noch will ich meine Behörde grundlos anschwärzen. Nein, ich möchte mit meiner Kritik Anstöße liefern, die Öffentlichkeit aufrütteln und den Leuten sagen: »Achtung, hier läuft nicht alles rund! Wundert euch nicht, wenn ihr euch eures Eigentums nicht mehr sicher sein könnt, ja, wenn das Sicherheitsgefühl überhaupt mehr und mehr auf der Strecke bleibt – weil Justiz und Polizei nicht mehr in der Lage sind, effektiv gegen die organisierte Kriminalität zu kämpfen.«

Denn so ist es nun einmal. Das weiß ich aus eigener Erfahrung nur zu gut.

Ruhelos im Ruhestand

Januar 2013. Wagenreifen quietschen vor einer Wohnung im Kölner Stadtteil Kalk. Schwerbewaffnete Polizeibeamte eines Spezialeinsatzkommandos (SEK) springen heraus. Kurze Zeit später führen sie den 39-jährigen Gentile S. ab. Er gilt als Kopf einer sizilianischen Gruppe von Bau-Mafiosi. Die 24-köpfige Bande steuerte über Strohmänner Dutzende von Scheinunternehmen. Unter ihrem Firmenmantel schafften Schwarzarbeiterkolonnen als Subunternehmer auf deutschen Baustellen. Sozialabgaben und die fällige Umsatzsteuer schleuste die Bau-Connection am deutschen Fiskus vorbei. Der Schaden: 30 Millionen Euro. Zeitgleich zur großangelegten Razzia in Deutschland verhafteten die italienischen Behörden im sizilianischen Piazza Armerina, Ravanusa und Licata die Hintermänner der Organisation. Die Zeitungen berichteten groß über die ganze Aktion.

Licata, immer wieder Licata, denke ich bei der Lektüre der Schlagzeilen. Schon »mein« erster Mafia-Mord nahm in dieser sizilianischen Hochburg der Cosa Nostra seinen Ausgang.

Ende der 70er Jahre nutzte die Cosa Nostra Deutschland und speziell der Großraum Köln, in dem etwa 35 000 Italiener lebten, vornehmlich als Ruheraum für ihre Mitglieder.

Wenn Mafiosi in ihrer sizilianischen Heimat der Boden zu heiß wurde, tauchten sie irgendwo an der Rheinschiene bei Landsleuten unter.

Anfang der 80er Jahre übernahm ich als junger Staatsanwalt einen Fall, bei dem es um Schutzgelderpressung ging. Schon damals lagen Anhaltspunkte dafür vor, dass ein Großteil der italienischen Gastwirte in Köln wie auf Sizilien oder in Kalabrien Schutzgeld (»Pizzo«) an die »Ehrenwerte Gesellschaft« bezahlen musste. Aus Angst vor Repressalien traute sich kaum ein Gastronom, die Polizei einzuschalten.

Die deutschen Strafverfolger waren seinerzeit geradezu blind und taub, wenn es um mafiöse Umtriebe hierzulande ging. Kölns damaliger Polizeipräsident kanzelte das Gerede über die Mafia in Deutschland gar als Hirngespinst ab. Dabei hatten italienische Clans längst ihre Arme weit nach Deutschland ausgestreckt. Bereits in jenen Jahren operierten Ableger aus Sizilien, Kampanien oder Kalabrien in Metropolen an Rhein und Ruhr oder in Bayern. Drogen- und Waffenhandel, Schwarzarbeit auf dem Bau sowie Schutzgelderpressung gehörten zu den beliebtesten Betätigungsfeldern von Cosa Nostra, 'Ndrangheta oder Camorra.

Damals lernte ich erstmals die Methoden der Mafia kennen. Die deutsche Frau eines italienischen Gastwirts hatte uns den Hinweis auf einen Schutzgelderpresser gegeben. Der Gangster stammte aus der sizilianischen Mafia-Hochburg Licata. Kurz vor dem Zugriff konnte der Täter nach Holland flüchten, wurde aber dort geschnappt und an uns ausgeliefert.

Massimo M. war ein Ganove mit guten Verbindungen zur rheinischen Unterwelt – und mit guten Anwälten. So kam es, dass ein Verteidiger den Sizilianer noch vor dem eigentlichen Prozessbeginn aus der Untersuchungshaft auslöste. Allerdings verhängte der Haftrichter Auflagen: Massimo M.

musste seinen Pass abgeben und sich fast täglich bei hiesigen Behörden melden. Außerdem nahm die Polizei ihn rund um die Uhr unter Beobachtung.

Letzteres sollte ihm aber nichts helfen. Als Massimo M. in einem italienischen Lokal im Kölner Amüsierviertel an der Friesenstraße seine Freilassung feierte und Klavier spielte, stürmte ein Attentäter hinein und streckte ihn per Kopfschuss nieder. Der Mörder flüchtete unerkannt – er wurde nie gefasst.

Mit traurigem Gesicht besuchte mich der Anwalt des erschossenen Mafioso kurz darauf in meinem Büro. Der Verteidiger beschwerte sich vor allem darüber, dass er für seine Bemühungen kein Honorar bekommen habe. Nun, da Massimo M. tot sei, werde er auch kein Geld mehr sehen, seufzte er laut. Mein Mitleid für den Advokaten hielt sich in Grenzen.

Eine Episode, sicher, aber sie sagt viel aus über das Hier und Jetzt, genauso wie über das Gestern. In jener Zeit war ich ein Anfänger in meinem Metier und voller Zuversicht, dass der Rechtsstaat im Kampf gegen das Verbrechen am Ende stets die Oberhand behält. Das alte Räuber-und-Gendarm-Spiel gewannen nach meiner Vorstellung immer die Guten. Und das waren natürlich wir: die Staatsanwälte, die Polizei, der verlängerte Arm der deutschen Exekutive.

Heute, im Rückblick auf meine Zeit als langjähriger Chef der Abteilung Organisierte Kriminalität (OK) bei der Kölner Staatsanwaltschaft, weiß ich es besser. Nun, da ich nach 36 Jahren Kampf gegen Menschen- und Drogenhändler, Rockergangs oder Rotlichtgrößen außer Dienst stehe, muss ich mein Urteil revidieren.

Denn allzu oft verläuft das Kräftemessen genau umgekehrt: Der Räuber obsiegt, nicht der Gendarm. Nicht nur, dass die Aufklärungsraten bei Massendelikten wie Einbruch, Diebstahl oder Kfz-Aufbrüchen in den großen Metropolen teils unter zehn Prozent liegen. Nein, gerade auf dem Feld der organisierten Kriminalität drohen Justiz und Polizei ins Hintertreffen zu geraten. Immer noch treiben beispielsweise die Mafiosi aus Licata hier ihr Unwesen. Es ist so, als wüchsen die Köpfe der Hydra schneller nach, als man einen davon abschlagen kann.

Das Problem betrifft allerdings nicht nur italienische Mafiosi. Während nämlich russische Verbrechersyndikate hierzulande längst aktiv sind, gibt es kaum irgendwelche Dienststellen in der Republik, die dieses Phänomen gezielt bekämpfen. Während Schleuserbanden aus Osteuropa, Südostasien oder China jährlich Zehntausende Menschen als Arbeitssklaven oder Prostituierte nach Westeuropa schmuggeln, interessiert sich weder die Politik noch die Justiz ernsthaft für das Problem; Einbrecherbanden vom Balkan, Roma-Clans, die Kinder zu Profi-Taschendieben ausbilden und gezielt in deutschen Einkaufstraßen einsetzen; Sippen, die vor allem alte Menschen mit miesen Betrügermaschen wie etwa dem »Enkeltrick« ausnehmen, können fast ungehindert agieren.

Justiz und Polizei kapitulieren oft wegen mangelnder Ressourcen, bürokratischer Hindernisse, mitunter aber auch wegen allzu milder Rechtssprechung durch die Gerichte. Haben Sie schon einmal versucht, in Köln oder Düsseldorf einen Haftbefehl für einen jugendlichen Serieneinbrecher einer Roma-Sippe zu bekommen? Die Quote liegt bei zehn zu eins dagegen. Das heißt, von zehn Fällen wandert einer hinter Gitter, neun kommen schnell wieder frei – und waren häufig nicht mehr gesehen. Das sind keine Spinnereien eines verbitterten Strafverfolgers, das ist pure Realität.

Während sich etwa internationale Drogensyndikate, Menschenhändler oder Rockerbanden wenig um Grenzen von Bundesländern oder europäischen Staaten scheren, scheitern die Ermittlungen schon auf EU-Ebene an nationalen Ressentiments, unterschiedlichen Rechtssystemen oder gar an totalem Desinteresse. All das politische Sonntagsgerede von der besseren Zusammenarbeit der Justizbehörden hat nichts mit der Realität zu tun. Trotz Europol, trotz Eurojust (der europäischen Staatsanwaltschaft), trotz grenzüberschreitender Datenübermittlung ist das Projekt des gemeinsamen europäischen Ermittlungsraums illusionär.

In Wahrheit puzzeln viele europäische Ermittlungsstellen alleine vor sich herum. In den Niederlanden – von wo 90 Prozent der synthetischen Modedrogen nach Deutschland kommen – arbeitet man zum Beispiel nach einem ganz anderen Strafverfolgungsprinzip als bei uns. Bekommen Justiz oder Exekutive hierzulande Wind von einer Straftat, müssen sie ermitteln, ohne Wenn und Aber. Bei der niederländischen Polizei ist das ganz anders: Hier geht es darum, ob man den Fall als so gravierend einstuft, dass ihm nachgegangen werden muss.

Entscheidend ist aber vor allem, dass Hollands Justiz entsprechende Mittel für solche Ermittlungen bereitstellt. Ansonsten fällt die Angelegenheit hinten runter. Kein Wunder also, dass Bitten um Amtshilfe von unseren Nachbarn mitunter gar nicht oder nur schleppend angepackt werden. Beim Geld hört die Freundschaft auf – auch oder gerade in Europa.

Das Schlimmste aber ist die Ignoranz – nämlich die Ignoranz dessen, was nicht sein darf.

Dazu muss man wissen, dass Ermittlungsverfahren im Bereich der organisierten Kriminalität (OK) eine lange Vorlaufzeit haben. Meist dauern solche Nachforschungen Monate, oft Jahre. Wir ermitteln im verdeckten Bereich, mit Telefonfonüberwachung, Informanten, verdeckten Ermittlern, Bewegungsbildern, Wanzen, Videoüberwachung etc. Bevor aber all dies zum Einsatz kommt, müssen OK-Ermittler dezidierte Hinweise zusammengetragen haben, dass eine neue bandenmäßige Organisation auf den Plan getreten ist. Wenn es gut läuft, verfügen die großen Polizeibehörden über Auswertestellen, die Informationen aus dem kriminellen Milieu bündeln und Alarm schlagen, wenn die Analytiker auffällige kriminelle Aktivitäten rund um Personen entdecken, die miteinander in Verbindung stehen. Oder aber Spitzel aus dem Milieu liefern Hinweise auf eine Verbrecherbande, die sich gerade breitgemacht hat.

Nun gibt es zwei Möglichkeiten: Entweder, die Auswertestelle kommt zu dem Ergebnis, dass womöglich eine neue Bande aktiv ist – oder aber das Verfahren wird von der Kripo oder auch der Staatsanwaltschaft »kaputtgeschrieben«. Damit zitiere ich nur den üblichen Polizeijargon. So etwas passiert insbesondere dann, wenn die Kapazitäten der OK-Dienststellen der Polizei vollauf mit anderen Ermittlungen beschäftigt sind. Die Folge: Deutsche Strafverfolger bekommen eigentlich nur stichpunktartig mit, wie und wo die überwiegend ausländischen Verbrechersyndikate überall operieren. Vieles davon bleibt im Dunkeln.

Das hängt einerseits mit fehlendem Personal bei Justiz und Polizei zusammen, liegt andererseits aber auch an der Politik in Bund und Ländern. Um große Verbrecherorganisationen zu bekämpfen, bräuchte man zentrale OK-Einheiten. Dass aber 16 Bundesländer nebeneinander Kriminalitätsbekämpfung betreiben, spielt der Gegenseite in die Hand. Anstatt besondere Phänomene des organisierten Verbrechens zentral zu bündeln und zu bekämpfen, herrscht oft ein großes Durcheinander zwischen den Behörden. Häufig genug habe ich erlebt, dass Justizstellen aus anderen Bundesländern völlig überrascht reagierten, wenn sie merkten, dass wir gegen dieselbe Gruppierung ermittelten. Und manchmal waren sie froh, dass sie anschließend unliebsame und mühselige Verfahren an uns abgeben konnten …

Auch beim technischen Ermittlungsbesteck liegt vieles im Argen: Vorratsdatenspeicherung, die Überwachung von Satellitentelefonen, Trojaner – seit Jahren hängt die Rechtsprechung die Hürden für den Einsatz solch moderner Ermittlungstechnik immer höher, und die Politik assistiert durch gesetzliches Nichtstun. Auf diese Weise gewähren Judikative und Legislative Kinderporno-Ringen, Drogenkartellen oder Cyber-Betrügern einen Riesenvorsprung – eine Formulierung, die übrigens nicht von mir stammt, sondern vom nordrhein-westfälischen Innenminister Ralf Jäger (SPD).[1]

Und er hat recht. Offenbar glauben Politiker wie die Bundesjustizministerin Sabine Leutheusser-Schnarrenberger (FDP) immer noch an die Mär, dass mit Hilfe von Fingerabdrücken und der kriminalistischen Supernase dem Gangster von heute auf die Schliche zu kommen sei. Dabei agiert der moderne »Bandit« heutzutage übers World Wide Web, mit verschlüsselten E-Mails und verschlüsselter Skype-Internettelefonie, versteckt hinter zig Serverstellen rund um den Globus – und düpiert auf diese Weise die deutschen Strafverfolger.

Und das schlicht nur, weil die seit 2009 regierende schwarz-gelbe Bundesregierung und der hiesige Sicherheitsapparat nicht in der Lage sind, die Vorratsdatenspeicherung sowie die notwendige Überwachung von PC und Internet den Anforderungen an die Strafverfolger im 21. Jahrhundert anzupassen. Derzeit zumindest sind die OK-Ermittler im Bereich der IT-Kommunikation blind. Vorteil also für die Verbrechersyndikate – auch dank Frau Leutheusser-Schnarrenberger.

Jene Schwarzmaler, die etwa beim Stichwort »Vorratsdatenspeicherung« schon den Orwell'schen Überwachungsstaat heraufdämmern sehen, verkennen dabei Folgendes: Allein die Telefonüberwachungen und Lauschangriffe per Wanzen auf die sogenannte »Sauerländer Terrorgruppe«, die im September 2007 mit Bombenanschlägen hierzulande ein Blutbad anrichten wollte, beschäftigte über Monate fast den gesamten Überwachungsapparat des Bundeskriminalamts (BKA) und der süddeutschen Landeskriminalämter. Dabei bestand diese Terrorzelle aus gerade einmal vier Verdächtigen. Das heißt: Drei Viertel der gesamten süddeutschen und bundesdeutschen Observationsressourcen wurden durch die Beschattung von vier Leuten gebunden. Angesichts solcher Fakten erscheint das Horrorszenario vom staatlichen »Big Brother«, der alles und jeden in der Republik rund um die Uhr und in jeder Hinsicht im Auge hat, mehr als absurd.

Und wenn der Bundesdatenbeauftragte jedes Jahr mit sorgenvoller Miene die steigenden Zahlen von Telefonüberwachungen anprangert, dann verschweigt er geflissentlich, dass die modernen Gangster nicht nur eine Sim-Karte und ein Mobiltelefon benutzen, sondern meist Dutzende davon. Die Folge: Für jede neue Handynummer – und sei es nur eine Prepaid-Card – muss die Justiz bei einem Amtsrichter einen Überwachungsbeschluss erwirken. Kein Wunder, dass die Zahl der Abhöraktionen sprunghaft ansteigt.

Von all diesen Problemen möchte ich in diesem Buch erzählen. Ich möchte damit die Leser wachrütteln und sensibilisieren für all jene Tücken, Hindernisse und Schwierigkeiten, die ich in knapp 40 Jahren als Staatsanwalt im Kampf gegen das organisierte Verbrechen erlebt habe. Ich möchte unter anderem davon berichten, wie die Spitzen der Bundespolitik mich zwischen 2002 und 2006 bei der Aufklärung der sogenannten »Visa-Affäre« jahrelang behinderten, wie sie hinter meinem Rücken mauschelten, wie die Beamten des damaligen Außenministers Joschka Fischer und seines Kabinettskollegen Otto Schily mir monatelang wichtige Unterlagen aus dem Auswärtigen Amt und dem Bundesinnenministerium vorenthielten. Ich erzähle aber auch vom ungleichen Kampf gegen die italienische Mafia, die inzwischen auch hierzulande ihre Einflussbereiche massiv ausdehnt, ohne dass deutsche Stellen wirksam dagegenhalten. Es geht um organisierte Autoknackerbanden, die die Wegfahrsperren deutscher Nobelkarossen aushebeln – nicht zuletzt, weil die hiesigen Autoproduzenten keine neuen Sicherheitstechniken entwickeln. Das Buch handelt auch von Drogenkartellen, der Kapitulation deutscher Ermittler und der Justiz vor Einbrecherbanden und von den erheblichen Defiziten der EU beim grenzüberschreitenden Kampf gegen das organisierte Verbrechen. Vor allem aber geht es mir um das Versagen der deutschen Politik, die sukzessive Personalressourcen bei Polizei und Justiz kürzt und die Gerichte dazu zwingt, angesichts der stetigen Verfahrensflut immer häufiger krumme Deals mit den Angeklagten einzugehen, ganz gleich, ob der Fall dadurch aufgeklärt wird oder nicht.

Nun soll niemand glauben, mein Job hätte mich frustriert oder ausgebrannt zurückgelassen. Ganz im Gegenteil: Wer mich kennt, der weiß, dass ich keinen Tag als Ankläger der größten Justizbehörde Nordrhein-Westfalens bereue oder missen möchte. Es war eine aufregende Zeit, mit vielen Abenteuern, mit kniffligen kriminalistischen Fällen nebst spannenden juristischen Gefechten mit Verteidigern vor Gericht – und vor allem: mit vielen bewegenden und traurigen menschlichen Schicksalen.

Verbrechen ohne Grenzen

Insbesondere nach dem Mauerfall 1989 und der Öffnung der Grenzen zu Osteuropa breitete sich das organisierte Verbrechen massiv in Deutschland aus. Mit dem enormen Wohlstandsgefälle zwischen Ost und West stieg die Zahl der Straftaten rasant an. Dies war die Geburtsstunde der Abteilungen »Organisierte Kriminalität« bei Polizei und Justiz in Köln, die bald auch überregionale Zuständigkeiten entwickelten. Die Zusammenarbeit zwischen den einzelnen Dezernenten und Abteilungsleitern sowie die stets neuen Herausforderungen ließen eine Alltagsroutine bei der Arbeit erst gar nicht aufkommen. Beim Kampf gegen die Banden- und OK-Kriminalität handelte es sich nicht um Fließbandarbeit, sondern um höchst abwechslungsreiche Verfahren. Der technische Fortschritt vor allem im IT-Bereich lieferte den modernen Ganoven ein riesiges Spielfeld für neue Verbrechensarten. Beispiel: Skimming – das Abfischen von EC-Karten-Daten im Netz durch rumänische oder russische Syndikate – avancierte binnen zehn Jahren zu einer wahren Plage in Westeuropa.

Die OK-Arbeit konfrontiert einen also in erster Linie mit Ausländerkriminalität beziehungsweise der Kriminalität von Mitbürgern, die einen Migrationshintergrund haben.

80 Prozent unserer »Kundschaft« verfügt über ebendiesen Background. Das heißt nicht, dass die Deutschen per se die besseren Menschen wären. Die sind nur eher anderweitig kriminell – sie mischen zum Beispiel gerne vom Schreibtisch aus in hochkonspirativen Wirtschaftskrimis mit hohen Umsätzen mit. Im normalen Rotlichtgeschäft oder auf anderen Feldern wie Schutzgelderpressung, Menschen- oder Drogenhandel ziehen jedoch längst ausländische Gruppierungen die Fäden. In den Amüsiervierteln haben sie seit langem die deutschen Zuhälter verdrängt. Aggressivität, Zusammenhalt, archaische Regeln innerhalb der Gruppen, in der nur Begriffe zählen wie »sich grademachen« im Kampf Mann gegen Mann, machen ihre Schlagkraft aus.

Den Nachwuchs ziehen die Gangs in den sozialen Brennpunkten der Metropolen an Rhein und Ruhr heran. Geblendet von den tollen Schlitten, den teuren Uhren und dem Harem der Bosse, will dort quasi jeder zweite junge Kerl Türsteher oder Bodyguard werden. Angesichts einer Schulabbruchsquote von 20 Prozent unter Schülern mit Migrationshintergrund in NRW ist das kein Wunder.[2]

Das gilt übrigens auch für die Rockerbanden der Hells Angels oder Bandidos. Die Chapter rüsten auf, und zwar durch schlagkräftige Novizen mit deutschem Pass, die oft einen türkischen, albanischen oder arabischen Background haben.

Der hohe Ausländeranteil im Bereich der organisierten Kriminalität ist typisch für viele Großstädte – etwa für Berlin, wo libanesische, türkische und palästinensische Familienclans mit Drogen- und Menschenhandel, Schutzgelderpressung oder Geldwäsche das große Geld machen. Justiz und Polizei scheinen machtlos – auch, weil die Politik sie im Regen stehen lässt. Das führt dazu, dass der Respekt vor der Staatsmacht sinkt. Vielmehr geraten Polizeibeamte oder Staatsanwälte selbst immer häufiger ins Visier solcher Organisationen.

Die Abschiebung oder Ausweisung scheitert teils an der ungeklärten Staatszugehörigkeit, teils daran, dass die Protagonisten längst einen deutschen Pass haben, oder auch schlicht daran, dass die Ausländerbehörden in der Bundeshauptstadt und andernorts völlig überfordert sind. Zahlreiche Mitglieder des Berliner Verbrecherclans mit dem Anfangsbuchstaben C haben deutsche Papiere, obschon sie zig Straftaten hingelegt haben. Kaum einer dieser Leute wanderte je für längere Zeit hinter Gitter.

Selten auch schieben die deutschen Behörden ausländische Schwerkriminelle nach der Verbüßung einer hohen Haftstrafe in ihre Heimatländer ab. Dabei erlaubt der Gesetzgeber dieses Prozedere ab einem Schuldspruch in Höhe von mehr als drei Jahren Haft.

Womit wir beim eigentlichen Problem wären: Weder Polizei noch Justiz führen eine verlässliche Statistik über die Ausländerkriminalität. Der Grund ist ganz einfach: Viele Ausländer werden in der Kriminalstatistik als Deutsche geführt – und das, obwohl sich manche davon vor Gericht nur per Dolmetscher verständigen können. Nach einer extremen Gewalt- und Verbrechenswelle durch junge deutsch-russische Gangs erstellte das LKA Nordrhein-Westfalen 2004 und 2005 eine eigene Statistik für diese Klientel.[3] Die Zahlen waren erschreckend hoch: Viele der jungen Leute, die ein hohes Maß an Brutalität an den Tag legten, sprachen schlecht Deutsch und fühlten sich ausgegrenzt. 2006 stoppte man das Projekt. Begründung: Man wolle keine einzelne ethnische Gruppe stigmatisieren. Insoweit darf ich auch auf die Ausführungen von Kriminalbeamten verweisen, die die Forderung aufstellten, den Begriff »deutscher Tatverdächtiger« in der Kriminalstatistik differenzierter darzustellen.[4]

Niemand aber macht sich die Mühe, entsprechende Analysen zu betreiben. Solche Ansätze passen nicht ins Konzept der Political Correctness. Mitunter hat man das Gefühl, alles läuft nach der Devise: Lieber Verbrechensphänomene nach Gutmenschenart verschweigen, als sie wirksam bekämpfen.

Dabei drängen sich etliche Fragen auf. Gibt es etwa bestimmte Kriminalitätsformen, die nur oder vorrangig von bestimmten Nationalitäten oder Bevölkerungsgruppen begangen werden? Das hört sich zunächst ketzerisch, geradezu fremdenfeindlich an, ergibt aber bei näherem Hinschauen Sinn, wenn man bedenkt, dass zum Beispiel nur Roma-Clans alte Menschen mit dem Enkel- oder dem Glas-Wasser-Trick abzocken. Was eine zweite Frage in den Raum stellt: Leben diese Banden dauerhaft hier oder grasen sie planmäßig Deutschland und angrenzende Nachbarstaaten ab?

Den hohen Anteil von Ausländern als Täter im Rahmen der organisierten Kriminalität überhaupt zu erwähnen gleicht häufig einem Tabubruch. Als ich in einem Interview mit dem Nachrichtenmagazin *Focus* im Juli 2012 behauptete, dass mehr als 50 Prozent der Bandeneinbruchsdiebstähle im Großraum Köln auf das Konto von Roma- und Rumänenbanden gingen, erschien dieses Interview ausdrücklich mit dem Zusatz meiner ehemaligen Behörde, dass dies meine Privatmeinung sei.[5] Widersprochen wurde dieser Aussage allerdings nicht! Kein Wunder, schließlich hatte der Kölner Chefermittler Peter Frauenkron den Anteil der Wohnungseinbrecher aus Südosteuropa in der Rheinregion mit fast 80 Prozent beziffert.[6] Diese Aussage dürfte nicht nur für Köln, sondern auch für die Nachbarländer Österreich, die Schweiz, Frankreich und die Beneluxstaaten gelten.

Ein anderes Beispiel. Schon 2002 fertigte der *Kölner*

Stadt-Anzeiger mit der Pressestelle der Kölner Polizei eine Artikelserie über organisierten Taschendiebstahl und Einbruch durch reisende Roma-Clans an. Prompt folgte der Ukas aus dem nordrhein-westfälischen Innenministerium. Fortan durften die Medienstellen der Polizei nur noch von »Tätern aus dem ehemaligen Jugoslawien« sprechen. Den sinnfälligen Unterschied vermag ich nicht zu erkennen. Ist es besser, auf diese Weise Kroaten, Serben, Mazedonen, Slowenen etc. pauschal zu stigmatisieren, anstatt die wahren Tätergruppen konkret beim Namen zu nennen?

Natürlich weiß ich um das grausame Schicksal der Sinti und Roma im Dritten Reich. Damals starben Hunderttausende unschuldiger Menschen in den Konzentrationslagern der Nazis. Ein furchtbares Schicksal – und bis heute unvergessen. Derzeit wird ihnen in vielen südosteuropäischen Ländern immer noch übel mitgespielt. Aber dennoch sollte man die Augen vor aktuellen Problemen nicht verschließen. Wenn laut Vernehmungsprotokoll ein Roma-Einbrecher freimütig erzählt, wie die jungen Männer sich im Herbst in ihren Quartieren in den benachbarten Beneluxstaaten zusammenschließen, um in Deutschland monatelang auf Diebestour zu gehen, darf man das nicht verschweigen.

Das heißt noch lange nicht, dass ein Großteil der Roma hierzulande kriminell ist. Das Gegenteil ist der Fall: Die Allermeisten sind rechtschaffene Leute. Aber es hilft nicht, das importierte Verbrechen durch Banden zu verharmlosen, ob sie nun aus dem ehemaligen Ostblock, aus Ex-Jugoslawien oder woher auch immer stammen.

Viel schlimmer aber noch ist die Nonchalance, mit der die Politik über die negativen Folgen der offenen Grenzen in der Europäischen Union hinweggeht. Natürlich ist es toll, dass ich heute überall in Westeuropa einfach unkontrolliert durchfahren kann. Allerdings zahlen wir in der EU einen hohen Preis dafür: Durch den Wegfall der Grenzkontrollen überschwemmen Banden vom Balkan die westeuropäischen Industrienationen. Sie rasen mit Autos in die Schaufenster von Juwelieren und räumen binnen Sekunden die Auslagen aus oder gehen wochenlang auf Klautour in den Metropolen.

In diesem Zusammenhang haben wir noch immer unter den Nachwehen des Bürgerkrieges in Ex-Jugoslawien zu leiden. Die Täter aus den Nachfolgestaaten sind zumeist bewaffnet und besonders gefährlich. Selbst vor der Misshandlung von Zeugen der Justiz schrecken sie nicht zurück.

Wenn es indes um den Kfz-Diebstahl geht, sind meist Polen oder Litauer am Werke. Längst haben sie spezielle Module entwickelt, um Nobelkarossen der Marken Audi, BMW oder Mercedes zu klauen und sicher außer Landes zu bringen. Im Rotlichtmilieu wiederum operieren neben Rockergangs vor allem türkische und albanische Banden.

Mutig, aber zutreffend war ein Artikel in der *Frankfurter Allgemeinen Sonntagszeitung* vom 16. März 2008 mit der Überschrift »Verbrechen lohnt sich doch«, in dem der Autor über eine geheime Sicherheitstagung zu den Zuständen auf dem Balkan berichtete. Dabei ging es um albanische kriminelle Netzwerke. Zwar gebe es in jedem Staat organisierte Kriminalität, aber seit der Unabhängigkeitserklärung des Kosovo besitze die OK dort quasi einen eigenen Staat. Das passte zu der Bemerkung, die mir einmal ein OK-Kollege aus einer anderen Metropole zuraunte: »Beim organisierten Verbrechen verhält es sich mittlerweile wie bei den Taxifahrern: Du findest kaum noch einen deutschen Vertreter, der das Steuer lenkt. Dank der offenen Grenzen kommen die meisten aus dem Ausland.«

Ab in den Westen: Die Schleuser-Connection

Das Telefon klingelt. Die Pforte unten an der Sicherheitsschleuse meldet sich: »Da ist eine Frau Schulz mit ihrem Enkelsohn. Die will sie sprechen.«

Schlecht gelaunt ob der Störung will ich schon zu einem Raunzer ansetzen, als sich eine innere Stimme in mir meldet. Schulz – der Name taucht doch irgendwo in einer Akte auf. Ein Allerweltsname, sicher, aber irgendetwas klingelt bei mir. Ja, da gibt es eine Tanja Schulz, 25 Jahre alt, die in England in Untersuchungshaft sitzt. Die Kölnerin spielt eine Hauptrolle bei den Ermittlungen gegen eine Schleuserbande, die Hunderte Tamilen über Deutschland nach Großbritannien eingeschmuggelt hat. Vor einigen Wochen hatten wir in einer konzertierten Aktion mit Bundespolizei sowie französischen und englischen Kollegen die Bande in allen drei Ländern ausgehoben.

Tanja Schulz, alleinerziehende Mutter eines achtjährigen Sohnes, war stets knapp bei Kasse gewesen und konnte offenbar jeden Job gebrauchen. Im Sommer 2001 heuerten die Bandenbosse sie als Kurierfahrerin an. In einem Kleintransporter pferchten die Gangster 26 Tamilen hinter einer doppelten Wand zusammen. Als der Lieferwagen in Dover von der Kanalfähre rollte, wurde er von englischen Grenzern gestoppt. Die Zöllner scannten den Laderaum mit einer Wärmebildkamera. Die warme Atemluft verriet die in einem engen Hohlraum verborgenen Tamilen. Schnell fanden die Beamten das Versteck. Als sie die Tarnwand herunterrissen, fielen ihnen schon die ersten Männer bewusstlos entgegen. Nur ein wenig länger, und viele der Flüchtlinge, die von einer goldenen Zukunft im gelobten Westen geträumt hatten, wären wegen des Sauerstoffmangels in ihrem Verschlag elendig zugrunde gegangen, bevor sie einen Fuß auf englischen Boden gesetzt hätten. So waren im Juni 2000 in einem »Todeslaster« an der englischen Kanal-Küste 58 Flüchtlinge jämmerlich erstickt.[7]

Tanja Schulz, die stets beteuerte, von dem Leid ihrer Insassen nichts geahnt zu haben, drohte seither eine lange Haftstrafe in einem britischen Gefängnis. Hat die nun beim Pförtner stehende Frau Schulz etwas mit der Inhaftierten zu tun? »O.k., lassen Sie die Frau und ihren Enkel zu mir«, bitte ich den Pförtner freundlich.

Minuten später steht eine ältere Frau in der Tür meines Büros. Eine Endfünfzigerin, mittelgroß, grauschwarze Haare. Die Ringe unter ihren dunklen Augen zeugen von durchwachten Nächten. Neben ihr lugt ein kleiner Junge neugierig in mein mit Aktenbänden zugepflastertes Zimmer.

»Sieglinde Schulz«, sagt die Frau. »Und das ist mein Enkel Jonas.«

»Kommen Sie herein.« Ich deute mit einer Handbewegung auf die beiden Stühle vor meinem Schreibtisch. Höflich erkundige ich mich nach dem Grund ihres Besuchs.

Leicht verschämt knetet die Frau ihre Hände. Den Blick auf meinen abgenutzten Verloursteppich gesenkt, beginnt sie schließlich zu reden: »Es geht um meine Tochter Tanja«, sagt Frau Schulz. »Sie ist da in eine dumme Sache hineingeraten.« Sie schaut mich mit einem um Verständnis heischenden Blick an.

»Und weiter?«, will ich wissen.

»Wissen Sie, meine Tochter ist dazu gezwungen worden, bei dieser Sache mitzumachen. Sie hat ja bisher zu allem geschwiegen, weil sie Angst um die Sicherheit ihres Sohnes hatte«, fährt Frau Schulz fort. Ich ziehe die Augenbrauen hoch. »Ich weiß, das klingt banal und unglaubwürdig, aber es ist so.«

»Erzählen Sie weiter.« Ohne mir meine Zweifel anmerken zu lassen, zwinkere ich ihr aufmunternd zu.

Ihre matten, dunklen Augen leben einen Moment lang auf. Hoffnungsvoll streicht Frau Schulz ihrem Enkel über den Kopf, bevor sie fortfährt. Beinahe ohne Pause erzählt sie, wie ihre Tochter vor ein paar Monaten einen Mann kennengelernt hatte. Der Typ habe Tanja das Blaue vom Himmel versprochen. »Der Vater von Jonas hat Tanja und den Jungen vor ein paar Jahren sitzenlassen und zahlt seither keinen Cent Unterhalt.« Ihre Tochter habe keinen Job gefunden und Schulden gemacht. »Da hat der Mann ihr von einem Fahrerjob vorgeschwärmt, der all ihre Probleme auf einen Schlag lösen könne«, berichtet die Mutter. »Als Tanja aber hörte, was sie dafür tun sollte, hat sie sich zuerst geweigert.«

Kurz hält Sieglinde Schulz inne, bevor sie fortfährt: »Doch dann kam der Kerl wieder – zusammen mit einem anderen Mann. Und nun setzten sie meine Tochter massiv unter Druck.« Ihre Stimme wird brüchig, die Augen schimmern feucht. »Sie haben ihr gedroht, dass dem Jungen etwas zustoßen würde, falls sie den Auftrag nicht übernehme.«

Erste Tränen laufen über ihre Wangen. Mit Mühe gelingt es Frau Schulz, die Fassung wiederzufinden: »Meine Tanja hat dann kapituliert, schließlich ging es um ihren Jungen. Die Gangster haben ihr versichert, dass nichts passieren könne. Das Versteck sei groß genug, den Flüchtlingen werde nichts geschehen. Es gebe so gut wie kein Risiko, eine todsichere Sache. In ein paar Stunden sei alles vorüber, und meine Tochter könne ihre Schulden begleichen«, beteuert die Großmutter. »Tja, da ist sie dann losgefahren.«

Je länger die Frau redet, desto klarer wird mir, dass sie und ihr Enkel in höchster Gefahr schweben. Obschon Dutzende Bandenmitglieder inzwischen in Untersuchungshaft sitzen, sind wir nicht sicher, ob die Organisation gänzlich zerschlagen wurde.

»Sie brauchen Personenschutz«, schlage ich vor.

Doch die Frau winkt ab. »Nein, nein, so schlimm wird es nicht sein. Besser, Sie helfen meiner Tochter.« Sagt's und schaut mich beinahe flehentlich an.

Ich nicke verständnisvoll: »Mal sehen, was sich tun lässt«, brumme ich. »Aber mit den Briten ist es nicht so einfach. Vor allem die Richter dort sind sehr eigen, die lassen sich nur höchst ungern von einem deutschen Staatsanwalt sagen, wie sie ihr Verfahren zu führen haben.« Ich kann Frau Schulz in der Tat nur wenig Hoffnung machen.

Sie aber lässt mir keine Ruhe, ehe ich ihr nicht verbindlich verspreche, mich für ihre Tochter zu verwenden. »Der Junge braucht wieder seine Mutter«, walzt sie meine letzten Vorbehalte mit einem Appell an meine Gefühle einfach nieder.

Bülles, der harte OK-Ankläger, der gerne auch mal poltert, wird hier an seiner weichen Flanke erwischt. Wie ein Ast im Sturm knicke ich ein. Schließlich habe ich selbst zwei Söhne. Was würde ich nicht alles für meine Jungs tun, schießt es mir durch den Kopf, während ich die Dame und ihren Enkel verabschiede.

Eine rührende Episode, gewiss – die aber mehr als alles andere über die miesen Touren der Schleuserbanden aussagt. Die Gangster arbeiten mit Druck, Erpressung, nutzen Menschen aus prekären Verhältnissen als Strohleute für

Tarnfirmen oder lassen sie die Drecksarbeit machen. Die Drahtzieher halten sich wohlweislich im Hintergrund.

Das Verbrechensphänomen ist nicht neu. Im Gegenteil: Spätestens seit den 90er Jahren haben die Strafverfahren an Anzahl, Umfang und »Qualität« erheblich zugenommen.

Spätestens seit der tödlichen Katastrophe im Juni 2000, als in einem Container 58 chinesische Flüchtlinge tot aufgefunden wurden, nahm auch die breite Öffentlichkeit Notiz vom meist jämmerlichen Schicksal der illegalen Einwanderer im Bereich des Eurotunnels zwischen Frankreich und Großbritannien. Später dann machten die Flüchtlinge aus Schwarzafrika und Vorderasien an der sizilianischen Küste oder vor Lampedusa Schlagzeilen. Häufig genug ertrinken die Migranten, weil die völlig überfüllten Boote auf offener See kentern und oft gar nicht tauglich für die gefährliche Überfahrt nach Westeuropa sind.

Nach Deutschland kommen die Auswanderer zumeist auf dem Landweg, neuerdings verstärkt auch wieder auf dem Luftweg, wobei sie den Schleusern hohe Summen für ein Leben in Deutschland oder Westeuropa zahlen. Meist haben sie sich in ihren Heimatländern für den vermeintlichen Trip in ein besseres Leben hoch verschuldet. Oder sie zahlen die Schlepperkosten im »gelobten Land« durch Schwarzarbeit auf Baustellen oder durch Frondienste in Lokalen ab. Und oft genug müssen Frauen auf dem Strich ihren Körper zu Dumpingpreisen verkaufen.

Neuerdings kommen viele dieser illegalen Zuwanderer aus Afghanistan, Irak, Syrien, Iran, aus Ex-Jugoslawien, Rumänien und Bulgarien. Versteckt in Kofferräumen von Kleintransportern, eingepfercht in Containern oder hinter Paletten in Lkws, gehen die illegalen Zuwanderer ein hohes Risiko ein. Da die Route über Polen oder Tschechien dank massiver Grenzkontrollen riskant geworden ist, schmuggeln die Schlepper die Menschen verstärkt über die türkisch-griechische Grenze nach Westeuropa ein. Die Lebensgefahr ist immens: Insbesondere bei Überfahrten durch die Ägäis kommen immer wieder Dutzende von Flüchtlingen ums Leben. So ertranken am 6. September 2012 mindestens 58 Bootsinsassen, weil ihr Kahn unterging. Das gerade 15 Meter lange Boot war völlig überladen. Schleuser hatten 100 Menschen im Laderaum zusammengepfercht.[8]

Als weiteres Einfallstor bietet sich der Übergang über den seichten Grenzfluss Mariza an. Allein im Jahre 2010 sollen über 120 000 Flüchtlinge auf diesem Wege nach Griechenland gekommen sein. Das Land der Hellenen ist wegen seiner laxen Grenzkontrollen berühmt-berüchtigt und gilt inzwischen als illegaler Hauptzugang zur EU. Von dort aus reisen die Flüchtlinge zunächst per Schiff nach Italien und dann per Bahn, Bus oder Lkw weiter nach Deutschland, Frankreich und in die Beneluxstaaten. In den westeuropäischen Ländern dürfen sie meist auf Grund der brisanten politischen Verhältnisse in ihren Heimatländern (etwa im Iran oder Afghanistan) auf ein Bleiberecht hoffen.

Dabei sehen die EU-Statuten eigentlich vor, die illegalen Zuwanderer zumindest ins Ersteintrittsland der Europäischen Union zurückzuschicken. Da die Gerichte aber hierzulande inzwischen die Auffassung vertreten, dass die Griechen wegen ihrer enormen Schulden die europäischen Standards für Asylverfahren nicht erfüllen können, geschieht gar nichts.

Und wir stehen erst am Anfang: Durch das erhebliche Wohlstandsgefälle zwischen Europa, Afrika und teils auch Asien wird der Flüchtlingsstrom in Zukunft erheblich anwachsen. Im Gegensatz zu den südeuropäischen Küstenstaaten Italien und Spanien ist Deutschland diesbezüglich sicher noch eine Insel der Glückseligen. Aber auch bei uns nimmt die Zahl der Armutsflüchtlinge rapide zu. Gerade die Städte an Rhein und Ruhr müssen heute einen enormen

Exodus aus Bulgarien und Rumänien verkraften. Weil sich herumgesprochen hat, dass auch für die Neu-EU-Mitglieder vom Balkan in Germany Kindergeld gezahlt wird, strömten allein zwischen 2011 und 2012 über 12 000 Männer, Frauen und Kinder – meist Roma – aus den Elendsquartieren ihrer Heimatstädte in die einstigen Montanhochburgen Dortmund und Duisburg.[9]

Die Folgen dieser teils durch Schleuserbanden gesteuerten Armutseinwanderung sind dramatisch: Ganze Viertel drohen zu verwahrlosen, Massendelikte wie Einbruch und Diebstahl nehmen massiv zu, die sozialen Kosten der ohnehin schon klammen Kommunen gehen in die Millionen – eine gesellschaftliche Zeitbombe, die irgendwann explodieren kann.

Clanchefs schicken ganze Bettelkolonnen in die Innenstädte an der Rheinschiene oder nach Berlin. In Berlin-Neukölln in der Treptower Straße sollen nach Erkenntnissen der Berliner Kollegen beispielsweise jede Woche zwei Transporter mit rumänischen Kennzeichen stoppen. 10 bis 15 Männer und Frauen steigen aus den Vans und werden gleich in andere Wagen verfrachtet. Oft hausen sie anschließend zu zehnt oder zwölft in völlig heruntergekommenen Wohnungen und müssen horrende Mieten für diese Bruchbuden zahlen. Die Männer verdingen sich dann zum Beispiel für drei Euro pro Stunde auf dem »Arbeiterstrich«, gehen auf Klautour oder schicken ihre Frauen zum Anschaffen.

Viele dieser Einwandererfamilien sind abhängig von Clanchefs, die in der Heimat in noblen Villen sitzen. Mancher von ihnen lässt das Konto, auf welches das Kindergeld für die kinderreichen Sippen fließt, auf seinen Namen einrichten und kassiert so direkt mit.[10]

Kein Wunder, dass Syndikate in Osteuropa und Asien seit Jahren dabei sind, das Schlepper-Geschäft weiter auszudehnen. Allein nach Bayern wurden im Jahre 2011 fast

1800 Menschen geschleust und 800 Personen von Januar bis März 2012. Die Zahlen kratzen allerdings nur an der Oberfläche, denn das Gros der eingeschmuggelten Zuwanderer wird nie entdeckt.

Das hat mehrere Gründe: Leider gelingt es den deutschen Strafverfolgungsbehörden selten, an die Hintermänner der Schleusersyndikate zu gelangen. Da gibt es etwa Bandenbosse, die von Griechenland oder der Türkei aus die Organisation leiten. Sie steuern die verschiedenen Gruppen und Arbeitsebenen der Schleuser AG, betreiben eigene Werkstätten für falsche Pässe und Visa, schmieren Grenzer an Flug- und Seehäfen. Sie sind es letztlich, die mit der Ware Mensch Millionen verdienen. Und es ist ihnen ganz gleich, wie viele Flüchtlinge dafür sterben müssen.

Deshalb ging es mir bei den Ermittlungen gegen solche Banden nie darum, Flüchtlinge zu bestrafen, sondern ihre Schlepper! In der OK-Abteilung der Staatsanwaltschaft Köln haben wir etliche Mammutverfahren gegen solche Gruppierungen geführt. Wegen der komplexen und arbeitsaufwändigen Ermittlungen »reißt« sich freilich kaum ein Staatsanwalt um diese Fälle.

Meist operieren die Banden äußerst konspirativ. Dauernd wechseln die Ganoven Handys und Sim-Karten, und natürlich nutzen sie auch die Internet-Telefonie. Manche chinesische oder kurdische Gangs kommunizierten in seltenen Dialekten, sodass es schwierig ist, entsprechende Dolmetscher aufzutreiben. Zudem müssen diese Übersetzungen auch noch gerichtsfest sein, ohne dass ein Verteidiger etwaige Zweifel am Sinn der belauschten Worte im Prozess geltend machen kann.

Oft benutzen die Schlepper Codeworte, die wir nur mit enormem Aufwand entschlüsseln können. Die Täter sichern ihre PCs so geschickt, dass es teils unmöglich ist, ihre Festplatten zu knacken. Hinzu kommen teure Telefonüberwachungen (TÜ), mühselige Observationen, der Einsatz verdeckter Ermittler oder Informanten, ein komplexer Aktenaufbau mit Dutzenden Täterakten, TÜ-Bänden, Auswertevermerken und so weiter – und nicht zuletzt aufreibende Rechtshilfeersuche an andere Staaten, die womöglich nur unzulänglich oder manchmal auch gar nicht beantwortet werden. Die Erfolgschance für die ausländische Amtshilfe hängt mitunter vom Längengrad ab: Je östlicher der Staat, desto schwieriger wird es für deutsche Ermittler, eine befriedigende Antwort durch die dortigen Kollegen zu erhalten.

Fazit: Nur wenige Dienststellen in Deutschland beschäftigen sich ernsthaft mit dem Kampf gegen teils hochmodern ausgerüstete Schlepperorganisationen. Die Materie ist komplex, der Erfolg manchmal zweifelhaft.

Womit wir wieder bei der Kölnerin Tanja Schulz wären. Wie sich später herausstellte, hatte man die alleinerziehende Mutter tatsächlich mit massiven Drohungen dazu gezwungen, die lebensgefährlichen Menschentransporte nach England zu übernehmen. Die junge Frau gehörte zur untersten Ebene eines weitverzweigten Netzwerks, das Flüchtlinge im großen Stil aus Sri Lanka über Deutschland und Frankreich nach England schleuste. Seit Jahrzehnten schon drängen Bewohner der ehemaligen britischen Kolonien in Südasien ins englische Mutterland.

Der Fall begann im Sommer 2001 mit einer simplen Anfrage der britischen Behörden: Die Engländer baten darum, den Mieter eines Lieferwagens mit Kölner Kennzeichen ausfindig zu machen. Das Fahrzeug war bei einer Kontrolle in der Küstenstadt Dover aufgefallen. Die Briten entdeckten hinter einer Tarnwand tamilische Flüchtlinge, die illegal ins Land reisen wollten.

Der Abteilungsleiter Rechtshilfe in Köln hatte mich über die Bitte der Kollegen um Amtshilfe informiert. Uns wurde schnell klar, dass dieser Menschentransport keine Einzelfahrt gewesen sein konnte. Mein Verdacht war, dass eine Organisation dahinterstand.

Die Kollegen von der Insel hatten bereits etliche deutsche Kurierfahrer der Schleuser-Connection verhaftet und versuchten nun, an die Drahtzieher heranzukommen. Und so bildeten wir eine Ermittlungskommission, die eng mit den englischen Behörden zusammenarbeitete und monatelang unter meiner Leitung im verdeckten Bereich ermittelte. Das war kein einfaches Unterfangen. Zunächst einmal dauerte es geraume Zeit, ehe wir die gefassten deutschen Fahrer in den englischen Gefängnissen verhören durften. Anfangs reagierten die Häftlinge äußerst zurückhaltend. Gesprächiger wurden sie erst, als sie hörten, dass wir uns bei der britischen Justiz für einen Strafrabatt einsetzen würden. Die Aussagen der Fahrer brachten uns den entscheidenden Schritt weiter – zur nächsten »Kommandoebene« der Schlepperorganisation, die in Köln und Frankreich saß.

Danach zapften wir die Telefone der Verdächtigen an, es folgten aufwändige Observationen. Heimlich an den Autos der Gangster installierte GSS-Sender halfen uns, ein komplettes Bewegungsbild zu schaffen. Zudem verwanzten unsere Spezialisten die Fahrzeuge der Bande.

Ende 2001 erfolgten die Festnahmen – wir hatten rausgefunden, wie die Sache funktionierte: Getarnt als Kellner in asiatischen Spezialitätenlokalen, steuerte ein Quartett aus Sri Lanka eine vielköpfige Schlepperbande. Die Männer gehörten zu einem Schleuserring, der tamilische Landsleute über Italien oder Osteuropa nach Köln brachte. Von dort aus ging es weiter über Paris und Calais nach Großbritannien. Dabei arbeitete die Kölner Sektion mit einer Gruppe in Frankreich zusammen. Die Tour de West kostete umgerechnet 7500 Euro pro Person; vom Schleuserlohn kassierte die »Kölner« Truppe für ihren Abschnitt 500 Euro je Flüchtling.

Die Transfers gen England wurden offiziell als Möbeltransporte getarnt. Hinter einem Berg von alten Tischen und Schränken kauerten jeweils ein Dutzend illegaler Einwanderer – dies oft stundenlang unter katastrophalen Bedingungen.

Innerhalb der Organisation übernahm die »Kölner Filiale« die Aufgabe, über spezielle Anwerber deutsche Fahrer zu rekrutieren und die Kleintransporter für den letzten Abschnitt zu beschaffen. Anfangs machten die Bosse den Fahrern dabei weis, sie sollten nur Gebrauchtmöbel über Paris nach Großbritannien ausliefern. Als vertrauensbildende Maßnahme drückten sie den Wagenlenkern dafür umgerechnet 500 bis 1000 Euro als Anzahlung in die Hand. Erst beim Zwischenstopp in einem Pariser Vororthotel erfuhren die Kuriere den eigentlichen Zweck ihrer Tour: Wer sich weigerte weiterzufahren, wurde massiv drangsaliert und eingeschüchtert. Viele lenkten dann ein – vor allem auch, weil sie knapp bei Kasse waren und die Gangster ihnen einen ordentlichen Batzen Geld versprachen, sollte der Trip nach England erfolgreich verlaufen.

Insgesamt konnten wir zehn Transporte feststellen, bei denen 218 Tamilen geschleust wurden. Weitere Touren verhinderten die Polizei- und Zolldienststellen in Dover und Calais. Im Herbst 2011 griffen wir zu.

Auf die Festnahme folgte der eigentliche Skandal. Während in England die unteren Chargen der Bande – etwa die Fahrer – mehrjährige Haftstrafen kassierten, geriet der Prozess in Köln gegen vier mutmaßliche Haupttäter zur Farce. Trotz Hunderter abgehörter Telefonate und zahlreicher belastender Aussagen durch die Kuriere kamen die Schleuser nach dreimonatiger Hauptverhandlung mit zwei Jahren und zehn Monaten sowie zwei Jahren auf Bewährung äußerst glimpflich davon. Die Haftbefehle wurden aufgehoben, und die Angeklagten kamen wieder frei. Gegen den vierten Mann wurde das Verfahren sogar ganz eingestellt.

Die milden Strafen gingen auf einen sogenannten Prozess-»Deal« zurück. Aus verfahrensökonomischen und fiskalischen Gründen musste ich mich dem Vorschlag des Gerichts beugen, das Verfahren mit einem unbefriedigenden Ergebnis zu beenden. Dabei ging es nicht um die Schuldfrage, sondern um absurde formaljuristische Diskussionen, die den Missstand bei der grenzüberschreitenden Verbrecherjagd in der EU allzu deutlich offenlegten. Geschickt nutzten die Verteidiger Lücken im Dubliner Flüchtlingsabkommen. Auf diese Weise bastelten sie eine geradezu absurde juristische Krücke: Die Anwälte verwiesen auf das Verbot der Doppelverfolgung nach Artikel 54 des Schengener Durchführungsübereinkommens. Es besagt: Wird jemand in einem Schengenstaat verurteilt, etwa in Italien, so darf er wegen derselben Tat in einem anderen Schengenland nicht mehr belangt werden. Kühn entwickelte die Gegenseite daraus eventuelle Auskunftsverweigerungsrechte der im Ausland verurteilten deutschen Fahrer. Dadurch drohten mir meine Kronzeugen wegzubrechen.

Es wurde aber noch skurriler: Spitzfindig verlangten die Advokaten Beweise dafür, dass die nach Großbritannien geschleusten Tamilen sich während ihrer Zwischenstopps in Frankreich, Deutschland oder Südeuropa wirklich illegal aufgehalten hatten. Möglicherweise, so ihr Argument, hätten die Zuwanderer ja bereits in Italien oder Spanien einen Flüchtlingsstatus erhalten. Nach der alten Fassung des Ausländergesetzes kam nur in so einem Fall eine Verurteilung in Betracht, weil Großbritannien nicht dem Schengener Abkommen beigetreten war. Es ging also nicht mehr um die Frage, ob die angeklagten Schlepper Hunderte Tamilen nach Westeuropa geschmuggelt hatten, sondern vielmehr darum, ob diese Leute nicht schon in Italien oder sonstwo im Schengenraum einen Asylantrag gestellt hatten und sich somit legal dort aufhielten.

Diesen Nachweis konnten wir damals in vielen Fällen nicht erbringen. Der Zeitfaktor spielte hier gegen uns. Erst ein Jahr nach Prozessende, am 10. Februar 2003, nahm die zentrale europäische Datenbank »Eurodac« ihren Betrieb auf. Binnen Minuten können seither die EU-Behörden anhand von Fingerabdrücken mit der Datenstelle abgleichen, ob ein mutmaßlich illegaler Einwanderer irgendwo im Schengenraum Asyl beantragt hat. Aber so einfach ging das damals leider nicht.

Zu allem Überfluss verzögerten die Verteidiger durch eine Unzahl von Aussetzungs-, Befangenheits- und Beweisanträgen sowie Strafanzeigen gegen mich als Vertreter der Anklage die Verhandlung nach allen Regeln der Kunst. Das war Konfliktverteidigung pur, die Staatsanwaltschaft und das Gericht wurden dadurch zeitlich unter Druck gesetzt. Der Kammer wurde mit prozessualen Gefechten so zugesetzt, dass sie keine weiteren Verfahren mehr angehen konnte. Bald stauten sich andere dringende Strafsachen. Überdies stiegen die Verfahrenskosten ins Uferlose. Das Gericht hatte nämlich jedem der vier Angeklagten einen tamilischen Dolmetscher an die Seite gestellt; die meisten der geladenen Zeugen reisten aus Großbritannien und Frankreich an. Ihre Aussagen mussten zigfach übersetzt werden.

Nach drei Monaten Dauerverhandlung unter solchen Verhältnissen boten die Richter meiner Meinung nach den Verteidigern milde Urteile gegen schnelle Geständnisse an. Die Anwälte und ihre Mandanten akzeptierten sofort, lagen doch die Strafen unter der »magischen« Grenze von drei Jahren Gefängnis. Nur wer länger hinter Gitter muss, kann automatisch in sein Heimatland abgeschoben werden.

Das Ergebnis war für mich sehr frustrierend. Monatelang hatten wir ermittelt und uns buchstäblich den Hintern aufgerissen – und dann stehst du da und musst zähneknirschend ein Urteil abnicken, das angesichts der Taten eher »Peanuts« entsprach.

Wenn ich mir vorstelle, dass allein bei zwei Transporten Dutzende Tamilen in ihren Verstecken beinahe erstickt wären und die Täter dies offenbar billigend in Kauf genommen hätten, finde ich auch heute noch die Höhe der verhängten Freiheitsstrafen absolut unbefriedigend. Und noch ein Fakt ärgert mich: Während die Zusammenarbeit mit der britischen Polizei auffallend gut verlief, glänzten einige französische Dienststellen mit Desinteresse an der Aufklärung des Falles. Etliche der dortigen Ermittler weigerten sich unter fadenscheinigen Ausreden, in Köln vor Gericht zu erscheinen.

Einer Sisyphos-Arbeit glich der Rechtshilfeverkehr mit den englischen Gerichten. Das lag an den fundamental unterschiedlichen Rechtssystemen zwischen dem Inselreich und dem europäischen Festland – eine Malaise, die bis heute andauert.

Manch guter Ansatz ist ja vorhanden. Der Vertrag von Prüm vom 27. Mai 2005 regelt eine vereinfachte grenzüberschreitende Kooperation zwischen sieben europäischen Staaten, darunter Frankreich, Italien und Polen. Auf diese Weise können die Ermittler immerhin relativ schnell auf DNA- und Fingerabdruck-Dateien zugreifen.

Das Hauptproblem aber ist noch nicht gelöst: Nach wie vor gibt es kein EU-weites einheitliches Rechtssystem. Deshalb fehlt es auch an einer zentralen europaweiten Ermittlungs- und Justizbehörde, die über eine weitaus größere Schlagkraft gegen die organisierte Kriminalität verfügen würde als jeder nationale Ermittler.

Wenigstens ein Happy End hatte der Fall: Der lebensgefährliche Menschenschmuggel per Kleintransporter durch die Tamilen-Connection ließ mit dem Kölner Verfahren schlagartig nach.

Und dann war da ja noch Tanja Schulz – jene Kurierfahrerin, die seit Monaten in englischen Gefängnissen saß. Ich habe mein Versprechen gehalten und dem zuständigen Richter in England in einem Brief erläutert, dass die alleinerziehende Mutter zu der Fahrt gezwungen worden war. Von meinen britischen Anklägerkollegen habe ich erfahren, dass der Richter über mein Nachhaken »not amused« gewesen sei.

Weitere Wochen gingen ins Land, wir schrieben inzwischen das Jahr 2002. Karneval stand vor der Tür, ohne dass ich etwas Neues aus England erfahren hätte. Schließlich hatten wir Weiberfastnacht. Im Kölner Justizzentrum herrschte ausgelassene Stimmung, die Kölner Karnevalscombo Bläck Fööss dröhnte aus den Lautsprechern. Ich trug eine Pappnase im Gesicht und trällerte lautstark mit, wie es sich für einen Rheinländer gehört. Ein Kölner, der keine Karnevalslieder mitsingen kann, ist genauso unvollkommen wie ein Münchner, der nicht weiß, wo das Oktoberfest stattfindet.

Ich war bereits im rheinischen Frohsinn versunken, als plötzlich eine Kollegin aus meiner Abteilung auf mich zustürzte. »Sie kommt frei«, rief sie, »sie kommt frei!« Ich wusste sofort, wen sie meinte: Tanja Schulz durfte nach neunmonatiger Untersuchungshaft wieder nach Hause zu ihrem Sohn Jonas und ihrer Mutter. Das englische Gericht hatte sie freigesprochen.

»Noch'n Kölsch«, sagte ich mit einem breiten Grinsen im Gesicht zum Mann am Ausschank. »Ach was, gib mir gleich zwei.«

Die Visa-Affäre – Politik contra Justiz

Zu den unerfreulichsten Erlebnissen eines Gesetzeshüters zählen Situationen, in denen man plötzlich in die Mühlen der Politik gerät. So erging es mir in der Visa-Affäre als Chef meiner Ermittlungskommission. Es war ein harter Kampf damals. Die Schlagzeilen werde ich nie vergessen: *Staatsanwalt bringt Außenminister Joschka Fischer in Bedrängnis – Visa-Affäre weitet sich aus – Parlamentarischer Untersuchungsausschuss befasst sich mit Visa-Affäre.* Und ich mittenmang, wie der Rheinländer so schön sagt.

Welcher Strafverfolger legt sich schon gerne mit den Spitzen der Politik an? Vor allem, wenn es sich dabei um Herren handelt wie Otto Schily, damals Bundesinnenminister, und den Vorzeige-Grünen Joschka Fischer, dem Chef des Auswärtigen Amtes?

Ich will den David-gegen-Goliath-Vergleich nicht zu sehr strapazieren. Wer allerdings weiß, wie die Hierarchien in der deutschen Justiz funktionieren, kann sich unschwer ausmalen, dass meine damaligen Nachforschungen nicht bei jedermann auf Gegenliebe stießen – weder im eigenen Haus noch bei meinem Dienstherrn, dem nordrhein-westfälischen Justizministerium. Schließlich regierte seinerzeit in Bund und Land Rot-Grün.

Dabei hatte ich nur meinen Job gemacht. Über Ermittlungen zu einem Schleuserring war ich einem Riesen-Politskandal auf die Schliche gekommen. Was war geschehen? Der damalige AA-Staatssekretär Ludger Volmer hatte im Jahr 2000 einen fatalen Erlass herausgegeben, der wirksame Einwanderungskontrollen außer Kraft setzte. Im Zweifel für den Migranten, so lautete fortan die Devise. Eine völlig unsinnige Anweisung, die in der Praxis dazu führte, dass die Visumprüfer in den Botschaften von Nicht-EU-Ländern die Antragsteller kaum noch durchleuchteten. Kein Wunder, dass die deutschen Sicherheitsbehörden zu Beginn des neuen Jahrtausends über einen gewaltigen Zuwandererstrom illegaler Einwanderer vor allem aus der Ukraine klagten.

Darum ging es in der »Visa-Affäre«. Der Begriff stammt nicht von mir – den hatte der *Kölner Stadt-Anzeiger* geboren. In den folgenden Monaten und Jahren wurde er zum Synonym für eine der größten Pleiten der ersten rot-grünen Bundesregierung.

Da stand ich nun im Jahr 2004 im Fokus der Medien und galt als Nestbeschmutzer, der den Großen in Berlin durch seine Ermittlungen immense Probleme bereitete. Die Zeitungen überschlugen sich mit Vorwürfen und skandalumwitterten Enthüllungen über die laxe Kontrollpraxis der deutschen Botschaft in Kiew, die ukrainischen Auswanderern Tür und Tor nach Deutschland öffneten – darunter leider auch vielen Schwerkriminellen und Schwarzarbeitern.

Ausgelöst wurde das Mediengetöse durch den Pilot-Prozess gegen den Kopf einer ukrainischen Schlepperbande im Jahr 2004. In seinem Schuldspruch hatte der Vorsitzende der 9. Strafkammer am Kölner Landgericht, Ulrich Höppner, damals das Auswärtige Amt und seine Spitze scharf kritisiert. Fischer & Co. hätten sich demnach mitschuldig am »größten Schleuserfall« der Republik gemacht.

Das Außenministerium habe den Straftaten »durch schweres Fehlverhalten Vorschub geleistet«, wetterte der Richter, der für seine offenen Worte bekannt war. Diese Schelte werde ich nicht vergessen. Selten hat mir ein Richter so aus der Seele gesprochen wie jener Mann Anfang 2004.

Selten auch sind unsere Ermittlungen von höheren staatlichen Stellen so massiv behindert worden wie in diesem Fall. Zwischen 2002 und 2004 hielten die Ministerien in Berlin wichtiges Beweismaterial zurück, und Emissäre aus den Botschaften traten mit teuren Anwälten aus Bonn und Berlin in den Zeugenstand, als ginge es hier um ein Mafia-Verfahren – natürlich auf Staatskosten. Aussagen von Beamten des Innen- und Außenministeriums sowie von Diplomaten klangen auffällig gleichförmig. Schon damals hatte ich den Eindruck, dass die Fehler der Ministerialen bis hin zur Staatssekretärs- und Ministerebene vertuscht wurden. Das war das Ungeheuerliche an der ganzen Sache. Dies war keine Affäre mit einem Geschmäckle, nein, das war ein handfester Politskandal.

Begonnen hatte die ganze Sache mit einem unangemeldeten Besuch in meinem Büro. Im September 2001 standen zwei Bundesgrenzschützer von der Wache am Flughafen Köln/Bonn in meiner Tür. Anfangs drucksten sie ein wenig herum. »Wir kennen Sie aus der Zeitung und haben schon einiges von Ihnen gehört«, sagte Walter Wendig. Es gehe da um eine Sache, die ihnen keine Ruhe lasse, ergänzte sein Kollege Michael Müller. Bei ihren Vorgesetzten seien sie mit ihrer Entdeckung schon abgeblitzt, führte der Beamte aus. »Die haben uns empfohlen, den Vorgang in den Papierkorb zu werfen.« Aber irgendwie hätten sie dies nicht guten Gewissens über sich gebracht.

Ich war zugegebenermaßen beeindruckt. Endlich mal jemand, der nicht gleich nach guter Bürokratenart die Hierarchie-Ebene einhielt, nicht eilfertig tat, wie ihm geheißen, sondern der Anweisung von oben trotzte. Mir imponierte, dass die beiden Beamten, anstatt den bequemen Weg zu gehen, einen Abteilungsleiter der Staatsanwaltschaft aufgesucht hatten. Also hörte ich mir ihre Geschichte an.

Der Leiter des Sozialamtes in Köln-Kalk hatte den Beamten gesteckt, dass Drogenabhängige, Prostituierte und »Bahnhofspenner« in seiner Behörde nicht nur ihre Stütze abholten, sondern anschließend die benachbarte Ausländerabteilung anliefen. Dort orderten sie Formulare, um Ausländer aus Nicht-EU-Staaten nach Deutschland einladen zu können. Dabei verpflichteten sie sich schriftlich, für den Unterhalt nebst den Kosten für etwaige Krankheiten oder die Rückreise ihrer Gäste aufzukommen. Diese Einladungen würden anschließend draußen auf der Straße unterschrieben und für umgerechnet 25 Euro pro Stück an Unbekannte verhökert, berichteten die BGS-Beamten. Sie schlossen daraus, dass hier ein großer Schwindel mit fingierten Verpflichtungserklärungen im Gange sei. »Wir glauben, dass diese Papiere an einreisewillige Ausländer gehen, die sich auf diese Weise in Deutschland eine Aufenthaltsbestätigung ergaunern«, erläuterte einer der Fahnder.

Das ergab Sinn, die Darlegungen überzeugten mich. Umgehend leitete ich ein Ermittlungsverfahren wegen Verstoßes gegen das Ausländergesetz ein. Den Fall übernahm ich selbst. Solche Verfahren rufen bei Staatsanwälten wegen der schwierigen Rechts- und Beweislage keine Begeisterungsstürme hervor, doch als Abteilungsleiter sollte man mit gutem Beispiel vorangehen. Zu diesem Zeitpunkt ahnte ich noch nicht, welch politisch heikle Dimensionen diese Ermittlung annehmen sollte.

Die Untersuchung führte eine BGS-Sonderkommission namens »EK Kalk« vom Ermittlungsdienst Flughafen Köln/Bonn durch. Die Grenzschützer observierten anfangs vor allem das Sozialamt in Kalk. Bald wurde klar, dass hier eine

Bande am Werk war, die es gezielt auf Visum-Formulare abgesehen hatte. Die Ganoven sprachen auf der Straße Junkies, Arbeitslose, Sozialhilfeempfänger, Rentner oder gar Angler am Rhein an. Sie drückten ihnen einen Geldschein in die Hand und überredeten sie dazu, Besucher aus der Ukraine über Blanko-Formulare einzuladen. Für ein Touristenvisum in die EU waren diese Bescheinigungen Pflicht. Dasselbe galt für die sogenannten Verpflichtungserklärungen. In der Rubrik »Arbeitgeber« trugen die Gauner hier teils fingierte Firmen nebst einem Phantasiegehalt ein. So spiegelten sie den deutschen Behörden vor, die Eingeladenen seien für eine befristete Zeit nach Deutschland gekommen, um hier oder in anderen Schengenstaaten zu arbeiten.

Tatsächlich konnte davon keine Rede sein. Die Unterschrift der Firmenpapiere war genauso falsch wie der Stempel. Über die angeblichen Einlader aus dem Sozialhilfe-Milieu führte die Bande genau Buch, um nicht durch häufige Wiederholungen aufzufallen.

Die Ermittlungskommission zapfte die Telefone der Einkäufer an und landete nach ein paar Wochen schließlich beim Boss der 20-köpfigen Gruppe. Es handelte sich um Mischa C. In der Ukraine geboren, war er 1992 als Kontingentflüchtling mit Frau und Kind nach Deutschland eingereist. Inzwischen besaß er einen deutschen Pass. Spätestens Anfang 2001 hatte der hochintelligente Diplom-Mathematiker mit einem IQ von 139 die Idee entwickelt, die Lücken des deutschen Ausländerrechts für seine Zwecke auszunützen. Offiziell Sozialhilfeempfänger, steuerte er vom Schreibtisch aus eine Truppe, die pro Monat bis zu 500 Bürger aus der Ukraine und Moldawien über Deutschland in die Schengenstaaten einschleuste.

Dabei dehnte er Stück für Stück sein Geschäft aus – und machte ein Vermögen (später sprach er stolz von seiner

»Visa-Fabrik«). Die Einladungen samt Verpflichtungserklärungen verschickte Mischa an Mittelsmänner in seiner Heimat; die ergaunerten Dokumente wurden dabei entweder mit Reisebussen oder per UPS in die Ex-GUS-Staaten geschafft.

Allein in Kiew arbeitete die Schleuser-Connection mit 15 »Geschäftspartnern« zusammen. Mischas Komplizen verteilten die Papiere gegen ein üppiges Honorar an ausreisewillige ukrainische Landsleute – ganz gleich, ob es sich dabei um ehrbare Touristen oder aber Kriminelle, Armutsflüchtlinge oder Schwarzarbeiter handelte. Zum Servicepaket gehörte auch, dass sich die Mittelsmänner um die Formalitäten in der Botschaft kümmerten. Das Geschäft lief wie am Schnürchen.

Dabei kam Mischas Bande vor allem eines zupass: das Totalversagen der deutschen Einwanderungskontrollen. Letztere waren quasi nicht mehr vorhanden. Obschon etwa das Ausländerrecht eine »Bonitätsprüfung« der deutschen Gastgeber von Nicht-EU-Besuchern vorsah, geschah in der Praxis nichts. Deutschen Städten wie Köln fehlte damals das Personal für solche Nachforschungen. Zudem gab man sich im Rathaus der irrigen Vorstellung hin, gar nicht dafür zuständig zu sein. Auch die Diplomaten der deutschen Botschaft in Kiew hielten solche Bonitätsprüfungen für überflüssig. Denn zu allem Überfluss hatte das grün geführte Auswärtige Amt bereits am 2. September 1999 einen ersten Erlass herausgegeben, wonach die fehlende Bonitätsprüfung kein Ablehnungsgrund mehr sein könne.

Ein Jahr später folgte dann der berühmt-berüchtigte »Volmer/Fischer-Erlass«: Im Zweifel immer für den einreisewilligen Antragsteller. Dieser Passus öffnete letztlich Tür und Tor für die Machenschaften der Schlepperbanden. Schon bald nach Inkrafttreten der Weisungen aus Berlin war Mischa mit seinen Handlangern auf den Plan getreten. Die

Besucherschlange vor der Botschaft in Kiew wurde immer länger. Im großen Stil ergaunerte sich der Boss die EU-weiten Touristen-Visa mit einer Laufzeit von drei Monaten.

Nach unseren Erkenntnissen war das Papier für den Großteil der Migranten das Ticket zur Schwarzarbeit auf westeuropäischen Baustellen. Über Deutschland ging es vor allem nach Spanien, Portugal und Italien. Die Frauen jobbten im Großraum Paris, Norditalien oder auch Berlin für einen Minilohn als Kellnerinnen oder als Prostituierte. Der Passierschein in die EU lockte zunehmend Verbrechersyndikate, Schmuggler, Gauner nach Westeuropa – bis hin zu tschetschenischen Terroristen.

Derjenige, der an dem Elend und dem Verbrecherimport verdiente, war Mischa, das Gehirn der Schleuserbande mit dem Super-IQ. Im Jahr 2001 arbeitete er bis zur völligen Erschöpfung. In belauschten Telefonaten klagte er über das harte Los eines professionellen Schleusers. Tag und Nacht sitze er am Computer, jammerte der untersetzte Bandenboss, um den nötigen Papierkram zu erledigen. Oft schlafe er dabei wegen Übermüdung ein. Doch was tat man nicht alles, wenn der Rubel rollen sollte. Nach und nach verfeinerte er seine Methoden, ersann immer neue Tricks, um das Ausländergesetz auszuhebeln und die deutschen Grenzer zu düpieren. Dabei profitierte er immer wieder durch unsinnige Lockerungen seitens der Bundesregierung bei der Erteilung deutscher Visa. Der staatlich verordnete Irrsinn gipfelte in einem neuen Visum-Versicherungsmodell mittels sogenannter »Reiseschutzpässe«. Weil man den Visa-Kontrollmodus vereinfachen wollte, hatten das Auswärtige Amt (AA) und das Bundesinnenministerium (BMI) das Reiseschutzpass-Modell als Ersatz für die Verpflichtungserklärungen anerkannt. Mit diesen Pässen war die Bonität von Nicht-EU-Touristen automatisch gesichert.

Die Sache hatte nur einen Haken: Der Hersteller dieser

neuen Bonitätspapiere, ein Versicherungsvertreter aus dem süddeutschen Raum, musste keine staatlichen Sicherheitsüberprüfung über sich ergehen lassen. Mit ministerieller Billigung konnte der Mann, den wir hier Manfred Schmitz nennen wollen, seit Mitte 2001 die Reiseschutzpässe bundesweit vertreiben.

Die Folgen waren verheerend. Schmitz verkaufte die Pässe an jeden, der sie sich leisten konnte. Weder durchleuchtete er den Leumund der Kaufinteressenten, noch kümmerte es ihn, dass mit Hilfe seiner Pässe auch Schwerkriminelle ins Land einreisten.

Wir haben nie ganz klären können, wie es einem einfachen Versicherungskaufmann gelingen konnte, hochrangige Ministeriale in Berlin so für sich einzunehmen, dass sie grünes Licht für seine Verkaufsidee geben konnten. Dabei war offensichtlich, dass die hohen Herren in Berlin nicht wussten, mit wem sie es zu tun hatten – oder welche Folgen ihr törichtes Handeln nach sich ziehen sollte.

Schleuserchef Mischa konnte dies nur recht sein. Statt des aufwändigen Verfahrens über die Verpflichtungserklärungen betrieb er nun den Kauf von Reiseschutzpässen en gros, um Tausende Landsleute in die EU hineinzubringen. Er bestellte bei Schmitz in jener Zeit insgesamt 6855 Reiseschutzpässe.

Geschickt tarnte der Bandenchef seine Operationen, indem er über Strohmänner, darunter seine Mutter und seine Ehefrau, insgesamt 34 Scheinfirmen gründete. Meist handelte es sich um Mini-Klitschen aus der Touristikbranche wie die »Marina Tours« mit Sitz in Köln. Offiziell firmierte die Studentin Marina als deren Inhaberin, tatsächlich aber zählte dieses Ein-Mann-Unternehmen zu Mischas Imperium. Scheinfirmen wie »Marina Tours« hatten nur eine Aufgabe: Sie sollten den Visa-Antragstellern in Kiew und im moldawischen Chisinau den legalen Anstrich von Touristen verschaffen. Die Büros entwickelten ein Kooperations- sowie ein 14-tägiges Reiseprogramm. Diese Besichtigungspläne legten reisewillige Ukrainer dann bei den deutschen Visa-Stellen in Kiew und Chisinau vor. Telefonische Rückfragen durch die Botschaft in Kiew bei den angeblichen Firmen in Köln wurden per Rufumleitung in die Ukraine umgelenkt und dort von deutschsprachigen Mittelsmännern beantwortet.

Mischa gründete 25 weitere Touristikbüros in Köln und Bonn, die ebenfalls speziell für ukrainische Besucher zugeschnittene Ausflugsreihen veranstalteten. Das Ganze blieb ein Riesenschwindel: Alle Reiseveranstalter existierten nur auf dem Papier.

Die Mehrheit von Mischas Klientel hingegen verfolgte ganz andere Ziele als eine Dampferfahrt zum Loreley-Felsen – die meisten wollten schwarz arbeiten oder gingen anderen kriminellen Aktivitäten nach. In ihrem Heimatland war nichts zu holen, aber in West- und Mitteleuropa mit seinen reichen Metropolen glaubte man, schnell ein vermögender Mensch werden zu können.

Mischas System hatte Erfolg: Mindestens 4546 Reiseschutzpässe im Wert von 276 000 Euro legten seine Kunden nebst gefälschten Hotelbuchungen und Reiseprogrammen bei der deutschen Botschaft in Kiew vor. 90 Prozent von ihnen erhielten auf diese Weise den ersehnten Passierschein in den goldenen Westen.

Niemandem in den Auslandsvertretungen fiel etwas auf. Auch nicht die eklatanten Rechtschreibfehler in den Ausflugsprogrammen: Statt Besuch von »Burgen am Rhein« hieß es etwa »Bürgen am Rhein«. Niemanden schien es auch zu kümmern, dass sich in Köln und anderen Städten ein regelrechter »Arbeiterstrich« etablierte. Die Männer wurden nämlich direkt von der deutschen Visa-Stelle in Kiew mit Bussen meist in den Großraum Berlin und Köln gebracht. Die ukrainischen Wanderarbeiter hausten anschließend im Wald in Erdlöchern ohne Toiletten oder Waschgelegenheiten. An den großen Ausfallstraßen boten frühmorgens Hunderte von Männern ihre Arbeitskraft für vier Euro die Stunde an. Bei Polizeikontrollen zeigten sie ihr Touristenvisum vor. Zwar erlaubte dieses keine Arbeitsaufnahme, doch das scherte offenbar kaum jemanden. Letztlich sahen die hiesigen Behörden der grassierenden Schwarzarbeit hilflos zu. Die Strafverfahren wurden fast immer wegen geringen Verschuldens eingestellt. Eine Abschiebung aufgrund fehlender Arbeitserlaubnis fand wegen der dabei entstehenden Kosten für die Ausländerbehörde nur selten statt.

Hilfesuchend wandte sich die Bezirksregierung Köln im November 2001 an den damaligen nordrhein-westfälischen Innenminister Fritz Behrens (SPD). Eindringlich schilderte der Regierungspräsident Jürgen Roters seinem Parteifreund in Düsseldorf die miserablen Zustände auf dem Schwarzarbeitermarkt am Rande der Rheinmetropole. Der Nachweis der Schwarzarbeit sei kaum zu führen; die ausländer- und strafrechtlichen Möglichkeiten taugten nicht zur Problemlösung, da die Problemklientel fast ausschließlich legal mit einem Touristenvisum nach Deutschland eingereist sei.

Vehement wiesen die Ausländerämter darauf hin, dass die Ursache für den Visa-Missbrauch bei den deutschen ausländischen Vertretungen in den ehemaligen GUS-Staaten zu suchen sei. Das Polizeipräsidium Köln warnte in diesem Kontext vor »organisierten kriminellen Aktivitäten«. Regierungspräsident Roters bat seinen Dienstherrn darum, das Problem auf ministerieller Ebene mit dem Auswärtigen Amt zu erörtern.

Diese Bitte hätte er sich sparen können. Die Klagen versandeten zwischen Düsseldorf und Berlin. Im Duett mit den

Kollegen des Auswärtigen Amtes verharmloste das Bundesinnenministerium von Law-and-Order-Mann Otto Schily (SPD) die Angelegenheit:

> In diesem Zusammenhang sei bemerkt, dass die vom AA in Einvernehmen mit dem BMI erweiterten Möglichkeiten des Visumsantragstellers zum Nachweis ausreichender finanzieller Mittel zur Deckung der mit dem Besuchsaufenthalt verbundenen Kosten und sonstiger Risiken (d. h. Zulassung von »Carnet de Touriste« und »Reiseschutzpass« als Nachweis im Sinne von § 84 AuslG (h. E.)) grundsätzlich keine erhöhte Gefahr des Visumsmissbrauchs mit sich bringen. Diese Maßnahmen dienen vielmehr der Erhöhung der Zuverlässigkeit und Vereinfachung der Nachprüfbarkeit der erforderlichen Anspruchssicherung ... [11]

Das Schreiben aus dem Hause Schily zielte genau am Kernproblem vorbei: den laxen Visa-Kontrollen. Gauner wie Mischa C. erschwindelten sich mit falschen Angaben echte Visa. Dagegen halfen die angekündigten Kontrollen nicht.

Die Akte gegen Mischa und seine Clique füllte bald mehrere tausend Seiten. Beinahe Tag und Nacht hatten die BGS-Ermittler das Treiben des Schleuserchefs verfolgt und aufgeklärt. Nicht alles lief seinerzeit nach unserem Wunsch. Mitunter warfen uns die Polizei-Bürokraten Knüppel zwischen die Beine – ob gewollt oder ungewollt, sei dahingestellt: Aus Kostengründen konnten wir Mischas Internetverkehr nur einen Monat lang ausspähen. Für einen längeren Zeitraum erhielt der Bundesgrenzschutz keine weiteren Mittel.

Hätte es damals schon das heute geltende Verbot von Online-Durchsuchungen gegeben, hätten wir unser Verfahren ohne Ergebnis zumachen können. Schließlich liefen fast alle Kontakte und Anweisungen an die ukrainischen

Mittelsmänner über den Computer des Bandenchefs. Ohne die Online-Schnüffelei hätten wir den Gangsterboss nie überführen können.

Im Mai 2002 waren wir so weit. Mischa, der Sozialhilfeempfänger, wollte gerade mit Ehefrau und Sohn zu einem mehrwöchigen Urlaub nach Cancún (Mexiko) aufbrechen, als Beamte der Ermittlungskommission ihm einen Haftbefehl präsentierten. Er reagierte recht kühl und beherrscht. »Was wollen Sie denn?«, begann er mit starkem osteuropäischem Akzent. »Ich habe kein Unrecht begangen.« Ein Satz, der typisch für ihn war. Mischa konnte und wollte jetzt und auch später nicht akzeptieren, dass er gegen das Strafgesetzbuch verstoßen hatte. Er habe doch so gehandelt, wie es die Bundesregierung gewollt habe, würde er später immer wieder versichern. Womit er nicht ganz unrecht hatte …

Mischa kam ins Untersuchungsgefängnis in Köln-Ossendorf. Alsbald begann ein Wettlauf mit der Zeit, denn solche Haftsachen müssen schleunigst erledigt werden. Also schrieb ich das Auswärtige Amt und das Innenministerium in Berlin an. Ich wollte klären, inwieweit den Ministerialen Schleuseroperationen mittels Verpflichtungserklärungen und Reiseschutzpässen bekannt gewesen seien. Überdies wollte ich wissen, ob deutsche Einlader von Ausländern sowie die Reiseveranstalter auf ihre Seriosität überprüft würden.

Die Antwort ließ auf sich warten. Nach mehreren Wochen erhielt ich nichtssagende Schreiben. Die Briefe, gespickt mit allerlei Ausflüchten, glichen sich derart, dass sie wie abgesprochen schienen.

Zunächst einmal ließ ich es dabei bewenden. In der Zwischenzeit hatte das Oberlandesgericht in Köln die Untersuchungshaft gegen Mischa bestätigt. Entgegen dem Antrag der Verteidiger teilten die Richter meine Rechtsauffassung. Demnach war Schleusung per gefälschten Verpflichtungserklärungen und Reiseschutzpässen strafbar.

Ende 2002 erhob ich Anklage gegen Mischa und drei Komplizen. Der Vorwurf lautete Urkundenfälschung, Steuerhinterziehung, bandenmäßige Schleusung in mindestens 5217 Fällen und Sozialhilfebetrug. Denn Mischa lebte zu jener Zeit auf großem Fuß. Mit seiner Familie machte er teure Trips, zum Beispiel nach Sri Lanka oder Mallorca. Seine Sozialwohnung hatte er mit einer wertvollen Wohnzimmergarnitur, einer schmucken Küche sowie hochwertigen Computern und einem Riesenflachbildschirm-Fernseher ausgestattet. Kein Wunder: Mit seinen krummen Touren machte Mischa monatlich bis zu 100 000 Euro. Auf die paar hundert Euro staatlicher Stütze wollte er allerdings nicht verzichten. Er war Mathematiker, da geht man auf Nummer sicher und nimmt mit, was man kriegen kann.

Die Anklageschrift nebst einigen Umzugskartons voller Akten habe ich persönlich am 30. Dezember 2002 zum Landgericht gekarrt. Der Fall sollte aus taktischen Gründen noch ein Aktenzeichen aus dem Jahre 2002 bekommen. Kein Anwalt sollte sagen können, ich hätte bis zur Anklageerhebung drei Jahre »auf den Akten gesessen«.

Der Prozessauftakt am 19. Februar 2003 geriet dann zur ersten großen Show. Inzwischen begann sich über die regionalen Medien hinaus die politische Brisanz des Verfahrens herumzusprechen. Die Verteidiger spielten diesen Trumpf gleich am ersten Verhandlungstag aus. Eloquent stellte die Rechtsanwältin Alexandra Hagen Mischa als Unschuldslamm dar; schließlich sei es nicht strafbar, ukrainische Touristen nach Deutschland einzuladen, und den deutschen Behörden sei doch klar gewesen, dass ein Ukrainer mit einem durchschnittlichen Monatseinkommen von 50 Euro keine touristische Reise für 500 Euro bezahlen könne. »Dieser Reisegrund war für alle erkennbar nur vorgeschoben, um in Westeuropa illegal arbeiten zu können«, resümierte die Strafverteidigerin. »Wenn mein Mandant hierfür angeklagt wird, müssen auch die Ministerien in Berlin und andere Behörden entsprechend verfolgt werden.«

Der Vorsitzende Richter Ulrich Höppner winkte ab. »Hier wird nur die Strafbarkeit der vier Angeklagten untersucht.«

Bald aber sollte Höppner seine Meinung ändern, schließlich nahm der Prozess wenig später eine ungeahnte Wendung: Nach und rückte die fatale Rolle der Politik in den Mittelpunkt der Verhandlung.

Mischas Komplizen legten schnell ein Geständnis ab. Unisono schoben sie ihrem Boss die gesamte Schuld zu: Er sei die treibende Kraft des Ganzen gewesen. Die freimütigen Aussagen wurden belohnt: Das Trio kam mit zwei Jahren auf Bewährung davon.

Mischa C. selbst aber erwies sich als harter Brocken. Ich bot seinen Verteidigern einen Strafrabatt an, sollte ihr Mandant auspacken. Drei Jahre mit offenem Vollzug seien möglich, wenn der Schleuserchef bereit sei, alles offenzulegen. Angesichts der erdrückenden Beweislast rieten ihm seine drei Anwälte dazu, auf die Offerte einzugehen. Doch Mischa wollte nicht. Stur beharrte er darauf, sich korrekt verhalten zu haben. Im Untersuchungsgefängnis beschäftigte sich der Deutsch-Ukrainer vor allem mit dicken Schwarten zum Ausländerrecht, studierte Rechtskommentare zum Strafgesetzbuch und der Strafprozessordnung (StPO). Mit der Zeit rezitierte er fließend alle Paragraphen des Ausländerrechts aus dem Gedächtnis und schwadronierte über die StPO, als habe er die komplexe Materie mit der Muttersprache aufgesogen. Seine Anwälte strafte er mit Verachtung, weil er tatsächlich glaubte, besser im Stoff zu sein als seine Rechtsvertreter. Das führte zu zahlreichen absurden Momenten, in denen Mischa seinen eigenen Verteidigern das Wort abschnitt, um sich in ellenlangen Monologen zu ergehen. Gebetsmühlenartig referierte der Angeklagte immer wieder, alle deutschen Behörden seien über den wahren Einreisegrund der »Touristen« informiert gewesen. Allein schon die langen Besucherschlangen vor der deutschen Botschaft in Kiew oder entsprechende ukrainische Zeitungsberichte seien Beleg genug dafür, dass die deutschen Behörden seine Tätigkeit stillschweigend gebilligt hätten. Am 31. März 2003 schwang er sich zu einer langatmigen Erklärung auf, die mit der folgenschweren Feststellung endete: »Das ganze Geschäft hat erst unter dem Außenminister Joschka Fischer richtig begonnen.« Und weil das so sei, beantrage er, die verantwortlichen Beamten aus Berlin und der deutschen Botschaft in Kiew allesamt in den Zeugenstand zu bitten.

»Wer's glaubt, wird selig«, brummte ich leise. Als Mischa dann auch noch behauptete, seine Operationen seien von höchster Stelle gedeckt und sogar erwünscht gewesen, griff ich ein. Sein Vortrag war so absurd, dass ich beantragte, ihn auf seinen Geisteszustand untersuchen zu lassen. Der Gangsterboss lehnte dies aber ab. Freimütig gab er hingegen zu, mit seiner Schleppermasche Unsummen verdient zu haben. Besonders lukrativ sei das Geschäft mit dem Vertreiber der Reiseschutzpässe, Manfred Schmitz, gewesen. Mein Angebot einer milden Strafe gegen schnelles Verfahrensende plus Geständnis empfand er als ehrenrührig – er lehnte es ab.

Das war Glück und Pech zugleich. Wäre Mischa damals auf meine Offerte eingegangen, wäre es vermutlich nicht zur Aufklärung der »Visa-Affäre« gekommen. Ich indes hätte mir eine Menge Arbeit und Ärger erspart.

Die Tage gingen ins Land. Je länger sich die Hauptverhandlung hinzog, desto stärker begann sich der Vorsitzende Höppner für die Rolle der Ministerien, der Botschaften und der Stadt Köln in der Causa zu interessieren. Er schrieb alle Dienststellen an mit der Bitte, die Hintergründe der fehlenden Bonitätsprüfungen aufzuklären. Ferner stellte er Fragen zu den ominösen Reiseschutzpässen und bat dringend darum, dem Gericht sämtliche Unterlagen in dieser Angelegenheit zu übersenden. Zudem wollte er wissen, ob nicht gerade die Einführung der neuen Bonitätsausweise den organisierten Visa-Schwindel erst möglich gemacht hätten.

Das kam mir sehr entgegen. Auch ich mahnte in etlichen Schreiben eine baldige Reaktion der Ministerien an. Immer wieder hatte ich das Auswärtige Amt gebeten, mir den internen E-Mail- und sonstigen Schriftverkehr in dieser Sache zukommen zu lassen. Immer wieder wurde ich vertröstet, hingehalten – oder meine Ersuchen wurden schlichtweg ignoriert.

Das ging über ein Jahr lang so. Berlin reagierte nicht. Aussagegenehmigungen für die Ministerialen wurden zunächst verweigert, mit der Begründung, es gebe Morddrohungen gegen die Beamten. Entnervt spielte Richter Höppner sogar mit dem Gedanken, Joschka Fischers Amt durchsuchen und die Unterlagen beschlagnahmen zu lassen. Das ließen wir allerdings sein – zum einen hätte es sicherlich einen Mordsaufschrei gegeben, zweitens signalisierten mir die Anwälte des Auswärtigen Amtes nach einigen Monaten endlich, dass man womöglich bereit sei, das angeforderte Material auszuhändigen. Das Landgericht musste freilich erst massiv drohen, ehe die Ministerien sich bequemten, ihre Leute in den Zeugenstand zu lassen.

In der Folgezeit wurden zahlreiche hochrangige Diplomaten und Beamte vernommen – unter anderem der Verbindungsmann des Bundesgrenzschutzes in Kiew und Bedienstete der Botschaft. Eindrucksvoll schilderten Letztere die chaotischen Zustände vor dem Eingang zur deutschen Auslandsvertretung. Die Warteschlange der Visa-Antragssteller habe sich über Hunderte Meter gezogen, sagten sie aus.

So viel Offenheit war aber eher selten. Die meisten Ministerialen glänzten eher durch Gedächtnisschwund. Schon bei den ersten Zeugen der Bundesregierung fiel mir auf, dass sie durch namhafte Strafverteidiger aus Bonn und Berlin in den Zeugenbeistand begleitet wurden. Das war in solchen Fällen eher unüblich.

Mir schien, dass man uns offenbar für dumm verkaufen wollte. Manche Zeugen waren nicht greifbar, weil sie inzwischen aus dem Auswärtigen Amt ins Ausland versetzt worden waren. Diplomaten aus der deutschen Botschaft in Kiew mussten vor ihrer Vernehmung durch das Kölner Landgericht zunächst nach Berlin. Wurden sie dort »eingenordet«?

Ihre Aussagen waren wenig ergiebig. Oft konnten sie sich nicht mehr genau erinnern, oder sie wichen aus. Manche Zeugen traten geradezu aufreizend lässig auf. Die vielen Erinnerungslücken waren typisch für jene Phase. Als am 43. Verhandlungstag ein Referent aus dem Bundesinnenministerium erneut unwissend den Kopf schüttelte, platzte dem Richter der Kragen. Er warf dem Beamten Beihilfe zum zigtausendfachen Visa-Betrug vor. »Das waren staatlich organisierte Schleusungen«, schimpfte Höppner.

Doch der Ministeriale war sich keiner Schuld bewusst. Er wisse nichts von Warnungen deutscher Sicherheitsorgane, wonach die durch die Bundesregierung verfügten Erleichterungen den Schwindel mit Touristenvisa gefördert hätten; geschweige denn von Problemen mit Reiseschutzpässen.

Der nonchalante Tonfall des Beamten konnte einen wirklich zur Weißglut bringen. »Wissen Sie denn nicht, dass mit diesen Reiseschutzpässen sogar Terroristen nach Deutschland einreisen konnten?«, blaffte ich ihn an. Der Mann reagierte verblüfft. Kleinlaut stammelte er nur: »Nein, das weiß ich nicht ...«

Meine Erkenntnisse stützten sich auf einen BKA-Bericht namens »Wostok« aus dem Jahr 2003 über kriminelle Touristen aus den ehemaligen GUS-Staaten. Demnach hatte ein ukrainischer Unternehmer im Jahr zuvor mit Hilfe von Reiseschutzpässen gleich mehrfach tschetschenische Terroristen nach Deutschland eingeschleust.

Russischen und deutschen Sicherheitsdiensten zufolge zählten etwa die Brüder Arbi und Ruslan D. zu den Hauptdrahtziehern der Geiselnahme im Moskauer Musicaltheater »Nord-Ost« Ende Oktober 2002, bei der 143 Menschen gestorben waren. Im Vorfeld des Überfalls sollen die beiden den Geiselnehmern Wohnungen, falsche Papiere, Autos und Waffen beschafft haben. Laut BKA waren die Terrorbrüder Waffengefährten des islamistischen Kampfkommandanten Al Khattab, der enge Beziehungen zum damaligen Chef des Terrornetzwerks Al Qaida, Osama Bin Laden, pflegte. Monate vor dem Überfall in der russischen Hauptstadt pendelten die mutmaßlichen Terrorlogistiker Arbi und Ruslan D. häufig zwischen Deutschland und ihrer Heimatstadt Grosny.

Zum Jahreswechsel 2002 waren die Brüder gleich zweimal mit Hilfe der Reiseschutzpässe nach Deutschland gereist. Im Frühjahr 2002 warnte der russische Geheimdienst FSB die deutschen Behörden, die beiden seien gemeinsam mit zwei weiteren Brüdern in die Planung eines »großangelegten Terroranschlags im Moskauer Stadtgebiet verwickelt«. Dennoch erhielt Arbi D. im Juni 2002 in der deutschen Botschaft in Moskau erneut ein Visum für die Schengen-Staaten. Einen Monat später reiste er zu einem Karate-Worldcup nach Dresden. Die wahren Hintergründe des Trips vermochte das BKA nicht zu ergründen. Allerdings stellte man fest, dass Arbi D. vom Dresdner Hotel Ramada aus häufiger Telefonnummern in Moskau anwählte. Die Anschlüsse gehörten, wie man später rausfand, zu konspirativen Wohnungen, die wenige Monate darauf von den tschetschenischen Geiselnehmern benutzt wurden. Derzeit plane die Terrorfamilie, gänzlich nach Deutschland überzusiedeln, notierten die BKA-Ermittler seinerzeit in ihrem Bericht.

Die Erkenntnisse über das Bruderpaar ließen die hiesigen Sicherheitsdienste aufhorchen. Bislang unterstützte nur ein kleiner Teil der auf 6000 Personen geschätzten tschetschenischen Exilkolonie die Rebellenarmee am Kaukasus. Die Hilfe beschränkte sich auf Geldsammlungen, Politpropaganda, vereinzelt wurden auch Glaubenskämpfer angeworben. Nun fürchtete man, dass von deutschem Boden auch Terrorakte gegen die russische Staatsmacht vorbereitet werden könnten.

Das war aber nur ein wichtiger Punkt in der 160-seitigen Analyse des BKA. Neben Terroristen listete der Report Hunderte krimineller Banden auf, die, getarnt als unverdächtige Reisegruppen, in den Schengen-Staaten ihr Unwesen trieben. Europaweit legten sie Diebstahlserien hin, betätigten sich in Menschen- und Rauschgifthandel, Erpressung, Entführung, Geldwäsche, Atomschmuggel. Ein Teil der Gewinne aus dem Schleusergeschäft floss BKA-Erkenntnissen zufolge an Global Player der Russenmafia.

Diejenigen, die die Ursachen für all das gesetzt hatten, ließen uns bei der Aufklärung im Stich. So mochte sich etwa ein Zeuge, der mit der Visa-Praxis befasst war, nicht so recht erinnern. Vor uns baute sich lange Zeit eine Mauer des Schweigens auf – offenbar von Amts wegen sanktioniert. Hierdurch wurde das Versagen der Amtsspitze kaschiert.

Im Herbst 2003 hatten wir die meisten Zeugen aus Berlin und den Botschaften vernommen. Das Ergebnis der Vernehmungen war wenig aufschlussreich. Im Grunde waren wir so schlau wie zu Prozessbeginn. Längst hatte ich das Gefühl, dass die Leute aus dem Auswärtigen Amt und dem

Innenministerium uns dreiste Märchen auftischten. Aber ohne entsprechende Beweise konnten wir nichts tun, und solange die Ministerien in Berlin auf den entsprechenden Akten saßen und diese nicht herausgaben, konnten wir keinen Staatsdiener der Falschaussage überführen.

Am Abend des 17. November 2003 erhielt ich einen Anruf von einer renommierten Anwaltskanzlei, die häufiger für die Bundesregierung arbeitete. Der Anrufer teilte mir mit, dass die gewünschte Akte aus Berlin nun für uns bereitstehe. »Endlich«, schoss es mir durch den Kopf. Auf meinem Heimweg machte ich einen kleinen Abstecher zur Sozietät dieser Bonner Juristen, die häufig für die Bundesregierung tätig waren.

Es war schon spät, als ich den Aktendeckel öffnete. Eigentlich wollte ich nur kurz hineinschauen – und blieb dann doch wie gebannt daran hängen. Denn was ich da las, faszinierte und schockierte mich gleichermaßen. Und je länger die Lektüre dauerte, desto mehr geriet ich in Rage. Die Papiere belegten schwarz auf weiß, dass hohe Herren im Innen- und Außenministerium uns die ganze Zeit an der Nase herumgeführt hatten.

Ehrlich gesagt, fühlte ich mich regelrecht hintergangen durch diese Leute. Mehr als ein Jahr lang waren wir ihnen hintergelaufen, hatten vergeblich um Mithilfe bei der Aufklärung des Schleuserphänomens an der deutschen Botschaft in Kiew gebeten. Monatelang hatten sie uns behandelt wie lästige Bittsteller von irgendeiner miesen kleinen Behörde im rheinischen Nirgendwo. Und nun stellte sich heraus, dass sie unsere Arbeit massiv behindert hatten. Ich war fassungslos ob dieser Arroganz.

Aus den Unterlagen ergab sich eindeutig, dass die Ministerien und Botschaften seit langem über den organisierten Visa-Schwindel unterrichtet waren. Die Akte enthielt Dutzende von Warnungen und alarmierende Berichte deutscher Sicherheitsbehörden des Bundesgrenzschutzes und von Botschaftsangehörigen nicht nur aus Kiew, sondern auch aus dem weißrussischen Minsk. Die ersten Warnhinweise datierten bereits aus dem Frühjahr 2001: Nach der Einführung des Reiseschutzpasses war bei der deutschen Botschaft in Kiew das völlige Chaos ausgebrochen. Am 8. Februar 2001 schrieb die Leiterin der Visa-Stelle in Kiew entsetzt an die Vorgesetzten im AA:

> Die Zustände vor den Toren der Visastelle der Botschaft Kiew drohen angesichts des täglichen Ansturms von bis zu 2000 Antragstellern (normales Antragsverfahren und Reiseschutz-Passinhaber) zu eskalieren. ... Auf ausdrückliche Weisung und Billigung von BM wurden nach einem Besuch in Kiew im Sommer 2000 dank einer durch verbesserte personelle und räumliche Ausstattung möglich gemachte Neukonzeption der Arbeitsabläufe Zustände und Dienstleistungsqualität nachhaltig verbessert. Es wäre dramatisch, wenn dies durch eine unkontrollierte Erweiterung der Einreisemöglichkeiten für Ausländer durch unlimitierte Ausgabe von Reiseschutzpässen (RSP) zunichte gemacht würden. ... Die Zustände an der Visastelle der Botschaft sind chaotischer und unkontrollierbarer als mit im Bezugsbericht prognostiziert und berichtet. Es stehen täglich allein bis zu 600 Antragsteller mit Reiseschutzpässen auf der Straße. Es gelingt der Botschaft nur unter Zuhilfenahme von massiv verstärktem ukrainischen Polizeiaufgebot (mit schwerer Bewaffnung und unter Anwendung von Gewalt durch die ukrainische Miliz) eine bescheidene Ordnung zu halten ... Mafiöse Strukturen haben sich in kurzer Zeit des Schlangenmanagements bemächtigt und verlangten bis zu 50 US-Dollar für einen »sicheren Platz« innerhalb des täglichen Kontingents. Dutzende Personen kampieren nachts vor der Botschaft, in der (häufig vergeblichen) Hoffnung,

auf diese Weise zu den ersten in der Schlage zu gehören. Dieser dramatische Auswuchs sowie Verhalten und sonstige Umstände lassen es ebenso wie Analysen der Rückmeldungen des BGS bei dem überwiegenden Anteil der Antragsteller als wahrscheinlich annehmen, dass ganz überwiegender Teil keine legalen Reisezwecke verfolgt, sondern illegale Arbeitsaufnahme im Schengenraum beabsichtigt.[12]

Die Analyse der prekären Lage verhallte jedoch ungehört bei den oberen Regierungsstellen. Sehenden Auges ließ man die illegale Zuwanderungswelle einfach weiter auf Deutschland und Westeuropa zurollen, ohne viel dagegen zu unternehmen. Es durfte eben nicht sein, was nicht sein darf.

Im April 2001 beklagten sich hochrangige Stellen der französischen Grenzpolizei beim Abteilungsleiter des Bundesinnenministeriums über den Massenansturm ukrainischer Schwarzarbeiter, die Touristenvisa der deutschen Botschaft in Kiew mitführten. Die französische Seite habe relativ offen die Frage der Visa-Erschleichung mittels fingierter Einladungen sowie die fehlende Kontrolle dieser Einladungen durch die deutschen Auslandsvertretungen angesprochen, berichtete der Abteilungsleiter damals seinen Vorgesetzten. Er bat daraufhin das Auswärtige Amt um Stellungnahme und Abhilfe. Doch das Ersuchen blieb ohne nennenswerte Folgen im bürokratischen Dickicht der Bundeshauptstadt hängen.

Die Alarmmeldungen vor der zunehmenden Einreisewelle aus der Ukraine rissen nicht ab. Im Februar 2002 schickte die Grenzschutzdirektion Koblenz einen alarmierenden Report an das BMI und das AA, in dem die Grenzkontrolleure für den Zeitraum Juni 2001 bis Mitte Januar 2002 »insgesamt 16 062 Visabeanstandungen« monierten.

Pikanterweise stammten die Erkenntnisse allesamt aus Ermittlungsverfahren in Deutschland. In 95 Prozent aller Fälle seien deutsche Auslandsvertretungen betroffen, und zwar fast ausschließlich die deutsche Botschaft in Kiew. Somit seien deutsche Diplomaten weit mehr als ihre Kollegen anderer Schengenstaaten in den Missbrauch von Visa involviert, lautete das Fazit der Beamten.

An der Ausgabepraxis der Touristenvisa bei den deutschen Botschaften in Kiew und anderen Orten, etwa in Baku oder Minsk, änderte sich aber nichts. Der Strom der angeblichen Touristen aus Osteuropa nahm stetig zu.

In jener Zeit häuften sich die Warnschreiben an die Bundesregierung. Doch Berlin reagierte nicht. Am 8. Februar 2002 kabelte der Verbindungsbeamte des Bundesgrenzschutzes in Kiew einen Brandbrief an das AA: Mit drastischen Worten warnte er vor »mafiösen Strukturen«. Die dortige deutsche Botschaft werde von Antragstellern mit Reiseschutzpässen geradezu überrollt. Später wurde bekannt, dass die Visa-Zahlen bei der deutschen Botschaft in Kiew mit knapp 211 000 im Jahr 2000 verglichen mit den Vorjahren rapide nach oben gegangen waren. 2001 waren es schon 297 784 Visa, und im darauffolgenden Jahr noch 234 557. Wobei die durchschnittliche Kontrollzeit der Angaben der Antragssteller durch ukrainische Ortskräfte in den deutschen Auslandsvertretungen gerade mal zwei Minuten pro Person betrug. Als Berlin dann doch reagierte und das Visa-Personal vor Ort aufstockte, hatte dies nur einen Effekt: Die Zahl der erschlichenen Visa stieg weiter an.

Auch das Bundeskriminalamt (BKA) machte am 21. Mai 2002 »die deutsche Auslandsvertretung in Kiew« als Brennpunkt der Visa-Betrügereien aus. Es gebe eindeutige Belege dafür, dass der Schwindel »von bedeutenden, international tätigen kriminellen Organisationen kontrolliert« werde. Das

Problem habe sich Anfang 2002 mit den »Reiseschutzpässen ... zu einer neuen, nicht mehr kontrollierbaren kriminellen Arbeitsweise entwickelt«.

Die Reiseschutzpässe würden überwiegend von Reisebüros und deren Repräsentanten vertrieben, die kriminalpolizeilich bereits als verdächtige Vieleinlader bekannt seien; etliche von ihnen seien in deutschen Ermittlungsverfahren. »Im Ergebnis ist von einem starken Missbrauch der Reiseschutzpässe für Zwecke der Visaerschleichung auszugehen«, heißt es weiter. »Dies leistet der grenzüberschreitenden Kriminalität Vorschub.«

Die BKA-Ermittler warnten dementsprechend davor, das Reiseschutzmodell auf deutsche Botschaften in anderen Nicht-EU-Ländern auszuweiten. Vielmehr drängten sie darauf, die mit der Firma Reiseschutz AG getroffenen Vereinbarungen, insbesondere den Vertrieb der Reiseschutzpässe, unter Sicherheitsaspekten zu überprüfen.

Eine gute Idee. Es sollte aber noch knapp ein Jahr vergehen, ehe die Ministerialen die Warnungen der Sicherheitsexperten und Diplomaten vor Ort ernst nahmen.

Man kann sich unschwer vorstellen, wie der Vorsitzende Richter Höppner reagierte, als ich die Akte an ihn weiterleitete. Er war außer sich.

Aus meiner Erfahrung weiß ich, dass Richter vor allem zweierlei nicht leiden können: zum einen, wenn man ihre richterliche Autorität und Unabhängigkeit untergräbt, und zum anderen, wenn man sie nicht ernst nimmt. Die Akte mit den entlarvenden Papieren entsprach in meinen Augen einer Kriegserklärung. Es war nun klar, dass die Kammer und ich als Ankläger angelogen worden waren.

Entsprechend munitioniert nahm der Vorsitzende die letzten Zeugen aus den Ministerien in ein regelrechtes Verhör. Urplötzlich wendete sich das Blatt. Die Beamten wurden gesprächiger. Wer wollte schon eine Falschaussage provozieren? Der Prozess, der bisher nur so dahinplätscherte, schien nun erst ins Rollen zu kommen.

Etliche Zeugen räumten nun ein, dass die in ministeriellen Erlassen geforderten Kontrollen kaum stattgefunden hatten. Ein Beamter aus dem Hause Joschka Fischers bekannte, man habe die illegale Einreise zwar verhindern wollen, allerdings habe es »wirtschaftliche Kreise« gegeben, die ein »Interesse an der Praxis« gehabt hätten. Zudem habe die Leitung des Auswärtigen Amtes ein politisches Zeichen setzen wollen. Damit meinte er den berühmt-berüchtigten Fischer/Volmer-Erlass, der die legale Einreise aus Nicht-EU-Ländern erleichtern sollte.

In diesem Zusammenhang kam auch heraus, wie naiv der Berliner Regierungsapparat zwei Jahre zuvor gewesen sein musste, als man den Reiseschutzpass als neuen Bonitätsausweis an den Visa-Stellen ohne nähere Kontrollen durchwinkte. Im Zweifel für den Einreisenden – dieser Leitgedanke der damaligen Spitze des Auswärtigen Amtes ließ offenbar keinen Spielraum für kleinkrämerische Sicherheitsbedenken.

Und so rannte ein Referatsleiter aus dem Bundesinnenministerium im Jahr 2001 bei den Kollegen in Fischers Amt offene Türen ein, als er ihnen Manfred Schmidt, den Vertreiber der Reiseschutzversicherung, und dessen Modell mit den Worten vorstellte: »Der ist o. k.« Ohne weitere vernünftige Überprüfung Schmidts akzeptierte man den neuen Pass und wies die Botschaften an, bei seiner Vorlage ein Visum zu erteilen.

Die Ermittlungen der Kölner Staatsanwaltschaft ergaben jedoch, dass der Versicherungskaufmann die Pässe zu Tausenden an Schleuser veräußert hatte. Bald darauf klagte ich ihn wegen gewerbsmäßiger Schleusung an.

Trotz massiver Klagen der deutschen Sicherheitsbehörden und der Botschaften an die Ministerien vergingen insgesamt eineinhalb Jahre, ehe Berlin im März 2003 endlich die Genehmigung für den Reiseschutzpass zurückzog. Als Begründung wurde nicht das deutsche Sicherheitsbedürfnis angeführt, sondern die negative Berichterstattung in den Medien.

Umso heftiger fiel die richterliche Schelte gegen Außenminister Joschka Fischer und dessen ehemaligen Staatsminister Ludger Volmer beim Urteilsspruch im ersten großen Schleuserprozess aus. Mit dem Volmer/Fischer-Erlass hätten die Politiker die rechtswidrige Praxis gefördert, dass die deutsche Botschaft in Kiew den Reisezweck der Antragsteller von Touristenvisa nicht mehr geprüft habe, betonte der Vorsitzende Richter. Die Folge: Allein 2001 seien 300 000 Menschen über die dortige deutsche Auslandsvertretung in die Schengen-Staaten eingereist, ungleich mehr als über jedes andere EU-Land. Ein Großteil davon habe in Südeuropa als Schwarzarbeiter gearbeitet, Frauen seien in Bordellen untergebracht worden. »Das war ein kalter Putsch der politischen Leitung des Auswärtigen Amtes gegen die bestehende Gesetzeslage«, schimpfte Höppner. Einmal in Fahrt, sprach der Vorsitzende von einem »mittleren politischen Skandal«, dass das Bundesinnenministerium und das Auswärtige Amt Reiseschutzpässe bei den Botschaften als Grundlage für ein Touristenvisum akzeptiert hätten. Der Vertreiber dieser Ausweise sei ein zweifelhafter Geschäftsmann, der wegen gewerbsmäßiger Schleusung angeklagt sei. Wie so jemand den Segen der Ministerien erhalten konnte, sei ihm schleierhaft, meinte Höppner. »Das hat etwas mit Protektion zu tun, wenn nicht gar mit Korruption.« Und er regte an, gegen Zeugen aus dem Auswärtigen Amt Verfahren wegen Falschaussage einzuleiten, da diese vor Gericht teils »glatt gelogen« hätten. Zutreffend habe man im Ministerium erkannt, dass es in dieser Sache drastische Zeichen fachlicher Inkompetenz und politischen Fehlverhaltens gegeben habe, die man vor der Öffentlichkeit habe verbergen wollen.

Schleuserboss Mischa kam vor diesem Hintergrund übrigens mit einer vergleichsweise milden Strafe weg. Begründung: Die staatlichen Stellen hätten es dem Deutsch-Ukrainer sehr leicht gemacht, schimpfte Höppner. Die Kammer verurteilte den Angeklagten zu fünf Jahren Haft.

Dieser Schuldspruch und die heftige öffentliche Kritik an der Bundesregierung durch das Kölner Gericht brachten die Visa-Affäre bundesweit auf die Titelseiten. Richter Höppners flammende Abrechnung lieferte der Opposition im Bundestag letztlich die nötige Munition, einen Visa-Untersuchungsausschuss einzusetzen.[13] Es war wohl der einzige veritable Polit-Skandal, der den sonst so smart und weltläufig auftretenden Außenminister Joschka Fischer über Monate in arge Bedrängnis brachte.

Und mich brachte er um die fünfte Jahreszeit. Karneval – Mensch, herrlich! Jeder Jeck ist anders im »Fasteleer«. Für mich als Rheinländer hat die fünfte Jahreszeit quasi etwas Sakrales. Vor allem Weiberfastnacht – der schönste Donnerstag im Jahr, Auftakt zum Straßenkarneval, zum Singen, Schunkeln, Bützen. Und ich mittendrin. Ja, auch Staatsanwälte können feiern.

An jener Weiberfastnacht im Jahr 2005 war es leider anders. Während kölsche Lieder aus dem närrischen Epizentrum rund um die Kantine des Landgerichts über die Flure schallten, verstaute ich im benachbarten Trakt der Staatsanwaltschaft mit zwei Beamten der Geschäftsstelle Ermittlungsakten in Kartons. Adressat: der Bundestag in Berlin. Hans-Peter Uhl (CSU), der Vorsitzende des frisch eingesetzten Parlamentarischen Untersuchungsausschusses der Visa-Affäre, hatte kurz zuvor mit der Aufschrift »Eilt« das zigtausend Seiten umfassende Ermittlungskonvolut angefordert.

Schon früh hatte der bayerische Oppositionspolitiker

den politischen Sprengstoff erkannt, der in dem Fall steckte. Befeuert durch etliche Presseberichte über den skandalösen Visa-Schwindel an der deutschen Botschaft in Kiew, nervte Uhl die Regierungsstellen immer wieder durch seine parlamentarischen Anfragen. Die Antworten der Ministerien fielen nach einem ähnlichen Muster aus wie jene an die Kölner Justiz: nichtssagend, verharmlosend.

Zum Ende des ersten Schleuserprozesses entdeckte ich in internen Mails, dass Angehörige des Bundesinnen- und des Außenministeriums bei ihren Stellungnahmen auch den Abgeordneten Uhl in die Irre geführt hatten. Wichtige Details ließen die Ministerialen in ihren Antworten an ihn einfach weg. Uhl sollte erst später aus den Kölner Gerichtsakten von den Mauscheleien der Regierungsstellen erfahren.

Nach der harschen Kritik des Kölner Richters Höppner an Joschka Fischer & Co. im ersten Schleuserprozess machte sich der CSU-Parlamentarier vehement für einen Untersuchungsausschuss stark. Etliche seiner Unionskollegen begegneten Uhls Plänen anfangs skeptisch. Der bayerische Politiker blieb allerdings hartnäckig, zumal die negativen Schlagzeilen über das gesamte Visa-Desaster der rot-grünen Bundesregierung nicht abrissen. Im Dezember 2004 schließlich trat das parlamentarische Kontrollgremium zu seiner ersten Sitzung zusammen

Bald erreichte mich Post aus Berlin: Am 17. März 2005 sollten Richter und Ankläger vor dem Untersuchungsausschuss erscheinen. Natürlich bin ich davor die gesamten Vorgänge nochmals gründlich durchgegangen, um eine exakte Fall-Chronologie zu erstellen.

Mitte März ging es zum Elisabeth-Lüders-Haus, in dem der Untersuchungsausschuss tagte. Bereits am Eingang wartete ein großer Medienpulk auf uns. Es hagelte Fragen über Fragen, aber wir hielten uns bedeckt.

Meine Nervosität hielt sich in Grenzen, als man mich um elf Uhr vormittags in den Sitzungssaal rief. Gut gelaunt, weil gut vorbereitet, marschierte ich hinein. An der großen Fensterseite des Raumes erwarteten mich in einem Halbrund die Abgeordneten Uhl, Olaf Scholz und Sebastian Edathy (SPD), Michaela Noll und Eckart von Klaeden (CDU), Hellmut Königshaus (FDP) und Jerzy Montag (Bündnis 90/ Die Grünen).

Auf einem freien Tisch baute ich meine Aktenbände auf und nahm Platz. Gespannt wartete ich auf die ersten Fragen.

Dazu kam es aber nicht. Vielmehr stritten sich die Ausschussmitglieder. Die einen drängten darauf, die Zeugen aus Köln erst später zu vernehmen, die anderen widersprachen. Eine Weile ging das so hin und her, ehe man mich bat, den Saal erst einmal wieder zu verlassen.

Ich war stinkesauer. Draußen vor den Kameras ließ ich meinem Unmut über diese stillose Behandlung durch die Abgeordneten freien Lauf. Es könne ja wohl nicht sein, polterte ich, dass weitere Arbeitstage für eine neue Zeugenvernehmung draufgehen würden. »Ich habe mit der Bearbeitung umfangreicher Strafverfahren genug zu tun«, knurrte ich in die TV-Mikrofone.

Meine scharfen Worte wurden dem Untersuchungsausschuss zugetragen. Offenbar änderten die Parlamentarier ihre Meinung, denn um 13.30 Uhr wurde ich zum zweiten Mal in den Zeugenstand gebeten.

Vor Gericht steht man häufig einer größeren Zahl von Angeklagten und der doppelten Menge von Strafverteidigern gegenüber. Sympathiebekundungen zugunsten des Staatsanwalts, der die Anklage vertritt, sind da eher selten. Die Situation als Einzelkämpfer vor dem Untersuchungsausschuss war somit nicht neu für mich. Ich wusste, dass auf der Zuschauergalerie etliche Abgesandte aus dem Innen- und Außenministerium jedes meiner Worte notierten. Schließlich musste ja die gesamte Führungsriege aus beiden Häusern auch noch ran. Der Gedanke gefiel mir, er spornte mich geradezu an.

Die Stunden vergingen. Je länger mein Vortrag dauerte, desto interessierter folgten die Ausschussmitglieder meinen Worten. Akribisch schilderte ich die katastrophalen Zustände an der Deutschen Botschaft, die politischen Zusammenhänge, die fatalen Folgen des Fischer/Volmer-Erlasses, die Machenschaften der Schleuserbanden, das staatlich geförderte Fiasko mit den Reiseschutzpässen, die unablässigen Warnschreiben und -berichte der Sicherheitsbehörden, die Ignoranz der Berliner Regierungsstellen und schließlich die Blockade unserer Nachforschungen durch die Ministerien. »Im Zeugenstand des ersten Schleuserprozesses haben viele Ministeriale plötzlich unter Gedächtnisverlust gelitten«, stellte ich zum Ende hin fest.

Vom vielen Reden bekam ich einen trockenen Mund. Am späten Nachmittag dann begannen einzelne Abgeordnete vor meinen Augen etwas zu knabbern, auch Wasserflaschen kreisten. Ein seltsames Benehmen. Süffisant erkundigte ich mich beim Vorsitzenden Uhl, ob nicht auch in einem Untersuchungsausschuss die Regeln der Strafprozessordnung gelten würden. »In Prozessen ist es nämlich verboten, während der Verhandlung etwas zu essen und zu trinken. Es wäre aber schön, wenn auch der Zeuge während seiner längeren Befragung wenigstens eine Tasse Kaffee bekäme«, bemerkte ich augenzwinkernd. Die Reaktion folgte prompt. Olaf Scholz, der SPD-Obmann im Untersuchungsausschuss und heutige Erster Bürgermeister in Hamburg, sprang sofort auf und beschaffte das Gewünschte.

Die Frage-und-Antwort-Runde im Anschluss an meinen Vortrag fiel allerdings ruhiger aus, als ich erwartet hatte. Keine lauten Töne, kaum einmal eine provokante Frage, selten einmal eine ironische Zwischenbemerkung. Sachlich spulten die Ausschussmitglieder ihren Fragenkatalog ab. Ich streute den einen oder anderen Kalauer ein. Letztlich, so mein süffisantes Resümee, wäre mir ohne den Fischer/Volmer-Erlass eine Reise nach Berlin erspart worden.

Etwa zwei Wochen später erhielt ich die Nachricht, man wolle mir das Bundesverdienstkreuz für die Enthüllung der Visa-Affäre verleihen. Ich habe dies aber abgelehnt. Schließlich ist es die Aufgabe eines Staatsanwalts, Straftaten aufzuklären. Und nichts anderes habe ich getan. Außerdem gebührte den Beamten der Bundespolizei, die in zwei Ermittlungskommissionen das »Visa-Kartell« aufgedeckt hatten, dieselbe Ehre. Angenommen habe ich hingegen den Orden »Bul le mérite« – besser bekannt als »Bullenorden«, der mir und zwei anderen Oberstaatsanwälten im Herbst 2005 in Bad Kissingen durch den Bund Deutscher Kriminalbeamter verliehen wurde. Das passte besser, das hatte Charme.

Unterdessen strebte der Visa-Untersuchungsausschuss seinem Höhepunkt entgegen. Natürlich habe ich vor dem Fernseher gesessen, als die Minister Schily und Fischer vor das Gremium treten mussten. Forsch versuchten die politischen Alphatiere zu erklären, was eigentlich nicht erklärbar war, verharmlosten, schoben den schwarzen Peter anderen zu – untergeordneten Stabsstellen oder Referenten.

In einem 15-stündigen Sitzungsmarathon schoss Innenminister Otto Schily meiner Meinung nach den Vogel ab. Es sei nicht zu vermeiden, sagte er, dass bei Millionen ausgestellter Visa vereinzelt Fehler vorkämen.[14] Die Chuzpe, öffentlich solch einen Unfug zu verbreiten, muss man erst einmal besitzen. Ungeniert holte Schily dann auch noch zum Schlag gegen seinen grünen Amtskollegen Fischer aus: Im Rahmen seiner Gesamtverantwortung müsse er sich sicher die Fehler einzelner Mitarbeiter zurechnen lassen, räumte der SPD-Politiker ein; das Innenministerium sei aber nicht zuständig für die Umsetzung und Anwendung der Vorschriften für die Visa-Erteilung. Dies sei allein Aufgabe des Außenministeriums gewesen, dessen Informationsverhalten gegenüber dem Innenministerium »nicht immer optimal« gewesen sei. Wünsche und Empfehlungen seines Hauses zu Visa-Erlassen seien vom Auswärtigen Amt nicht aufgenommen worden. »Ich bin nicht der Außenminister«, resümierte Schily, daher habe er auch keine Befehlsgewalt über das Auswärtige Amt. »Schwupps, und schon bist du aus der Schusslinie«, dachte ich mir während dieser Vorstellung unseres obersten Gesetzeshüters.

Tage zuvor hatte Joschka Fischer die Missstände an der deutschen Vertretung in Kiew als »Ressourcen- und Managementproblem« abgetan.[15] Inzwischen habe er als »Frühwarnsystem« Dreimonatsberichte im Auswärtigen Amt eingeführt, beteuerte Deutschlands Chefdiplomat. Fischer bekräftigte, er trage als Minister die Verantwortung, wenn in seinem Ministerium Fehler gemacht worden seien. »Ich bin der Letzte, der fehlerfrei ist«, warb er um Verständnis.

Der Minister übernahm ausdrücklich die Verantwortung für den nach seinem damaligen Staatsminister Ludger Volmer benannten Erlass vom März 2000. Vehement wehrte er sich aber gegen die Meinung, dieser Ukas habe den massenhaften Visa-Missbrauch in Kiew verursacht. Dieser Erlass könne niemals der Grund für die Entwicklung in Kiew gewesen sein, meinte er. An keiner anderen Botschaft habe die neue Weisung zu Konsequenzen wie in der Ukraine geführt. »Objektiv lag ein Sonderfall vor«, erklärte Fischer.

Angesichts solcher Aussagen unseres Vizekanzlers musste ich fassungslos den Kopf schütteln. In wenigen Stunden wischte Herr Fischer jahrelange Ermittlungsarbeit beiseite. Alles nicht so schlimm – und ja: Fehler passieren in einem so schwierigen Geschäft, nicht wahr …?

Letztlich endete der parlamentarische Untersuchungsausschuss wie so viele vor ihm: Je nach politischer Couleur zogen die Ausschussmitglieder völlig unterschiedliche Schlüsse. Während die Mehrheit (SPD/GRÜNE) ein politisches Versagen ihrer Regierung abstritt, kamen die Mitglieder der CDU/CSU und der FDP-Fraktion zu einem völlig anderen Votum. Demnach habe das Auswärtige Amt mit Minister Fischer an der Spitze durch eine verfehlte und ideologisch motivierte Visa-Politik Schleppern und Menschenhändlern ihr Handeln erleichtert. Dem geneigten Leser bleibt es überlassen, nach Studium des 490-seitigen Untersuchungsberichts zur Visa-Affäre, der im Internet nachzulesen ist, sein eigenes Urteil zu bilden.

A propos Urteil: Manche Entscheidungen werde ich nie begreifen, ebenso wenig wie die Richter, die sie gefällt haben. Mitunter ist es so, dass der eine den Angeklagten zu einer hohen Freiheitsstrafe verurteilt und der andere ihn in der nächsten Instanz im selben Fall freispricht oder es mit einer Geldstrafe bewenden lässt. Das ist die Realität in der Justiz. Manchmal erinnert mich das Ganze an ein Lotteriespiel auf höherem Niveau, gestützt auf rechtlich fundierten Kommentaren, Ansichten und Analysen.

So unterschiedlich die Urteile auch ausfallen – sie sind doch jeweils gesprochenes Recht. Und so musste auch ich im zweiten Teil des großen Schleuserkomplexes um Mischa und den Reiseschutzversicherer Manfred Schmidt eine Art Waterloo erleben. Was der Vorsitzende der 9. Großen Strafkammer Ulrich Höppner als staatlich geförderten Visa-Schwindel geißelte, sah sein Kollege von der 3. Großen Strafkammer ganz anders. Denn dort landete aus formalen Gründen meine zweite Anklage gegen Mischa und Schmidt. Wieder ging es um die tausendfache Schleusung mittelloser ukrainischer Staatsbürger. Dieses Mal drehte sich aber alles nur um Tricksereien mit den Reiseschutzpässen, der

Vorwurf richtete sich vor allem gegen den Vertreiber dieser zwielichtigen Ausweise: ebenjenen Versicherungskaufmann Schmidt mit zweifelhaftem Leumund, der mit dem Segen der Bundesregierung das große Geld mit seinen Bonitätsersatzpapieren gemacht hatte. Dabei scheint es ihm ganz gleich gewesen zu sein, dass Kriminelle wie Mischa seine Pässe als Passierschein für die Reise nach Westeuropa missbrauchten.

Meine stille Hoffnung war natürlich, dass Schmidt unter dem Druck der Anklage und der Hauptverhandlung irgendwann den Mund aufmachen würde. Nur er konnte erzählen, wer ihm – warum auch immer – in den Ministerien behilflich gewesen war, sein Reiseschutzmodell durchzudrücken.

Schon im ersten Prozess hatte Schlepperboss Mischa freimütig erzählt, wie er seinerzeit bei Schmidt häufiger mit einem Geldkoffer aufgetaucht sei und teilweise 1800 Pässe pro Tag angekauft habe. Schmidt habe gewusst, dass er auf diese Weise Touristenvisa im großen Stil erschwindele. Überdies hatten etliche Beamte des Bundesinnenministeriums und des Auswärtigen Amts im Zeugenstand bestätigt, dass der Leumund von Manfred Schmidt nie sorgfältig überprüft worden war. Niemand habe sich hierfür verantwortlich gesehen, lautete der Tenor der Aussagen. Aus internen Papieren der Ministerien wussten wir, dass man Schmidt mehr oder weniger blind vertraut hatte.

Die Zusammenarbeit zwischen dem Versicherungsvertreter und der Botschaft in Kiew war schließlich so eng geworden, dass Schleuser über ihre Tarnfirmen Reiseschutzpässe mit Hilfe einer Datenbank und mit Lichtbildern versehen sogar online bestellen konnten. Schmidt bestätigte dann der Auslandsvertretung per Mail oder Fax die Echtheit der Unterlagen – und schon gab's das Visum. Absurd, aber wahr: Auf Anweisung des Auswärtigen Amtes sollte Schmidt höchstpersönlich den etwaigen Missbrauch mit den Reiseschutzpässen unterbinden. Da hatte man offenbar den Bock zum Gärtner gemacht.

All die Fakten überzeugten den zuständigen Vorsitzenden Richter jedoch nicht von der Strafbarkeit dieses Tuns. In der Folgezeit musste ich zahlreiche Gespräche mit dem Vorsitzenden führen. Schon bei Mischa zweifelte der Richter daran, dass dieser sich überhaupt strafbar gemacht habe. Mein Hinweis auf den Schuldspruch seines Kollegen von der 9. Großen Strafkammer verfing nicht, genauso wenig wie mein Argument, dass selbst der Bundesgerichtshof inzwischen das Urteil bestätigt und Mischas Revision abgeschmettert habe.

Der Richter erwies sich als hartnäckig. Er beharrte darauf, dass man den Tatnachweis selbst bei langwieriger Beweisaufnahme kaum erbringen könne. Durch die Blume wollte er mir wohl damit sagen: »Mein lieber Bülles, Du hast dich da in etwas verrannt. Zwei Jahre Ermittlungen – alles Mumpitz.« Kein Wunder, dass ich zu jener Zeit richtig sauer war. Letztendlich wurde jedoch die Anklage in vollem Umfang eröffnet.

Am 12. Mai 2005 begann dann unter großem Medienauflauf das Strafverfahren gegen die »Schlüsselfiguren in der Visa-Affäre« (*Kölnische Rundschau*). Kurz vor dem Prozessauftakt stieß mein Referendar ein Wasserglas um, woraufhin ich den Tisch trockenwischte. Die TV-Kameras fingen den Moment ein, und abends in der Tagesschau moderierte ein Sprecher die Szene mit dem Kommentar: »Sie sehen den Staatsanwalt beim Reinemachen im Schleusungssumpf.«

Wenn es denn mal so gekommen wäre! Die Linie des Kammervorsitzenden war leider eine andere. Im Gegensatz zu seinem Kollegen Höppner versuchte er den Fall zügig abzuhandeln. Prozessökonomie vor Aufklärung, schnelles Verfahrensende anstatt monatelanger Hängepartie – so könnte man diese Verfahrensweise beschreiben.

Zu allem Überfluss nahmen Schmidts Angestellte und auch viele Zeugen aus den Ministerien ihr Aussageverweigerungsrecht in Anspruch – Erstere, weil sie sich womöglich mitschuldig gemacht hätten, Letztere, weil immer noch das Damoklesschwert der Falschaussage oder Korruption über ihren Köpfen schwebte. Letztlich kam es zu einem Deal: Manfred Schmidt musste eine Geldbuße in Höhe von 120 000 Euro zahlen. Im Gegenzug stellte das Gericht sein Verfahren ein.[16]

»Tja, so kann's gehen«, dachte ich ein wenig desillusioniert.

Übrigens: Der ehemalige Bandenboss Mischa ist längst wieder auf freiem Fuß. Seither wurde er nicht mehr aktenkundig. Und bis heute ist er vermutlich von seiner Unschuld überzeugt.

Das globale Drogenkarussell

Lässig sitzt der Gefangene auf seinem Stuhl in der Besucherzelle. Im Milieu nennen sie ihn »Erik«. Seine langen Locken hält ein Gummiband zusammen. Misstrauisch fixiert er den Besucher, ehe sich seine Miene entspannt. Er lacht breit. »Bitte«, sagt er und weist auf einen freien Stuhl.

Erik darf nur selten Besuch empfangen. Mitte Mai 2011 verurteilte ihn das Kölner Landgericht zu neun Jahren Haft. Der schmächtige Mann türkischer Abstammung, der ein wenig so aussieht wie Costa Cordalis zu seinen besten Zeiten, war eine große Nummer im Drogengeschäft. Mindestens eine Tonne Amphetamine, auch als »Speed« bekannt, soll der Rauschgifthändler mit seiner Bande an Rhein und Ruhr unter die Leute gebracht haben. Aus Gründen der Prozessökonomie blieben davon »nur« 350 Kilogramm an ihm hängen.

Erik entging einem härteren Urteil, weil der Drogenboss sich dazu bereit erklärte, den Kronzeugen für unsere Abteilung zu geben. Nicht zuletzt dank seiner Hilfe klärte eine Ermittlungsgruppe aus Zollfahndern, Kripo-Beamten und einem Staatsanwalt aus meinem OK-Ressort über zwei Jahre hinweg den größten Amphetaminkomplex der deutschen Kriminalgeschichte auf. Die vorläufige Bilanz: 350 Beschuldigte, knapp 100 Festnahmen, 120 Anklagen, über 60 Urteile, 207 Jahre Haftstrafen. Inzwischen können die Ermittler der Drogenmafia den Handel von 4,5 Tonnen Speed nachweisen – Tendenz steigend.

Das Aufputschmittel überflutet seit 2005 den Markt im Rheinland und anderswo. Das Zollkriminalamt (ZKA) registrierte einen enormen Anstieg der beschlagnahmten Amphetamine: von 1,5 Tonnen im Jahr 2009 auf knapp drei Tonnen 2011. Das synthetische Zeug hat sich zu einer Art Volksdroge entwickelt. Mit fünf bis neun Euro pro Gramm ist sie viel billiger als Kokain und putscht die Leute kräftig auf.[17]

Insbesondere junge Menschen greifen zu der Ramschdroge, darunter häufig Schüler im Alter von 16, 17 Jahren. Wer das Partypulver mehrfach einnimmt, riskiert Psychosen und Nierenschäden. »Das Zeug macht auch furchtbar aggressiv. Deshalb stellen wir eine drastische Zunahme an Gewaltdelikten fest«, erklärte mir einmal ein Drogenfahnder. Vollgepumpt mit Amphetaminen, stach etwa ein eifersüchtiger Kölner im Herbst 2011 den neuen Lebensgefährten seiner Exfrau auf der Straße nieder. Auf Fahrten zu Auswärtsspielen schnupfen inzwischen immer mehr gewaltbereite Fußball-»Fans« Speed. So fanden Ermittler beim Mitglied einer Kölner Ultra-Gruppe 30 Gramm Amphetamine in seiner Wohnung.

Zu den Hauptlieferanten der Rhein-Ruhr-Main-Schiene gehören seit jeher marokkanische Banden aus dem Erftkreis nahe Köln. Wegen der enormen Gewinnspannen sei er Anfang 2008 in das Geschäft eingestiegen, erzählt Erik. »Ich habe es richtig krachen lassen.« Den »Stoff« orderte er über holländische Großlabors. Seit 2009 sank dabei der Lieferpreis von 1000 auf bis zu 350 Euro das Kilo. Jede Woche starteten bewachte Transporte in den Erftkreis. Mal versteckte man die Ware in Reifen, mal in der Karosserie. Späher auf

Motorrädern fuhren voraus, um etwaige Zoll- oder Polizeikontrollen aufzuspüren.

Der deutschtürkische Bandenboss mit dem nordischen Spitznamen verdiente zeitweilig so gut wie ein Bundesliga-Profi. An einem Tag kassierte er mitunter fünfstellige Summen – alles cash. Abends verjubelte der Gangster das Drogengeld in Kölner Clubs, fuhr dicke Schlitten oder gab am Pool in der Türkei den dicken Maxe.

Im Knast mögen sie keine Zinker. Daher hat Erik schon so manche Drohung von Mitgefangenen erhalten. Ein paar Mal musste er bereits die Anstalt wechseln. Aber was tut man nicht alles, um früher herauszukommen? Für seine Offenheit hofft Erik auf Vergünstigungen, etwa den offenen Vollzug. Und diese Chance will er packen.

Der Drogenhandel ist die zentrale Einnahmequelle im internationalen organisierten Verbrechen. Nirgends sind die Gewinne so hoch wie im Geschäft mit Heroin, Kokain oder synthetischen Drogen wie Speed oder dem neuen Horrorpulver Chrystal Meth. Und nirgends sterben in der Unterwelt so viele Menschen wie im Krieg um Anteile am lukrativen Rauschgiftmarkt – sei es in Deutschland, Europa oder vor allem in Afghanistan, Süd- und Mittelamerika.

Seit Jahren tobt in Mexiko ein Drogenkrieg zwischen den Kartellen, der jährlich Tausende Todesopfer fordert.[18] Gegen die Syndikate scheint die Staatsmacht machtlos zu sein. Im Jahr 2006 erklärte der damalige Staatspräsident Calderon den Drogenbossen den Krieg und schickte sowohl Truppen als auch Spezialeinheiten der Polizei in die Verbrecherhochburgen – ohne Erfolg. Die Gewalt in Mexiko geht ungehindert weiter. Killerschwadronen töten im Namen der Kartelle Konkurrenten, Rauschgiftfahnder, Staatsanwälte oder unliebsame Politiker. Die Organisationen kämpfen untereinander und gegen den Staat um die profitablen Kokain-Transitrouten. Über 90 Prozent des von den

Amerikanern konsumierten »Weißen Goldes« laufen von Kolumbien über das Drehkreuz Mexiko zu den Abnehmern in den USA. 15 Milliarden Dollar jährlich fließen dadurch an die mexikanischen Syndikate, die sich umgekehrt meist in den USA mit Waffen und Munition eindecken.

Und in Westeuropa? Hier liegt nach zuverlässigen Erkenntnissen der Handel mit Kokain zu 90 Prozent in den Händen der italienischen Mafia-Connection 'Ndrangheta (wir kommen im Kapitel zur italienischen Mafia darauf zurück). Im April 2013 teilte Europol allerdings mit, dass die mächtigen mexikanischen Drogenkartelle wie Los Zetas und Sinaloa in Europa ein Abnehmernetzwerk für Kokain aufbauen. Die Experten warnten davor, dass die extrem gewalttätigen mexikanischen Drogenbosse mit kriminellen Organisationen in Spanien und Italien zusammenarbeiteten. So beliefern die Lateinamerikaner die 'Ndrangheta inzwischen mit Waffen.[19]

Um ähnliche Gewaltexzesse wie in Mittel- und Südamerika zu verhindern, versprachen die Euro-Cops, alles dafür zu tun, dass die mexikanischen Gruppen in Europa nicht Fuß fassen würden. Es bleibt zu hoffen, dass dieses Vorhaben keine leere Versprechung bleibt und insbesondere die europäische Strafverfolgungsbehörden und Sicherheitspolitiker diese neuen Gefahren erkennen.

Im Gegensatz zu Kokain ist der Absatz von Heroin in Deutschland rückläufig. Synthetische Partydrogen laufen ihnen längst den Rang ab. Die absoluten Hits sind derzeit Crystal Meth, Ice, Piko – Methamphetamin hat viele Namen.[20] Es ist die Droge, die sich zurzeit in Deutschland am schnellsten verbreitet. Das Bundeskriminalamt verzeichnete etwa für das Jahr 2012 einen Zuwachs um 164 Prozent.

In Bayern und Sachsen gehört Crystal zum Alltag vieler Menschen. Schüler und Studenten nehmen es zum Feiern, Handwerker, um ein Wochenende schwarz durchzuarbeiten. In Sachsen hatte im vergangenen Jahr jeder zweite positiv auf Drogen getestete Verkehrsteilnehmer Methamphetamin im Blut. Und das Fichtelgebirge haben Jugendliche aus der Region längst in »Crystalgebirge« umgetauft.

Der Leiter der Bayreuther Suchtstation, Roland Härtel-Petri, schätzte Ende 2012 im *Focus*, dass 1,5 bis 2 Prozent der unter 25-Jährigen in Deutschland bereits Crystal probiert hätten. Das wären etwa 150 000 junge Menschen. »Crystal ist die am schnellsten abhängig machende Substanz – sehr viel schneller als Kokain«, erklärte Härtel-Petri. Viele fühlten sich schon ab dem ersten Konsum süchtig.

Nicht nur deshalb ist der Stoff extrem gefährlich. Crystal zerstört die Nervenzellen. Die Folgen sind dramatisch: Halluzinationen, Psychosen, Gedächtnisschwund, Wortverluste. Die Bewegungen werden eckig und marionettenhaft. Viele Süchtige werden zu Sozialfällen, weil sie ihr Leben nicht mehr in den Griff bekommen.

Manchmal endet die Sucht auch tödlich. In Bayern starben im Jahr 2011 zwei Crystal-Konsumenten. Sachsen registrierte bislang 15 Crystal-Tote.

Gehandelt wird der Stoff auf den mehr als 30 Asiamärkten kurz hinter der deutsch-tschechischen Grenze. In den Jahren 2004 und 2005 stiegen nach Erkenntnissen der deutschen Ermittler vietnamesische Banden in das Geschäft mit Crystal ein. Zuvor hatten sie vor allem mit gefälschten Zigaretten gehandelt. Inzwischen haben sie den Rauschgifthandel fest im Griff. Die Vietnamesen besorgen die Grundstoffe, stellen das Methamphetamin in improvisierten »Küchen« her und verkaufen den Stoff auf den grenznahen Märkten – oder sie bringen die Droge gleich selbst nach Deutschland.

Der Party-Pusher ist billig, weil er sich einfach herstellen lässt und, anders als bei Kokain oder Heroin, keine langen Schmuggelrouten Produzenten und Kunden trennen.

Ungefähr 30 Euro kostet ein Gramm Crystal in Tschechien. Anfangs reicht das für bis zu zehn Trips. Später brauchen viele Süchtige jeden Tag ein Gramm.

Crystal taucht inzwischen vermehrt in Großstädten wie Nürnberg, München, in den Ruhrpottzentren und in Berlin auf. Die sächsische Polizei ertappt regelmäßig Drogenkonsumenten aus Thüringen, Sachsen-Anhalt und Brandenburg beim Schmuggeln. In Frankfurt hob der Zoll unlängst eine Crystal-Küche direkt am Hauptbahnhof aus.

Weil das Geschäft mit dem weißen, kristallinen Schnupfpulver so lukrativ und einfach ist, versuchen sich inzwischen auch verstärkt deutsche Kriminelle als Drogendealer. Im Herbst 2011 erhielten Drogenfahnder in Nürnberg von einem Informanten einen Tipp: Der Spitzel berichtete von einem Ehepaar, das im Frankenland kiloweise mit Crystal und sonstigen Synthetikdrogen handele. Der Mann sei ein Bundespolizist aus Fürth. Die Ermittler observierten daraufhin das Paar und klinkten sich in seine Telefonate ein. So erfuhren sie am 20. Oktober 2011, dass die Frau des Bundesbeamten nach Tschechien aufgebrochen war. Kurz hinter dem Grenzübergang Schirnding stoppten die Ermittler den Wagen der Frau bei ihrer Rückkehr. In den Kopfstützen des Autos fanden sie ein Kilogramm Methamphetamin. Aus belauschten Telefonaten wussten die Fahnder, dass der Bundespolizist das Fahrzeug entsprechend präpariert hatte.

Ein Spezialeinsatzkommando nahm den Beamten fest. Im Haus der Dealer fand sich weiterer Stoff. In einer konspirativen Zweitwohnung hatte das Paar einen wahren Rauschgiftbunker angelegt. Bei der Frau des Bundespolizisten entdeckten die Kripo-Beamten ein Notizbuch, das fein säuberlich alle Rauschgiftgeschäfte seit Ende 2009 aufgelistet hatte.

In Tschechien liegt für die deutschen Fahnder das Hauptproblem. Es heißt, die dortige Polizei gehe nicht energisch genug gegen die Dealer vor – zu wenig Beamte im Einsatz, zu seltene Kontrollen auf den Asia-Märkten. Ein Ermittler klagte einmal, für die Tschechen sei Crystal vor allem unser Problem, nach dem Motto »Eure Leute kaufen doch das Zeug.«[21]

So einfach kann man es sich natürlich auch machen. Das geschilderte Beispiel offenbart erneut das EU-Dilemma zentraler Ermittlungen über die einzelnen Staatsgrenzen hinaus. Die einen können, aber dürfen nicht, die anderen dürfen, aber wollen nicht. Zumal ich bezweifle, dass die tschechischen Justiz-Kollegen tatsächlich über entsprechende Ressourcen verfügen, um das Treiben der vietnamesischen Drogenbanden wirksam einzuschränken.

Inzwischen gilt Deutschland übrigens auch als Drehkreuz für den Schmuggel der Modedroge *nach* Asien. Am Kölner Flughafen entdeckten Zollfahnder im April 2013 in Holzstatuen versteckt sechs Kilo Crystal im Wert von fünf Millionen Euro. Vermutlich war die Lieferung für den japanischen Schwarzmarkt gedacht. Dort zahlen die Partyschnupfer 1000 Dollar pro Gramm, während der Preis in Köln gerade mal bei 60 bis 80 Euro liegt.[22]

Das Geschäft mit den synthetischen Drogen blüht. Beinahe jedes Jahr kommen neue »Spaß«-Pillen, -Pulver oder -Cocktails auf den Mark. Manche neue Kreation ist extrem lebensgefährlich. So macht etwa das Reinigungsmittel Gamma-Butyrolacton (GBL) immer wieder Schlagzeilen. Seit geraumer Zeit kursiert die Chemikalie in der Homosexuellenszene als Drogenhit. Dabei handelt es sich um einen wahren Killercocktail. Schon ein Fingerhut GBL kann bei Einsteigern tödlich wirken – eine solche Überdosis kann zu Atemstillstand führen. Im Jahr 2007 starben in Köln zwei Menschen, nachdem sie den Sex-Trank zu sich genommen hatten; ein dritter kam mit dem Leben davon.

Der Besitz des flüssigen Gifts ist völlig legal. GBL gilt in der pharmazeutischen Industrie als gängige Lösung gegen

Klebstoffe. Im Körper wandelt es sich durch eine chemische Reaktion zum berüchtigten Drogenhammer Liquid Ecstasy um. Formal ist die Abgabe nur an Reinigungsfirmen erlaubt. Über das Internet können Interessenten das berauschende Aphrodisiakum aber mühelos bei skrupellosen Händlern erwerben – 250 Milliliter zu 40 Euro.

Chemische Dröhnungen sind gefährlicher denn je geworden. Vor allem in den Niederlanden, Tschechien und Polen panschen Kriminelle ihre synthetischen Muntermacher mit risikoreichen Ingredienzen. Noch immer geistert etwa eine üble Partypille namens »Rolex« durch die Clubs. Dieser Psychedelic-Mix enthält den Stoff m-CPP, eine Substanz, die Atemnot und Krampfanfälle auslösen kann.

2006 warnte das Bundeskriminalamt nach etlichen Funden vor dem berauschenden Newcomer der Spaßgesellschaft. Im März 2007 setzte das Bundesgesundheitsministerium den »Glücksstoff« auf die Betäubungsmittelliste.

Deutschland firmiert als Supermarkt für die synthetischen Grundstoffe. Die Zutaten für die Produktion von Crystal kaufen die jenseits der Grenze agierenden Banden en gros in der Bundesrepublik ein. Ohne viel zu fragen, geben manche Apotheker zum Beispiel die Grundsubstanz Ephedrin in Kilo-Kanistern ab.

Der Kampf gegen Rauschgiftbanden gehörte zum Kerngeschäft meiner Abteilung. Neben einigen deutschen Dealern zogen an Rhein und Ruhr seit geraumer Zeit vorwiegend ausländische Gruppen die Fäden: Türken, Kurden sowie arabische und nordafrikanische Clans. Etliche große Drogenverfahren haben wir gegen türkische und kurdische Banden im Viertel rund um die Keupstraße im rechtsrheinischen Mülheim geführt. Gerade in diesem Quartier stehen sich die türkischen Rechtsextremisten der »Grauen Wölfe« und kriminelle Kader der hierzulande immer noch verbotenen kurdischen Arbeiterpartei PKK unversöhnlich gegenüber. Überdies galt die Keupstraße lange Zeit als Anlaufpunkt türkischer Türsteher und Schutzgelderpresser.

So ließ sich der einstige Rotlichtpate von Köln namens Mehmed bei jenem Friseur in Köln-Mühlheim die Haare machen, vor dessen Schaufenster im Jahr 2004 eine Nagelbombe hochging, die mehr als 20 Menschen teils schwer verletzte. Erst sieben Jahre nach dem Anschlag stellte sich heraus, dass die Neonazi-Terrorgruppe NSU die Fahrradbombe gelegt hatte. Kurz nach dem Attentat aber gingen wir alle aus naheliegenden Gründen davon aus, dass es sich um eine Auseinandersetzung innerhalb der Gruppierungen der organisierten Kriminalität handeln müsste. In diesem Fall haben wir uns geirrt, wir wir heute wissen, aber es war keine ganz abwegige Vermutung, da die überwiegend von Türken und Kurden bewohnte Keupstraße seinerzeit als eine der Hochburgen für das organisierte Verbrechen in der Rheinmetropole galt. Auch ich ging damals davon aus, dass es sich bei diesem Anschlag um eine Auseinandersetzung innerhalb der Rauschgiftszene handelte, und war etwas erstaunt darüber, dass dieser Mordanschlag auf Weisung von oben von der politischen Abteilung in unserem Hause übernommen wurde und meine Abteilung außen vor blieb. Dass die Spur in den rechtsradikalen Untergrund allerdings dermaßen vernachlässigt wurde, ist eigentlich durch nichts zu entschuldigen. Da haben wir uns als deutsche Ermittlungsbehörden wahrlich nicht mit Ruhm bekleckert.

Überdies wirft die Bomben- und Mordserie der NSU in den Nullerjahren mal wieder ein negatives Schlaglicht auf das föderale System von Justiz und Polizei in unserem Land. Ebenso bleibt festzuhalten, dass es zuvorderst die Politik ist, die sachgemäße Ermittlungen der Polizeibehörden über die innerdeutschen Landesgrenzen hinaus verhindert, da sie auf Länderhoheit besteht. Dadurch blockiert sie eine dringend benötigte bundesweite Strafverfolgung im

Bereich jeglicher Schwerkriminalität – ob es sich nun dabei um Naziterror oder um Drogenbarone handelt.

Bei Martin Willi haben wir uns besser geschlagen. Willi, Anfang 40, abgebrüht, durchtrieben, clever, ein deutscher Geschäftsmann, mehrfach vorbestraft, der hinter der ehrpusseligen Fassade seiner Firma tonnenweise Kokain aus Kolumbien nach Belgien, Deutschland und Österreich schmuggelte. Intern plusterte sich Willi als »Kaufmann in Sachen Kokain« auf. Und tatsächlich pflegte der untersetzte Bandenchef beste Kontakte zum kolumbianischen Cali-Kartell.

Anfang der 90er Jahre kreuzten sich zum ersten Mal unsere Wege. In monatelangen geheimen Ermittlungen brachte eine Kollegin den gewieften Drogenbaron, der von Belgien aus die Strippen zog, zur Strecke. In Zusammenarbeit mit ausländischen Dienststellen konnten wir alle Bandenmitglieder ausmachen und die Lieferwege des Kokainhandels aufdecken. Der Stoff wurde vom Cali-Kartell für umgerechnet 16 000 Euro das Kilo verkauft. Die Lieferung landete meist per Schiff in osteuropäischen Häfen. Dort übernahmen Willis Drogenkuriere das Rauschgift jeweils in Mengen von 10 bis 15 Kilogramm, eingeschweißt in Tanks von Pkws. Die Ware landete schließlich in den großen Städten Deutschlands, Belgiens, Österreichs oder der Schweiz. Die Gewinnspannen waren enorm: Binnen Tagen machte die Kokain-Connection 25 000 Euro Gewinn pro Kilo.

In Köln belieferte Willi etwa ein Szene-Bistro, in dem damals vor allem Künstler und Medienschaffende verkehrten. Der Bandenchef führte seine Geschäfte von einer Prunkvilla im Nobelviertel einer belgischen Kleinstadt aus. Das Haus glich einer Festung, Überwachungskameras und ein hoher Zaun sicherten das Anwesen.

Im Frühjahr 1994 schlugen wir zu. Bei der Razzia wanderten in Österreich, Deutschland und Belgien insgesamt

17 Tatverdächtige aus der Führungsebene der Bande in Untersuchungshaft, und 60 Kilogramm Koks wurden sichergestellt. Die Durchsuchung der Villa des Großdealers förderte neben Dutzenden Pistolen und Revolvern auch eine Panzerabwehr-Rakete, zahlreiche Handgranaten und Schnellfeuergewehre zutage. Zudem entdeckten die Ermittler einen Scheck über 9,7 Millionen US-Dollar. In der Eingangshalle hing das große Gemälde einer Frau, die eine Waage mit einem weißen Pulver in der Hand hielt. Das Bild trug den Titel »The Queen of Cocain« und offenbarte eindeutig, wes Geistes Kind Willi war.

Kurz vor dem Prozess bekamen wir den Tipp, dass Kumpane, die in den Untergrund abgetaucht waren, ihren Boss während der Gerichtsverhandlung mit einer Panzerfaust aus dem Sitzungssaal befreien wollten. Fortan galt Sicherheitsstufe 1 für Willi. Polizeibeamte mit Maschinenpistolen schirmten das Justizzentrum ab. Ein Hubschrauber flog den Angeklagten zu den Gerichtsterminen ein.

Willi kassierte die Höchststrafe: 15 Jahre Haft wegen bandenmäßigen Handels mit Betäubungsmitteln, die er in etlichen Strafanstalten Nordrhein-Westfalens und Hessens verbüßte. Anfangs rangierte er in der »Hitliste« der gefährlichsten Gefangenen auf dem Spitzenplatz. Aus Sicherheitsgründen verlegte man ihn deshalb nach kurzer Zeit jeweils in ein anderes Gefängnis.

Nachdem der Kokainkönig zwei Drittel der Strafe verbüßt hatte, drängte er mit Hilfe seiner Anwälte bei der Strafvollstreckungskammer auf seine vorzeitige Entlassung. Doch die Anträge wurden stets mit demselben Trick abgeblockt: Jedes Mal, wenn sich die Beteiligten auf die üblichen Haftlockerungsmaßnahmen geeinigt hatten, musste Willi in eine andere Justizvollzugsanstalt wechseln. Die neue Gefängnisleitung verhinderte dann solche Hafterleichterungen mit der Begründung, man kenne den Neuankömmling noch nicht gut genug; Willi müsse sich erst in der neuen Anstalt bewähren, erst dann könne man über etwaige Vergünstigungen oder Ausgänge nachdenken.

Im Jahr 2005 bekam ich den Vorgang auf den Tisch. Damals hatte Willi bereits knapp zwölf Jahre hinter Gittern verbracht. Eine lange Zeit, dachte ich, selbst für einen hartgesottenen Gangster, wie Willi einer war. Gegen interne Widerstände und Warnungen der Polizei boxte ich seine vorzeitige Entlassung durch. Willi kam frei, der Strafrest von drei Jahren wurde zur Bewährung ausgesetzt.

Das war ein fataler Fehler. Willi hatte sich keinen Deut geändert. Kaum in Freiheit, handelte er wieder mit dem Stoff, mit dem er sich bestens auskannte: Rauschgift.

Die Kripo, die in diesem Fall weitaus misstrauischer gewesen war als ich, spielte einen V-Mann an Willi heran. Dieser war wieder voll im Geschäft und tönte, er könne dem Polizeispitzel eine Tonne Kokain in Kolumbien besorgen.

Damit war Willi erneut fällig. Unser V-Mann ging auf das Angebot ein und orderte kiloweise Amphetamin und Koks. Bei der Übergabe schnappte die Falle zu: Willi und drei Komplizen saßen fortan wieder ein. Im neuen Prozess drohte dem Drogenboss die Sicherungsverwahrung. Das hieß, nach dem Ende seiner regulären Strafe sollte er weiter einsitzen, weil es mehr als fraglich war, dass er jemals seine Finger vom Rauschgift lassen würde.

Doch Willi erkrankte während des Prozesses schwer, er kam in eine Spezialklinik. Angesichts seines schlechten Gesundheitszustandes sah das Gericht schließlich von der Sicherungsverwahrung ab. Willis chronische Krankheit führte vielmehr dazu, dass er bald als haftunfähig galt und aus der Strafhaft entlassen wurde.

Willi war einer der wenigen Deutschen, die richtig dick im Drogenhandel mitmischten. Meist hatten wir es mit Dealern anderer Provenienz zu tun. Denn der internationale

Drogenhandel erfolgt überwiegend durch ethnisch abgeschlossene Gruppen, etwa durch Mitglieder der kurdischen PKK, die den Heroinhandel betreiben.[23] Wie die afghanischen Taliban finanzieren auch die Gefolgsleute Abdullah Öcalans bis heute ihren bewaffneten Widerstand gegen die türkische Regierung mit dem Handel von »Age« (Heroin) und Schutzgelderpressung in Westeuropa.

Die Jagd auf diese Täter ist mehr als schwierig – manchmal verläuft sie auch erfolglos. Die Drogenkader gehen äußerst konspirativ vor: Sie kommunizieren über Codes und sprechen teils Dialekte, für die es kaum Dolmetscher gibt. Die Hierarchien sind straff organisiert: Es geht vom lokalen Mann vor Ort über regionale Leiter bis hin zum Chef ganzer Regionen oder Abschnitte. Die unteren Chargen wissen nichts über die gesamte Operation und werden nur mit den nötigsten Informationen versorgt. Das hat den Vorteil, dass sie bei Festnahmen nicht viel ausplaudern können. Doch selbst wenn sie es könnten, würden sie es meist nicht tun. Da spielt zum einen das politische Motiv eine Rolle, zum anderen aber auch die Angst vor den drakonischen Strafen der kurdischen Drogen-Mafia für »Verräter«, die sogar mit ihrer Ermordung rechnen müssen. Die Täter schweigen daher in der Regel oder räumen nur das ein, was ihnen anhand von Telefonüberwachung und Observationsmaßnahmen nachzuweisen ist.

Eines muss ich leider klar sagen: An die wahren Hintermänner, die sicher in Istanbul oder im anatolischen Kurdendreieck um die Stadt Bingöl sitzen, kommen wir gar nicht erst heran. Uns geht bei den Ermittlungen meist nur die zweite Garde ins Netz: die Logistiker, Dealer, Soldaten und Helfer, die vor Ort agieren. Und klar ist auch: Heben wir eine Rauschgift-Connection aus, steht die nächste schon bereit. Aber wie heißt es so schön im Fußball: Nie jammern, nie aufgeben …

Die Vorgehensweise der großen Syndikate hat sich im Laufe der Jahre kaum verändert. Das Gros der heißen Ware erreicht entweder per Schiff, Lkw oder Kleintransportern seinen Zielort. In jüngster Zeit nimmt wieder der Trend zu, Koks kiloweise mit Hilfe von Körperschmugglern nach Deutschland einzuschleusen. Meist aber werden die großen Sendungen in Obst- und Gemüseladungen oder in Containern unter Industrieware verborgen.

Anfang 2001 meldete sich beim Zollfahndungsamt Köln ein Informant mit dem Alias-Namen Sepp. Der Mann berichtete von einem Lastwagen, der Mitte März vom asiatischen Teil Istanbuls aus nach Deutschland aufbrechen sollte – mit zirka 160 Kilogramm Heroin, versteckt im Auflieger unter einer Tarnladung. Die Tour ging von der Türkei aus mit der Fähre über Kroatien nach Triest (Italien). Von dort sollte der Lkw über Österreich und Deutschland zu einem Endabnehmer in den Niederlanden.

Wie wir aus vielen Verfahren wussten, kauften die türkisch-kurdischen Organisationen Opium in Afghanistan und dem Iran zum Kilopreis von umgerechnet 3000 Euro ein; in der Türkei wurde der Stoff dann zu Heroin veredelt, wodurch der Kilopreis auf bis zu 6000 Euro kletterte. Am Zielort Deutschland oder Holland schließlich kassierten die Drogenbosse schnell 25 000 Euro pro Kilo.

Es gebe da einen Mann namens Bünyamin, berichtete die Quelle »Sepp« weiter. Der besitze eine Spedition zur Tarnung und koordiniere die Schmuggelfahrten; die Ware sei meist versteckt unter einer Ladung Obst und Gemüse. Jeder erfolgreiche Trip bringe Bünyamin 25 000 Euro. Noch stehe der Drogen-Lkw in Istanbul, er sei aber abfahrbereit, meinte der Tippgeber.

Wir reagierten prompt – und dieses Mal funktionierte die internationale Amtshilfe reibungslos! Der Lkw-Anhänger mit dem Heriondepot stand seit seinem Start vom Speditionshof in Istanbul unter ständiger Beobachtung der türkischen Kollegen. Im Hafen von Triest angelangt, übernahmen die Italiener, wobei ein Beamter der Kripo Köln die Observationskräfte begleitete. In Venedig wechselte die Zugmaschine, dann rollte der Brummi über Norditalien und Österreich nach Süddeutschland weiter.

Am 18. April 2001 lieferten die Drogenkuriere die legale Ware (also das Obst und Gemüse) bei einer Firma im Fränkischen ab. Danach begannen die Brummifahrer hektisch mit ihrem Kontaktmann in Holland zu telefonieren. Der beorderte das Duo zu einer großen Transporthalle ins belgische Antwerpen.

Wir hielten stets Anschluss über die Handys der Fahrer. In der Nähe eines deutsch-niederländischen Grenzübergangs stoppte die Polizei den Lastwagen schließlich – die rheinischen Ermittler fürchteten nämlich, der Brummi könne jenseits der Grenze »außer Kontrolle« geraten. Das hatten wir schon einmal bei einer Verfolgungsjagd erlebt: Der Drogentransporter verschwand seinerzeit vor unseren Augen in einer riesigen Lkw-Halle in Antwerpen – und zwar auf Nimmerwiedersehen. Ein solches Risiko wollten wir nicht noch einmal eingehen. Die Entscheidung lautete daher: Zugriff!

Dann aber folgten bange Minuten und Stunden des Wartens: Erfolglos durchstöberten unsere Einsatzkräfte den Lkw-Anhänger, vergeblich schickte die Polizei Spürhunde hindurch; die Tiere schlugen nicht an. Schon befürchteten die Ermittler ein Fiasko – da entdeckte ein Kollege das Drogenversteck in der Dachplane des Lkw-Aufliegers: 160 Kilogramm Heroin von bester Qualität, fein verpackt in Ein-Kilo-Paketen – es war damals der drittgrößte Fang, der je in Deutschland sichergestellt worden war. Ein wahrer Ermittlungscoup. Die beiden Fahrer wurden festgenommen. Unser Informant Sepp hatte recht gehabt. Spiel, Satz – und Sieg?

»Rosinchen« – so nennen wir derart spektakuläre Verfahren wie jenes, das sich an diese Aktion anschloss. Als Abteilungsleiter übernahm ich die Rolle des Anklägers. Doch wie so häufig endete der Prozess in einem Kompromiss. Die Fahrer leugneten standhaft, von der Drogenladung an Bord gewusst zu haben. Das Verfahren zog sich über Monate hin, jedes Beweisstück, jedes belauschte Telefonat wurde über Tage durchgekaut. Die Plädoyers hätten unterschiedlicher nicht sein können. Während ich zwölf Jahre Haft forderte, votierten die Verteidiger für einen Freispruch.

Das Gericht entschied sich letztlich für den Mittelweg. Die Kammer stufte die Angeklagten von Drogenkurieren zu Helfern herunter und verhängte gegen sie sechs Jahre Gefängnis – ein kommodes Ergebnis für das Duo. Nach vier Jahren Haft kamen sie wieder frei und wurden in ihre Heimat abgeschoben – und das bei einer sichergestellten Menge von 160 Kilogramm Heroin! Ein Wahnsinn …

Die Drogenpakete lagerten danach lange Zeit in einem gesonderten Teil der Asservatenkammer. Solange wir den Abnehmer in Holland nicht gefasst hatten und ebenso wenig den Spediteur Bünyamin in Istanbul sowie die Hintermänner des Syndikats, konnten die Beweismittel nicht vernichtet werden. In den folgenden Jahren besuchte ich mehrfach mit Referendaren die Asservatenstelle. Die Kartons mit dem Heroin samt ihrem strengen Geruch gehörten stets zu den besonderen Attraktionen der Visite.

Wie ich später hörte, soll ein Staatsanwalt im Jahr 2012 mit seinem Referendar ebenfalls die Asservatenstelle aufgesucht haben. Auf dem Nachhauseweg geriet der Referendar in der Straßenbahn in eine Rauschgiftkontrolle, wobei ihn ein Drogenspürhund der Polizei ankläffte. Der junge Mann entging nur mit großer Mühe einer Festnahme. Letztlich glaubten die Fahnder seinen Worten, wonach er noch vom Besuch der Asservatenkammer den Geruch des dort lagernden Heroins in seiner Kleidung trage.

Im Mai 2002 dann ging den niederländischen Kollegen der Abnehmer der Rauschgiftsendung ins Netz. Ali Durmuz war bei der Einreise nach den Niederlanden am Flughafen Schiphol gefilzt worden. Zöllner hatten bei ihm Heroinpakete gefunden. Der türkische Dealer unterhielt vielfältige Kontakte zu internationalen Drogenbanden. Oft schleuste er den Stoff zu englischen Großkunden, die das Zeug streckten und auf der Straße an Junkies verkauften. Anfang 2003 musste Durmuz für zwölf Jahre hinter Gitter, später wurde die Strafe um zwei Jahre gesenkt.

Nachdem Durmuz Anfang Februar 2012 seine Haftstrafe verbüßt hatte, lieferte die niederländische Justiz den Drogendealer aufgrund eines deutschen Haftbefehls an uns aus.

Durmuz war meine letzte Anklage vor meiner Pensionierung Ende März 2012: Meinen Part als Sitzungsvertreter der Staatsanwaltschaft übernahm ein Kollege aus meiner früheren Abteilung.

Ali Durmuz wurde zwar zu zwölf Jahren Haft verurteilt – seine abgesessene Strafe in den Niederlanden aber wurde miteinbezogen! Die sechsmonatige Untersuchungshaft in Köln mitgerechnet, blieb nichts mehr vom Kölner Urteil übrig. Ali Durmuz konnte als freier Mann das Kölner Gerichtsgebäude verlassen. Das prozessuale Nachspiel in Köln blieb letztlich ohne große Folgen für Durmuz und hatte nur Steuergelder gekostet.

An die Hintermänner kamen wir nicht heran. Etliche Hinweise führten zu Strippenziehern der PKK, doch der Arm eines deutschen Staatsanwalts reicht nun mal nicht bis in die Bergwelt im wilden Kurdistan.

Das Schicksal der 160 Kilo Heroin besiegelte sich übrigens Anfang 2013. Der Stoff, eigentlich nur noch ein bröseliger Brei, landete in einer Müllverbrennungsanlage. Somit besteht heute keine Gefahr mehr, dass ein Referendar der Justiz nach dem Besuch der Asservatenkammer in falschen Verdacht geraten könnte.

Im internationalen Drogenhandel mischen neben Türken, Kurden, arabischen Gruppierungen und italienischen Mafiosi auch Exsoldaten aus den Kriegen nach dem Zerfall Jugoslawiens sowie Iraner mit. Im Herbst 2004 verhalf uns ein glücklicher Zufall zu einem brisanten Fang: Ein Iraner war in Weimar von einem Landsmann schwer verprügelt worden. Er ging zur Polizei und zeigte den Schläger an. In seiner Wut über die Schmach begann er zu plaudern. Es gebe da Iraner in Köln, die bundesweit mit Opium dealten. Der Anzeigenerstatter nannte Namen und Adressen der Dealer und schilderte die Abläufe, so weit er sie kannte.

Nach dem Hinweis der Thüringer Kollegen machten wir uns sofort an die Arbeit. Die umfangreichen, verdeckt geführten Ermittlungen führten zu zwei Männern im Iran. Die beiden Perser, die eine Villa am Kaspischen Meer besaßen, firmierten als die Hauptlieferanten. In Lkw-Ersatzreifen versteckt, gelangte der Stoff von ihnen an einen Mittelsmann im Hessischen, der das Zeug an etliche Residenten in unterschiedlichen Städten verkaufte.

Einer der Hauptkunden des Hessen war der Kölner Reza Mordechai. Der umtriebige Gauner verfügte zudem noch über andere Bezugsquellen: Wir stießen auf Lieferanten aus Hamburg und Umgebung. Die Ware veräußerte Mordechai in die Niederlande oder über die Rheinschiene in Bonn, Köln, Düsseldorf bis in den Ruhrpott hinein. Insgesamt setzte er mindestens 340 Kilogramm Opium ab.

Im Sommer 2005 schlugen wir zu – Mordechai und seine Komplizen in Köln, Offenbach und Hamburg fuhren ein. Die Polizei fand bei der Razzia kiloweise Opium und andere Beweismittel. Im Prozess gegen den Bandenboss, der 2006 stattfand, kam heraus, dass er in vier Fällen auch seine minderjährige Tochter Maja als Dealerin eingesetzt hatte.

Mordechai schienen solche peinlichen Enthüllungen allerdings nicht zu kümmern. Angesichts der erdrückenden Beweislast versuchte er es mit einer bizarren Verteidigungsstrategie. Den Opiumhandel räumte er umgehend ein. Dann aber erklärte der Mittdreißiger in einem längeren Vortrag, er habe den Stoff nur an Landsleute verkauft. »Wissen Sie, Herr Richter, in Persien wird seit Jahrhunderten Opium geraucht. Das ist dort ein Kulturgut«, dozierte der hochgewachsene Dealer. So kann man es natürlich auch sehen.

Tatsächlich gilt im Iran das Rauchen von Opium als guter Brauch. Angesichts der großen Nachfrage in der iranischen Exilgemeinde hierzulande haben iranische Opiumhändler auch in Deutschland daher ein gutfunktionierendes Netzwerk aufgebaut. Sie verkaufen den Stoff tatsächlich meist nur an Landsleute, die sich nach ihrer Flucht vor dem Mullah-Regime in Deutschland niedergelassen hatten. Darauf versuchte Reza Mordechai sich herauszureden.

Doch alles Palavern nützte nichts: Mordechai kassierte zehn Jahre Gefängnis. Der Mammutkomplex war ein großer Erfolg: Angesichts der Vielzahl an Komplizen des Opiumhändlers beschäftigten wir gleich mehrere Strafkammern in dieser Causa. Insgesamt verhängten die Gerichte in getrennten Verfahren weitere 190 Jahre Freiheitsstrafe gegen Dutzende Helfer Mordechais. Nirgends wurde strafmildernd berücksichtigt, dass die Opiumpfeife im Iran schon unter Jugendlichen kreist.

Apropos Jugend: Das Internet, digitales Suchtmittel vieler junger Zeitgenossen, avanciert inzwischen zum globalen Drehkreuz für Arzneimittel und Drogen aller Arten. Anabolika, alle möglichen Muskelpräparate, Viagra oder andere Medikamente (gefälscht oder echt) und selbst halluzinogene Pilze aus Holland, LSD, Speed, Haschisch, Marihuana können bei Händlern im Netz geordert werden und werden frei Haus geliefert durch ganz normale Paketdienste – das sind die neuen Lieferwege im Zeitalter des World Wide Web. Mit einem Mausklick und einer Kreditkarte orderst du problemlos das gewünschte Rauschmittel, ohne auch nur die Couch zu verlassen.

Das Problem wird größer und größer. Die Täter, teilweise wahre Computergenies, werden immer raffinierter. Sie verstecken sich in einem Irrgarten von Servern, die irgendwo auf dem Erdball stehen und nur einem Ziel dienen: die Spur des Delinquenten zu verwischen. Organisierte Computerkriminalität betrifft heutzutage also nicht mehr nur das Ausspähen von Scheckkartendaten, das Hacken von Konten oder Kinderpornographie. Nein, längst avanciert das Netz zum Eldorado für Anbieter weicher Drogen.

Einer, der schon früh die Vorzüge des Internets erkannte, war Piet Siegmund. Das Geschäft seiner Marketing-Firma in Amsterdam lief mäßig. Deshalb ließ sich Siegmund 2002 etwas Neues einfallen. Der holländische Geschäftsmann stellte auf die Homepage seiner Firma einen Link ein; wenn der Interessent diesen anklickte, konnte er Marihuana bestellen. Der Kunde erwarb einen Account nebst Codewort, und schon konnte er auf dem virtuellen Markt die unterschiedlichsten Sorten einkaufen. Der Grammpreis betrug je nach Qualität sechs bis acht Euro. Die Lieferungen erfolgten gegen Vorkasse. Das Geld landete vorzugsweise auf Konten einer Sparkasse am Niederrhein. Der Zahlungszweck wurde dadurch verschleiert, dass Stichworte aus der Computerbranche oder aus dem Pferdehandel angegeben wurden. Siegmund wollte damit vermeiden, dass die Angestellten des Geldinstituts wegen der üppigen Überweisungen Verdacht schöpften. Sobald das Geld einging, wurde die angefordert Ware sorgsam und geruchsfrei verpackt und über Paket- und Versanddienste an die Kunden geschickt.

Im Jahr 2005 stieg Siegmunds Freundin Vera in das Geschäft ein. Fortan übernahm sie den Versand der bestellten Ware, während ihr Partner für den Betrieb der Internetplattform zuständig war und mit den Kunden telefonisch oder per E-Mail in Kontakt stand.

Fünf Jahre lang lief das Geschäft glänzend. Siegmund belieferte Hunderte Kunden und machte horrende Gewinne. 2007 aber flog der Internethandel mit Marihuana auf. Die Sparkasse am Niederrhein konnte sich die immensen Geldeingänge nicht mehr erklären, weshalb das Kreditinstitut beim Landeskriminalamt in Nordrhein-Westfalen Strafanzeige erstattete wegen des Verdachts der Geldwäsche. Das LKA gründete eine Sonderkommission. Zuständig für den Fall waren die Kollegen in Kleve.

Alsbald richteten sich die Ermittlungen nicht nur gegen Siegmund und seine Freundin, sondern auch gegen seine Internetkunden im gesamten Bundesgebiet. Die Daten fischte das LKA durch die Überwachung der Datenbank des Holländers ab. Das war ein enormer Arbeitsaufwand, für den nicht jeder geschaffen ist. Der zuständige Dezernent der Staatsanwaltschaft Kleve meldete irgendwann »Land unter«. Lapidar erklärte er dem LKA, seine Behörde könne aus personellen Gründen ein derartig umfangreiches Verfahren nicht betreiben. Aus.

Wie sollte es nun weitergehen? Wer sollte den Fall zu Ende bringen?

Eines Tages standen Landeskriminaler an meiner Tür. Sie schmierten mir regelrecht Honig um den Mund, nach dem Motto: Nur die Kölner könnten in NRW einen derartigen Mammutkomplex zum Erfolg führen …

Nun ja, auch bei der Justiz verfängt mitunter Süßholzraspeln: Sie hatten mich. Überdies betraten wir in diesem Fall kriminelles Neuland. Die Ermittlungen führten uns in ungeahnte Dimensionen: Insgesamt strengten wir rund

1000 Ermittlungsverfahren gegen Siegmunds Abnehmer an. Das reichte vom einfachen Kiffer bis zu Großdealern, die kiloweise Marihuana bestellten und 4800 bis 7800 Euro pro Kilo überwiesen. Es war ein ungeheurer Akt, diese riesige Verfahrensmenge überhaupt noch zu bewältigen. Man stelle sich vor: Tausend Beschuldigte, eine gigantische Armada von gegnerischen Anwälten – da hatte ich meiner Abteilung etwas beinahe Unmögliches aufgehalst.

Im Dezember 2007 ließen wir Siegmund und seine Lebensgefährtin verhaften und nach Deutschland ausliefern. Allein das Verlesen der Anklage dauerte Stunden, weil wir alle Fälle aufzählen mussten. Uns war schon vorher klar, dass der Prozess bei 500 Anklagepunkten wohl Jahre dauern könnte. Deshalb handelten wir bereits im Vorfeld mit der Gegenseite und dem Gericht einen Deal aus: ein umfassendes Geständnis beider Angeklagter gegen mildere Strafen. Somit konnten wir den Fall nach zwei Sitzungstagen ad acta legen. Siegmund kassierte sechs Jahre Haft, seine Freundin kam mit der Hälfte davon. Ihr Haftbefehl wurde umgehend aufgehoben – Vera kam noch im Gerichtssaal wieder frei.

Wie abgesprochen, durfte ihr holländischer Partner seine Strafe in seinem Heimatland verbüßen. Das führte aber dazu, dass die niederländische Justiz das Strafmaß drastisch heruntersetzte. Siegmund durfte alsbald schon seine Zelle verlassen und den Rest der Strafe zu Hause mit einer elektronischen Fußfessel am Bein verbüßen.

Die Ermittlungsakten gegen die etwa 1000 Kunden des Drogenpärchens leiteten wir an die jeweils örtlich zuständigen Staatsanwälte weiter. Wir hatten die Fälle komplett ausermittelt und servierten sie den jeweiligen Anklägern quasi mundgerecht. In den allermeisten Fällen wurden die Abnehmer denn auch verurteilt.

Dieser Fall führte uns wirklich an die Grenze der Belastbarkeit. Andererseits bestätigt er wieder meine Forderung nach zentralen Ermittlungsgruppen bei Polizei und Staatsanwaltschaft, um organisierten Kriminellen auf die Schliche zu kommen. Dieses Verfahren wäre bei einer normalen Anklagebehörde kleingehackt worden; große Teile hätte man nicht ausermittelt, sondern gleich an die Kollegen in den betroffenen Regionen abgeschoben. Dies hätte nur zu unnötigen Nachfragen, Problemen und letztlich zum Chaos geführt. Denn kaum einer der Staatsanwälte aus den anderen Städten kannte auch nur Grundzüge des Gesamtkomplexes. Weswegen viele von ihnen dann nach dem Grundsatz »im Zweifel für den Angeklagten« verfahren wären.

In unserem Fall hätte dies fatale Folgen gehabt: Die meisten Ermittlungsakten wären bald ergebnislos geschlossen worden. Weil wir aber stattdessen den ganzen Komplex bis zur Anklagereife vorantrieben, konnte sich das Resultat wahrlich sehen lassen. Deshalb würde ich mir stets wieder so einen Tort antun und einen derart großen Fall übernehmen –, obwohl nur zwei von Siegmunds fast 1000 deutschen Drogenkunden im Zuständigkeitsbereich der Staatsanwaltschaft Köln lebten.

Der internationale Rauschgifthandel macht übrigens nicht vor den Toren deutscher Gefängnisse halt. Natürlich ist es schwierig, den Stoff in den Knast zu schmuggeln, auch die Mengen sind relativ gering – unmöglich ist es freilich nicht.

Inzwischen hindern Gefängnismauern Großdealer auch nicht mehr daran, ihre illegalen Geschäfte aus ihrer Zelle heraus zu regeln. Meist halten sie per Handy den Kontakt zur Außenwelt. Es gibt unzählige Mittel und Wege, Mobiltelefone in die Justizvollzugsanstalten einzuschleusen; mal hilft der Anwalt, der normalerweise nicht kontrolliert wird, mal leisten Komplizen, Freunde und Ehefrauen Kurierdienste oder betätigen sich als »Körperschmuggler«. Mitunter lassen sich aber sogar JVA-Beamte schmieren, drücken ein

Auge zu oder spielen selbst den Boten. Das ist gar nicht so verwunderlich. Die mageren Löhne, die gerade in den unteren Rängen der Belegschaft gezahlt werden, machen so manchen Staatsdiener anfällig für die Avancen der Häftlinge. »Cash in die Täsch« lautet die kölsche Korruptionsvariante.

Selten fliegen solche Mauscheleien hinter Gittern auf, und wenn, dann sind es meist Einzelfälle. Was aber, wenn der größte Knast in NRW unter Generalverdacht gerät und Schauplatz der größten Gefängnis-Razzia in der deutschen Nachkriegsgeschichte wird? Dann ist der Skandal perfekt.

Günter Rammel hatte eigentlich immer das richtige Näschen. Der Chef des Kommissariats für den organisierten Rauschgifthandel war allein schon vom Typ her kein Mann für Kompromisse. Rammel war ein harter Hund, ein ausgewiesener Spezialist für den organisierten Rauschgifthandel, einer, der sich wie ein Terrier in einen Fall verbiss und erst davon abließ, wenn er den Gegner zur Strecke gebracht hatte.

Rammel und seine Kollegen waren im Jahr 2000 einem Drogenring im Rheinland auf die Spur gekommen. Ganz offen plauderten die Gangster am Telefon über ihre Aktivitäten, und so stellten Rammels Ermittler über belauschte Gespräche fest, dass ein Großteil der Bande sich an einem ganz besonderen Ort aufhielt: in der JVA Köln!

In erster Linie drehte es sich um Insassen aus dem Hafthaus elf, die über eingeschmuggelte Handys den Komplizen draußen Anweisungen gaben. Mit Hilfe von Schnüren warfen sie sich die Geräte wie Pendel von Zellenfenster zu Zellenfenster zu. Die Mobilfunkgeräte hatten JVA-Bedienstete und Ehefrauen der Insassen eingeschmuggelt.

Rammel kam zu mir und schilderte in allen Details die Erkenntnisse seiner Leute. Wir verabredeten absolute Geheimhaltung, nichts durfte nach draußen dringen. Die Ermittlungen liefen unter dem Codewort »Hahnenschrei«.

Damit nahm eine der größten Durchsuchungsaktionen in einem deutschen Gefängnis seinen Lauf. Die JVA in Köln-Ossendorf, von den Einheimischen liebevoll »Klingelpütz« genannt, zählte mit ihren 1270 Gefangenen zu den größten der Republik. Unter höchstem Geheimschutz hatten wir 200 Durchsuchungsbeschlüsse beantragt – einen für jede Zelle im Hafttrakt elf. 850 Polizeibeamte und fünf Staatsanwälte sollten zahlreiche Haftbefehle vollstrecken. Nur ich, die Ermittler aus Rammels SOKO und die Gefängnisleitung waren in die Aktion eingeweiht.

An einem Sonntagmorgen im Frühjahr 2000 um vier Uhr in der Früh rollten die Einsatzkäfte in großen Mannschaftsbussen vor die Gefängnispforten. Ich hatte mich schon ein wenig früher zur JVA aufgemacht – und traf auf dem Parkplatz gegenüber des Gefängniskomplexes zu meinem Entsetzen ein mir allzu bekanntes Gesicht: einen Reporter vom *Kölner Stadtanzeiger*! Fröhlich winkte er mir aus dem Seitenfenster seines blauen Kombis zu. »Na, Herr Bülles, schon so früh unterwegs?«, schallte es mir entgegen.

Mich traf der Schlag. Woher wusste der Reporter von unserer Operation? Innerlich begann ich zu fluchen. Wenn die Sache trotz Geheimstufe 1 schon bei der Presse durchgesickert war, wer wusste dann noch davon? Waren die Leute im Knast gar auch schon vorgewarnt? Dann würden wir gar nichts finden, und die ganze Riesenaktion wäre umsonst!

Dabei hatte die SOKO alles bis aufs Kleinste geplant – und das zog sie jetzt auch durch. Die Polizeibeamten schlichen sich durch die Kellerräume des Gefängnisses zum Haus elf. Dort postierten sie sich geräuschlos vor den Zellen. Zeitgleich um sechs Uhr morgens wurden sie geöffnet, und zeitgleich nahmen wir auch einige JVA-Beamte fest. Manche holten die Kollegen zu Hause aus dem Bett. Aus den abgehörten Telefongesprächen wussten wir, dass diese Aufseher mit den Verbrechern gemeinsame Sache gemacht hatten. Gegen Bares hatten sie nicht nur die Handys, sondern auch Drogen und Alkohol hinein- und Kassiber herausgeschmuggelt.

Für die Zelleninsassen hatten wir uns etwas ganz Besonderes ausgedacht: Häftlinge, die ihren Stoff aus dem Zellenfenster warfen, wurden von mehreren Fahndern vom Innenhof aus gefilmt. Außerdem war zuvor das Wasser in den Zellen abgestellt worden – so konnte niemand seine Drogen noch rasch in der Toilette hinunterspülen. Allerdings stand in einigen Klosetts noch Restwasser, weswegen es manchen Gefangenen denn doch gelang, ihre Rauschgiftbunker abgehen zu lassen.

Alles lief wie am Schnürchen. Nur das Ergebnis war wenig befriedigend. Wie ich befürchtet hatte, schien jemand aus Justiz- oder Polizeikreisen die Razzia verraten zu haben. Gemessen am Aufwand waren die Drogenfunde minimal. Ich war ziemlich ärgerlich.

Bei der Pressekonferenz machte ich gute Miene zum bösen Spiel. Mühsam versuchte der damalige Kölner Polizeidirektor die ganze Aktion als Erfolg zu verkaufen. »Generalpräventiv« habe die Razzia eine nachhaltige Wirkung erzielt. Die Häftlinge, so sein Tenor, seien nun gewarnt und die Dealer-Connection hinter der Gefängnismauer sei empfindlich getroffen worden. Ich hatte da so meine Zweifel.

Der damalige Gefängnisleiter bestätigte meine Bedenken. Er wies darauf hin, dass 40 Prozent aller Häftlinge bereits drogensüchtig seien. »Bei knapp 1300 Gefangenen ist es nahezu unmöglich, den Schmuggel von Rauschgift und Handys vollständig zu unterbinden. Denn es gibt Verstecke am Körper, bei denen die Metalldetektoren nicht mehr anschlagen«, erklärte mir der Chef vom Klingelpütz. Es sei den Beamten und den Besuchern aber auch nicht zuzumuten, dass sich jeder einzelne Besucher künftig nackt ausziehen und eingehend untersuchen lassen müsse.

Mit diesem Problem schlagen sich seine Kollegen auch heute noch herum, 13 Jahre nach der Aktion. Der Drogen- und Handyschmuggel in den Knast funktioniert nach wie vor reibungslos. Die Justiz hofft nun auf eine Neuentwicklung aus dem rheinischen Meckenheim. Dort hat eine Firma eine Technik entwickelt, die verbotene Handygespräche aufspürt und unterbindet. Seit Ende 2012 wird diese Handy-Störanlage in einem Pilotprojekt in der JVA Köln-Ossendorf getestet. Ob das klappt? Es wäre zu hoffen.

Damals hatten wie diese Möglichkeit nicht und mussten aufgrund des mittelprächtigen Erfolges unserer Razzia nun versuchen, über andere Wege ans Ziel zu gelangen. Tagelang verhörten wir die Verdächtigen und werteten ihre Handys aus. Mit Erfolg: Am Ende konnte die SOKO »Hahnenschrei« Dutzenden JVA-Insassen den organisierten Handel mit Heroin, Kokain, Marihuana, Haschisch und Ecstasy nachweisen.

Quasi als Nebenprodukt verfolgten wir Hinweise auf einen Rechtsanwalt, der für seine inhaftierten Mandanten Rauschgift eingeschmuggelt hatte. Der Jurist kassierte dafür eine dreijährige Haftstrafe. Bei unseren Nachforschungen stießen wir außerdem auf einen Lehrer, der im Gefängnis die schulische Weiterbildung der Häftlinge durchführte. Der Pädagoge nutzte offenbar seine Machtposition gegenüber seinen weiblichen Schülern aus: Er zwang sie mit Drohungen zum Sex. Eines seiner Opfer konnten wir trotz der möglichen Racheakte, die ihr durch die JVA-Bediensteten drohten, zu einer umfassenden Aussage überreden. Schon wähnten wir den Lehrer im Knast. Doch weit gefehlt: In erster Instanz wurde der Mann zu einer Bewährungsstrafe verurteilt, und im Berufungsverfahren verhängte eine Kammer des Landgerichts sogar nur eine Geldstrafe. Ich war fassungslos – zumal wir unserer Kronzeugin nun nicht mehr den Schutz garantieren konnten, den meine Abteilung ihr zugesichert hatte. Die Frau musste wieder zurück in den Knast, wurde aber in eine andere Anstalt verlegt.

Von Monat zu Monat weitete sich der Sumpf um Korruption und Drogenhandel unter Justizbeamten weiter aus. Mit solch einer Dimension hatten wir nicht gerechnet. Unsere Ermittlungen ergaben, dass auch Wachtmeister des Kölner Landgerichts und des Oberlandesgerichts Kokain vertickten. Der Drogenhandel der Staatsdiener im Landgericht war für die Justiz natürlich besonders peinlich.

Der Drogenhandel hinter Gittern ist nach wie vor ein großes Problem. In bayerischen Gefängnissen dirigieren etwa russische Knastgangs das Rauschgiftgeschäft. Sie schmieren JVA-Beamte, die entweder den Stoff selbst hineinschmuggeln oder einfach wegschauen, wenn Komplizen der Russen die Drogen hineinbringen. Kaum eine Justizbehörde würde heute noch das Risiko eingehen, riesige Gefängnistrakte zu durchsuchen. Zu groß ist der Aufwand, und zu groß auch ist die Gefahr, zu scheitern.

Der Kampf gegen internationale Drogenbanden hakt ohnehin an allen Ecken und Enden. Die internationale Rechtshilfe funktioniert häufig wie eine Wundertüte: Selten hat man das Glück, dass andere Polizei- und Justizbehörden entlang der einschlägigen südosteuropäischen Transitstrecken mithelfen, die Drogentransporte aufzuspüren.

Die Hintermänner in den Herkunftsländern haben überdies den lokalen Sicherheitsapparat durch Schmiergelder oder Gewalt so im Griff, dass wir mit unseren Ermittlungen meist nicht bis zur Spitze der Connection vordringen können. Am Ende bleibt nur die Hoffnung, dass die Politiker in der EU im Kampf gegen die Drogensyndikate doch noch Wege finden, eine europäische Polizei zu schaffen. Diese Euro-Cops sollten endlich das Recht erhalten, überall in der EU gegen die internationalen Rauschgiftringe zu ermitteln.

Jagd nach dem Phantom: Die italienische Mafia

Geräuschlos, unauffällig, subtil. Wollte man drei charakteristische Adjektive für die Rolle der italienischen Mafia in Deutschland auswählen, stünden genau diese ganz oben auf meiner Liste. Einen Mafioso erkennen Sie nicht an seinem Äußeren. Er trägt keine Kutte wie die kriminellen Rockerbanden der Hells Angels oder Bandidos, sein Oberkörper oder seine Hände sind auch nicht übersät mit makabren Tätowierungen wie bei russischen Berufsverbrechern der Organisationen der »Diebe im Gesetz«. Eigentlich erkennen sie einen italienischen Mafioso gar nicht oder wären überrascht, wenn sich herausstellte, dass der nette Kellner ihres Lieblingsitalieners insgeheim ein Doppelleben führt.

Das heißt jetzt beileibe nicht, dass jeder freundliche Ober, Barista- oder Pizzeria-Wirt kriminell wäre oder der sizilianischen Cosa Nostra, der kalabrischen 'Ndrangheta oder der neapolitanischen Camorra angehörte. Aber eines will ich aus meiner 36-jährigen Erfahrung vorausschicken: Es gab Zeiten, da befanden sich 80 Prozent der italienischen Lokale Deutschlands in Mafia-Hand oder mussten zumindest Schutzgelder an die Mafia zahlen.

Der Mafioso selbst nennt sich »uomo d'onore«, also »Mann der Ehre« – eine Bezeichnung, die der verbrecherischen Realität dieser Leute Hohn spricht. Auch heute noch dienen den sogenannten »Ehrenmännern« hierzulande vor allem italienische Lokale als Stützpunkte für ihre Operationen. Bis Ende der 70er Jahre nutzte die sizilianische Cosa Nostra die Region Köln, in der damals etwa 35 000 Italiener lebten, vornehmlich als Ruheraum. Anfang der 80er Jahre erhielten wir dann erste Hinweise darauf, dass sich die Situation änderte. Nach unseren Erkenntnissen musste ein Großteil der italienischen Gastwirte in Köln ähnlich wie ihre Kollegen auf Sizilien Schutzgeld (das sogenannte »Pizzo«) bezahlen. Aus Angst vor Repressalien traute sich kaum jemand, die Polizei einzuschalten.[24]

Im November 1983 musste ich genau aus diesem Grund zwei hochkriminelle Sizilianer laufenlassen. Die Wirtin einer Pizzeria hatte die Polizei zu Hilfe gerufen, weil mehrere italienische Gäste immer wieder in ihrem Lokal randalierten. Unter Drohungen verlangten sie umgerechnet 5000 Euro, ansonsten wisse man nie, was einem noch alles zustoßen könne …

Der Prozess begann, die Wirtin machte jedoch plötzlich einen Rückzieher. Wir mussten sie darum zwangsweise vorführen lassen. Im Zeugenstand überkam sie dann die völlige Amnesie – plötzlich konnte sie sich an nichts mehr erinnern. Bei ihrer Vernehmung verwickelte sich die Gastronomin in Widersprüche und erzählte nunmehr, es habe gar keine Schutzgeld-Erpressung gegeben, sondern sie habe nur ihr Lokal verkaufen wollen. Die Polizei sei schuld, die hätte sie falsch verstanden. Notgedrungen musste ich den Freispruch für die angeklagten Mafiosi beantragen, auch wenn meine Zweifel an deren Unschuld bis heute fortbestehen.

Nicht jede Trattoria oder Osteria ist tatsächlich das, was sie zu sein scheint. Vielmehr liefert sie die legale Fassade für die krummen Geschäfte der italienischen Unterwelt: Drogen- und Waffenhandel, Schutzgelderpressung sowie Geldwäsche.

Die Zeiten, in denen die italienische Mafia Deutschland nur als Ruheraum nutzte, sind längst vorbei. In den 70er und 80er Jahren noch parkten die großen Verbrecherclans manche ihrer »Soldaten« in Bella Germania bei Freunden oder Residenten, um sie nach einem begangenen Anschlag oder Mord an einem Konkurrenten in Sicherheit zu bringen, bis Gras über die Sache gewachsen war. Gab es Ärger mit der örtlichen italienischen Justiz, erschien der Fluchtweg über den Brenner nach Deutschland ebenfalls der beste Ausweg zu sein, steckte doch seinerzeit das Rechtshilfesystem zwischen den EU-Staaten noch in den Kinderschuhen – die internationale Zusammenarbeit gegen die Verbrecherfamilien aus Süditalien bestand nur in Absichtserklärungen auf dem Papier.

Das ist heute nicht anders, siehe die tödlichen Schießereien vor dem italienischen Restaurant »Da Bruno« in Duisburg im August 2007. Allein dieses Blutbad belegt, dass der Informationsaustausch über die Aktivitäten und Einflussgebiete der Mafia-Familien in Deutschland zu wünschen übrig lässt. Dass sich damals hinter der Fassade eines gehobenen Italieners ein Ableger der 'Ndrangheta verbarg, überraschte die deutschen Sicherheitsbehörden. Ihre italienischen Kollegen hatten sie erst darüber aufgeklärt, nachdem sechs mutmaßliche Mitglieder des Mafia-Clans Pelle-Romeo durch ein Killerkommando der rivalisierenden Sippe Strangio-Nirta vor dem Restaurant erschossen worden waren. Anfangs hieß es, Auslöser des Blutbades sei eine seit 1991 schwelende Fehde zwischen den beiden Familien gewesen – damals war ein Streit bei einer Karnevalsfeier im Ort San Luca eskaliert: Zwei junge Männer des Strangio-Nirta-Clans wurden erschossen, zwei weitere verletzt. In der Folgezeit entspann sich ein blutiger Rachefeldzug: die »Vendetta von San Luca«.[25] Zwischenzeitlich schien es so, als sei die Fehde beigelegt. In den Monaten vor dem Duisburger Attentat war der Bandenkrieg allerdings wieder aufgeflammt: Fünf neue Morde und acht Mordversuche aus dem Umfeld der beiden Sippen hatten die italienischen Polizeistellen registriert. An Weihnachten 2006 war die Frau eines Anführers der Familie Strangio-Nirta umgebracht worden. Dies schien das Signal für den Rachefeldzug in den Ruhrpott gewesen zu sein.

»Es ist eine beispiellose Abrechnung, auch deshalb, weil sie erstmals im Ausland stattfand«, zitierte seinerzeit die Nachrichtenagentur *Ansa* den stellvertretenden Leiter der Polizei von Reggio Calabria, Luigi De Sena. »Die Präsenz von Kalabrern in Deutschland ist sehr stark, aber bislang haben sie sich immer zurückgehalten und versucht, nicht aufzufallen.«

Der deutsche Sicherheitsapparat reagierte damals sichtlich konsterniert, machte doch der Anschlag in Duisburg klar, wie blind die hiesigen OK-Ermittler bis dato gewesen waren, was das Mafia-Problem anging. Den Einfluss der italienischen Verbrechersyndikate in hiesigen Städten hatte man total unterschätzt. Dabei gilt gerade Nordrhein-Westfalen seit jeher als Hochburg der 'Ndrangheta. Experten schätzen, dass 230 Mitglieder der kalabrischen Spielart der »Ehrenwerten Gesellschaft« in Deutschland aktiv sind.[26]

Die Macht der Clans, die wegen ihrer engen Familienbande nur schwer durch Polizeispitzel zu unterwandern sind, trat in Deutschland zum ersten Mal durch das Massaker vor dem Edel-Italiener in Duisburg öffentlich zutage. Wie meine Kollegen später herausfanden, war die Familienfehde allerdings nicht der wahre Grund für die Abrechnung auf offener Straße gewesen. Vielmehr spielten bei der Hinrichtung Auseinandersetzungen im Kokainhandel eine Rolle. Nach zuverlässigen Quellen aus Italien liegen heutzutage über 80 Prozent des internationalen Kokshandels in den Händen der 'Ndrangheta. Jährlich erzielen die Banden damit einen Gewinn von 40 Milliarden Dollar.

Francesco Forgione aus Kalabrien, der zwischen 2006 und 2008 die parlamentarische Anti-Mafia-Kommission unter der Regierung Prodi leitete, erläutert in seinem Buch *Mafia-Export. Wie 'Ndrangheta, Cosa Nostra und Camorra die Welt erobern*, wie sich die Syndikate weltweit und speziell in Deutschland die Territorien und Kriminalitätsbereiche untereinander aufgeteilt haben. Auf Landkarten zeigt der Autor, in welchen Regionen und Städten welche Mafia-Clans hierzulande tätig sind. Neben der sizilianischen Cosa Nostra (italienisch für »Unsere Sache«), die etwa den Großraum Köln beherrscht, erweitert insbesondere die 'Ndrangheta ihre hiesigen Territorien. »Die 'Ndrangheta geht dahin, wo man am meisten verdienen kann«, warnte Laura Gravini, Abgeordnete der linksbürgerlichen Demokratischen Partei (PD) und Vorkämpferin der Anti-Mafia-Bewegung in Italien, in einem Gespräch mit der *Rheinischen Post* im Jahr 2010. Außerdem gebe es in Deutschland kein »Problembewusstsein« hinsichtlich der Mafia-Aktivitäten. Genau diese Startbedingungen habe die 'Ndrangheta ausgenutzt, um hierzulande »besonders aktiv zu werden«.

Als Konsequenz aus dem Informationsdesaster rund um das Duisburger Blutbad richtete das Bundeskriminalamt (BKA) seinerzeit eine gemeinsame Task Force mit den italienischen Mafia-Jägern ein. Das war sicher ein Schritt in die richtige Richtung, dennoch zweifle ich daran, dass wir momentan auch nur im Entferntesten wissen, was die italienische Mafia in Deutschland tatsächlich treibt.

Ihre Ursprünge findet die »Ehrenwerte Gesellschaft« in den schweren sozialen Konflikten zwischen adeligen Landbesitzern und den armen Bauern im Sizilien des 19. Jahrhunderts. Im Auftrag ihrer Gutsherren heuerten deren Verwalter Schlägertrupps an. Diese Wachmänner setzten den Bauern schwer zu, sollten diese nicht die vom Adel geforderten Erträge aus ihren gepachteten Äckern erwirtschaften. Repressalien und Drangsalierungen waren die Folge, große Teile der Landbevölkerung verelendeten. Die verarmten Bauern schlossen sich zu Räuberbanden zusammen, das Gleiche galt für Teile der Wachmannschaften der Gutsherren. Bald wusste man nicht mehr, wer zu wem gehörte. Die Sitten verrohten, je stärker das Verbrechen auf der Insel wucherte. In dieser Phase der sizilianischen Anarchie schlossen sich die Gruppen zu regionalen Clans zusammen, ausgestattet mit einem Ehrenkodex: der »Omerta«. Ursprünglich bedeutet das Wort »Demut« – das Clanmitglied schwört seinem Anführer und der Gruppe absoluten Gehorsam und Treue. Es bedeutet aber auch die Pflicht, zu schweigen. Kein Angehöriger der Bruderschaft darf mit Polizei oder Justiz kooperieren oder sich von ihr helfen lassen. Vielmehr ist es eine Frage der »Ehre«, dass der Mafioso seine Dinge selbst regelt. Wer ihn oder seine »Familie« angreift, bestiehlt oder beleidigt, muss mit seiner Blutrache rechnen.

Zum Ende des 19. Jahrhunderts gehörten die Mafia-Banden schließlich zu den bestimmenden Machtfaktoren auf Sizilien. Auch auf dem Festland begannen sich entsprechende Verbrechersyndikate breitzumachen. Italienische Auswanderer importierten das organisierte Verbrechen in die USA. Bis in die 30er Jahre des vorigen Jahrhunderts gehörten Kriege zwischen den Gangs, Schießereien auf offener Straße oder Hinrichtungen mit Dutzenden Opfern zum alltäglichen Bild der nordamerikanischen Mafia.

Männer wie Charles »Lucky« Luciano formten in den 30er Jahren »La Cosa Nostra« zu einem weltweiten Verbrecherkonzern um, der im Gegensatz zu seinen Vorgängern eher im Verborgenen agierte. Die Mafia betrieb eine eigene, äußerst lukrative Schattenwirtschaft. Claims und Geschäftsbereiche wurden klar abgesteckt. Bei Konflikten, wie etwa unter den sieben großen Familien aus New York, Chicago und Buffalo, entschied das oberste Gremium, die »Commission« der führenden Bosse. Das bedeutete nicht, dass nun weniger Gewalt und Totschlag im »Gangland« herrschte, doch die »Ehrenmänner« gaben sich nach außen hin weitaus friedlicher als noch zu Zeiten des berühmt berüchtigten Al Capone.

Luciano & Co. brachten mit der üblichen Mischung aus Bestechung und Repressalien lukrative Wirtschaftszweige unter ihre Kontrolle; bald beherrschten die fünf New Yorker Familien die einflussreiche Gewerkschaft der Hafenarbeiter. Sie kassierten allerorten ab: Gemüse, Obst und Fleisch, Baufirmen und Fuhrunternehmen, Drogen, Rotlicht und illegales Glückspiel – überall hatte die US-Mafia ihre Finger im Spiel. Man gründete 1933 sogar eine eigene Truppe von Auftragskillern, die »Murder Incorporated«. Vermutlich weit mehr als 100 Menschen liquidierte diese Todesschwadron, ehe die US-Justiz ihr Anfang der 40er Jahre das Handwerk legte.

Dank der Ignoranz des Gründers der Bundespolizei »FBI«, J. Edgar Hoover, konnte sich die »Cosa Nostra« über die ganze USA ausbreiten wie eine Krake. Beharrlich weigerte sich der FBI-Chef, gegen die Unterweltfamilien vorzugehen. Lieber zettelte er zu Beginn des Kalten Krieges Ende der 40er Jahre eine gigantische Kommunistenhatz an. Erst in den 50er und 60er Jahren nahmen die Bundesbehörden die Gangs verstärkt aufs Korn, doch trotz einiger Fahndungserfolge in den 80ern und 90ern regelt die »Commission« bis heute die Angelegenheiten der Mafia-Familien auf dem nordamerikanischen Kontinent, als sei nichts geschehen.

Dasselbe gilt für ihre italienischen Vettern. Man braucht nur Roberto Savianos Insider-Dokumentation *Gomorrha* zu lesen, der das Regiment der herrschenden Mafia-Connection in seiner Heimatstadt Neapel beschreibt, um zu erahnen, wie diese Verbrecher denken und handeln. Saviano beschreibt in seinem Bestseller eingehend die Geschäftsfelder der organisierten Kriminalität: Neben den Klassikern wie dem Rauschgift- und Waffenhandel, der Prostitution und der Schutzgelderpressung bringen die Gangster im großen Stil gefälschte Markenartikel an den Mann, entsorgen Sondermüll auf illegalen Kippen, während Baumafiosi mit Hilfe von Schwarzarbeiterkolonnen den Fiskus um Millionen betrügen. Gerade Letzteres kommt mir sehr bekannt vor. Seit mehr 20 Jahren schlagen wir uns auch in Deutschland mit dem Phänomen der Baumafia herum.

Köln firmiert in Deutschland seit jeher als Drehscheibe für das Italo-Verbrechen: Bereits Anfang der 90er Jahre hatten wir eine Drogenbande um hochrangige Mitglieder der Camorra enttarnt. Die Bosse, zwei Brüder, mussten für 13 beziehungsweise 11 Jahre ins Gefängnis. Nach Erkenntnissen des BKA gehörte das Verbrecherduo einem Clan an, der in Italien zirka 60 Entführungen durchgeführt hatte, um seine Rauschgiftgeschäfte zu finanzieren. Die Brüder organisierten unter anderem den Transport von 140 Kilogramm Kokain aus Argentinien nach Europa. Dieses Rauschgiftgeschäft wurde durch ihre Auftraggeber in Kalabrien finanziert. Aufgezeichnete Telefongespräche belegten, dass die Finanziers den Sohn eines norditalienischen Industriellen hatten kidnappen lassen. Der Junge kam gegen Zahlung eines Lösegeldes in Höhe von umgerechnet sieben Millionen Euro wieder frei. Dieses Geld setzten die Mafiosi für den Deal ein.

Bei dem jüngeren Bruder der zwei Drogenhändler, Michele Sforza, entdeckten wir zudem Pläne für eine Befreiungsaktion seiner Geschwister. Der Jung-Mafioso kassierte eine Jugendstrafe und wurde in seine Heimat abgeschoben. Dort avancierte er zum Gangsterboss. Nach etlichen Verurteilungen wegen Verstoßes gegen das Waffengesetz und der Verbreitung von Falschgeld stieg er wieder in das Drogengeschäft ein. Mit einigen türkischen Dealern reiste er zurück an den Rhein und verkaufte dort große Mengen Heroin: insgesamt 32 Kilogramm. Den Stoff hatten Mittelsmänner über Sizilien nach Deutschland geschafft. Seine erneute Strafe von acht Jahren und zehn Monaten sitzt er derzeit noch ab.

Weder Michele Sforza noch seine älteren Brüder waren zu einer Aussage bereit. Somit blieben unsere Erkenntnisse über die Aktivitäten ihrer Familie in Deutschland im Dunkeln. Ein Dilemma, das uns in den Prozessen gegen italienische Gangs immer wieder begegnet Ist. Die Omerta wirkt bis heute.[27]

Anfang der 90er Jahre führte ein Kollege aus der OK-Abteilung ein Verfahren gegen sechs mutmaßliche »Soldaten« der sizilianischen Cosa Nostra. Es ging um Rauschgifthandel und um ein Mordkomplott gegen einen Richter aus Sizilien. Der Prozess ist als Mammutverfahren in die Kölner Rechtsgeschichte eingegangen. Die Hauptverhandlung dauerte zwei Jahre und fünf Monate mit insgesamt 192 Sitzungstagen, wobei eine Garde von Spitzenverteidigern über 1200 Beweis- und zirka 200 Befangenheitsanträge gegen das Gericht stellte. Das Hauptverhandlungsprotokoll umfasste satte 2450 Blatt. Allein ein Polizeibeamter wurde drei Monaten lang als Zeuge vernommen.

Die Anwälte ritten eine Attacke nach der anderen gegen Gericht und Ankläger. Mein Kollege aber, der als Vertreter der Staatsanwaltschaft die Anklage vertrat, reagierte mit stoischer Ruhe. Anders als ich verfügte er über ein ausgeglichenes Wesen und große Gelassenheit. Damals habe ich ihn deswegen bewundert.

Leider bin ich in der Beziehung ganz anders gestrickt.

Nur selten mache ich aus meinem Herzen eine Mördergrube. Bei manchen hitzigen Gefechten mit der Gegenseite reagiere ich daher sehr impulsiv.

Der Kollege aber war die Ruhe selbst. Und seine Nonchalance zahlte sich am Ende aus: Als die Angeklagten irgendwann kein Geld mehr für die namhaften Strafverteidiger aufwenden konnten, ging die Hauptverhandlung innerhalb von einer Woche zu Ende, und die Ganoven mussten jeweils für knapp neun Jahre in den Bau.

Während die Welt im Jahr 2007/08 anfing, unter der Finanz- und Wirtschaftskrise zu ächzen, boomte die Mafia AG in Italien. Laut Schätzungen von Experten erpressen die »Familien« täglich fast 250 Millionen Euro Schutzgelder. Der Präsident der italienischen Händlervereinigung klagte darüber, dass die Händler in Palermo monatlich 200 bis 500 Euro für ihre »Sicherheit« bezahlen müssten; dagegen verlange die Camorra in Neapel »nur« 100 bis 200 Euro. In Italien stünden etwa 180 000 Betriebe und Firmen auf der Liste der kriminellen Abkassierer, darunter Nachtklubs und sogar Beerdigungsunternehmen. Insgesamt erwirtschafte die Mafia als die Topfirma Italiens einen Gesamtjahresumsatz von 130 Milliarden, davon 38 Milliarden über Schutzgelderpressungen.[28]

In Deutschland kassieren kriminelle Italo-Gangster bei einem Großteil italienischer Gaststätten, die von Sizilianern geführt werden, Schutzgeld. Weil die Wirte aber nur selten den Mund aufmachen, ist es äußerst schwer, den Gangstern beizukommen.

So blieben etwa bis heute die Hintergründe des im Jahr 2006 in Köln ermordeten Gastwirts der Pizzeria »Bella Vista« ungeklärt. Ging es damals um Schutzgeld? Niemand weiß es. Der inhaftierte Auftragskiller hatte seinerzeit behauptet, Italiener im Raum Hagen hätten ihn für den Anschlag angeheuert. Am Vorabend seiner Aussage vor dem Schwurgericht in Hagen kam der Todesschütze ums Leben. Selbstmord, befanden die Todesermittler. Punkt, Akte zu.

Schutzgelderpressung stellt freilich keine besondere Kölner Spezialität dar. So gingen Berliner OK-Ermittlern Anfang 2008 drei Täter ins Netz, die bei 40 italienischen Restaurants in der Bundeshauptstadt »Spenden für den heiligen Beschützer« einsammeln wollten. Sollten sich diese weigern, drohte das Trio mit »Schmerzen«. Das Thema kocht daher immer mal wieder hoch in unserem Land. Inzwischen greifen nämlich Mafiosi auch bei türkischen Disko- und Barbesitzern Pizzo ab.

Als Folge der Schutzgeldseuche in Palermo und anderswo formierte sich auf Sizilien unter dem Namen »Addiopizzo« (»Tschüss Schutzgeld«) eine Bewegung von Geschäftsleuten, die nicht mehr zahlen wollen. Ihren Widerstand dokumentieren die Wirte und Ladenbesitzer mit einer Plakette, die sie draußen angebracht haben. Auch in Deutschland haben derartige Bewegungen mittlerweile Nachahmer gefunden, so in Berlin und auch in Köln. Man kann diese mutigen Leute dadurch unterstützen, dass man gezielt ihre Lokale aufsucht. Das bedeutet aber keineswegs, dass Restaurants, die kein derartiges Zeichen aufweisen, allesamt Schutzgeld bezahlen. Wie heißt es so schön: Hier gilt bis zum Beweis des Gegenteils selbstredend die Unschuldsvermutung.

Kaum jemand allerdings weiß, dass Köln als zentraler Stützpunkt für die italienische Baumafia firmiert.[29] Sukzessive unterwandert die sizilianische Cosa Nostra seit Jahrzehnten die deutsche Bauwirtschaft mit Schwarzarbeiterkolonnen und Scheinfirmen, in denen Strohleute nach außen hin als Geschäftsführer auftreten und über fingierte Rechnungen den Fiskus austricksen. Die Unternehmen der italienischen Bauschieber zahlen weder Steuern noch Sozialabgaben.

Das System funktioniert seit Jahrzehnten: Im Jahr 1997 erhielt ich von der Kriminalpolizei einen Anruf. Der Leiter der Kriminalgruppe 2, die ausschließlich organisierte Kriminalität und Bandenkriminalität verfolgte, stellte mir den Fall von Massimo Girotti vor.

Etliche Quellen hatten der Kölner Kripo Informationen über eine Organisation zugetragen, die sich mit Waffen- und Kokainhandel beschäftigte. An ihrer Spitze, so hieß es, stehe Massimo Girotti, der vor Jahren aus Kalabrien als einfacher Bauarbeiter nach Deutschland eingereist war. Inzwischen aber lebte er in einer pittoresken Villa in einem Kölner Vorort. Im Sommer hielt er regelrecht Hof und gab rauschende Feste, auf denen sich auch lokale Polizeibeamte amüsierten. Girotti mimte zudem den großzügigen Mäzen eines Fußballvereins. In einschlägigen Kreisen trug er den Spitznamen »Milliardär«, fuhr dicke Schlitten – der Mann hatte es offensichtlich zu etwas gebracht.

Hinter der Fassade des Neureichen verbarg sich den Erkenntnissen der Polizei zufolge ein Mafioso mit weitreichenden Kontakten zur sizilianischen Cosa Nostra. Der Kölner Chefermittler bat mich, das Ermittlungsverfahren in der OK-Abteilung zu übernehmen.

An diesem Gespräch nahmen auch weitere Kollegen aus meiner Abteilung teil. Die meisten von ihnen rieten mir ab, da es sich hier wohl in erster Linie um organisierte Steuerhinterziehung handele. Für so etwas sei das Ressort für Wirtschaftskriminalität zuständig. Ich wusste aber, dass die Dezernenten der Wirtschaftsabteilung sich mit verdeckten Ermittlungen wie Telefonüberwachung und Observationen schwertaten. Trotz aller Bedenken übernahm ich daher das Verfahren in meiner Abteilung.

Unsere geheimen Nachforschungen, die unter dem Namen »Punta« (italienisch für »Spitze«) liefen, entlarvten ziemlich schnell eine Gruppierung, die zum Teil mit Kokain und Waffen handelte, ihr Geld aber hauptsächlich auf einem anderen lukrativen Geschäftsfeld machte: Die Truppe um Girotti betätigte sich im Baugewerbe und hinterzog Steuern in Millionenhöhe.

An der Spitze der Baumafia stand Girotti. Er gründete Scheinfirmen oder Strohmanngesellschaften, die als GmbHs scheinbar legal am Wirtschaftsleben teilnahmen. Girotti hatte sich durch deutsche Rechtsanwälte entsprechend beraten lassen, um seinen Geschäften einen legalen Anstrich zu verleihen. Der Bandenchef lenkte Baufirmen, orderte aus Italien Schwarzarbeiter-Kontingente und stellte diese gegen eine Benutzungsgebühr Generalunternehmern auf großen Baustellen zur Verfügung. Über Scheinrechnungen schleuste er Millionen am Fiskus vorbei.

Das ging lange gut. Niemand fragte sich, warum Girottis Leute so billig arbeiteten. Die großen Bauträger wollten dies wohl auch gar nicht so genau wissen. Hauptsache preisgünstig, lautete offenbar deren Devise.

Das fahrlässige Desinteresse der großen Konzerne war und ist beileibe kein Einzelfall. Fakt ist: Bis heute arbeiten viele namhafte Bau-Multis und Bauherren mit solchen krummen Subunternehmern zusammen. Um etwaigen Regressforderungen vorzubeugen, fügen die großen Unternehmen in die Verträge mit den »Subs« Schutzklauseln ein. Darin müssen die Firmen zusichern, dass sie keine Arbeiter schwarz beschäftigen. Jeder der Beteiligten weiß zwar, dass genau das Gegenteil der Fall ist, aber was soll's? Solange die Staatsmacht keinen Wind von der Sache bekommt, ist alles in Ordnung ... Und es ist ja auch nicht so, dass die illegalen Bautrupps aus Italien pfuschten. Im Gegenteil: Die Qualität stimmte, Beschwerden der Bauherren gab es eher selten. Der Leidtragende war das Finanzamt.

Durch ein paar simple Tricks hebelte Baumafioso Girotti die Kontrollen der deutschen Steuerämter aus. Der Bandenboss stattete die italienischen Bauarbeiter über seine Briefkastenfirmen mit gefälschten Papieren aus. Den Lohn zahlte er in bar aus. Mit Hilfe falscher Rechnungen verschleierten Girottis Kolonnenschieber das wahre Arbeitsvolumen.

Aufgrund dieser Manipulationen waren seine Baufirmen in der Lage, so günstige Angebote abzugeben, dass deutsche Baufirmen bei der Auftragsvergabe leer ausgingen.

Die fällige Umsatzsteuer und die Sozialabgaben blieb der Boss schuldig. Ehe der Fiskus auf seine Firmen aufmerksam wurde, meldeten diese oft nach wenigen Monaten Insolvenz an.

Damit aber war es jetzt vorbei. Wuppertaler Steuerfahnder hatten inzwischen eine Aufstellung über das Betrugskarussell erstellt: Demnach hatte Girotti umgerechnet zehneinhalb Millionen Euro allein an Steuern hinterzogen. Davon konnte man natürlich locker einen Ferrari Testarossa bezahlen.

Langsam, aber sicher erzielten wir in dem Fall Fortschritte. Der Baumafioso ahnte indes nichts von unseren verdeckten Ermittlungen. Offen plauderte er auch am Telefon über seine krummen Touren und dirigierte seine Helfer und Kolonnenschieber. Tag für Tag füllten sich die Beweisordner – allerdings würde es nach normalen Maßstäben noch Wochen dauern, bis unsere Falle zuschnappen konnte. Wir brauchten also noch ein wenig Zeit. Doch die hatten wir nicht. Eine andere Ermittlung kam uns in die Quere.

Einige Wochen zuvor war nämlich ein Killer aus Sizilien angeheuert worden. Der Mann hatte den Auftrag, einen Verräter auszuschalten. Das abtrünnige Bandenmitglied hatte sechsstellige Gewinne von Angehörigen der kölschen Baumafia unterschlagen. Der Auftragsmörder lauerte seiner Zielperson vor einer Pizzeria in der Kölner City auf, verfeuerte ein ganzes Magazin, doch sein Opfer überlebte schwerverletzt. Erst kurz nach dem gescheiterten Attentat fand unsere Ermittlungsgruppe die Hintergründe des Mordkomplotts heraus und gab den Kollegen der Mordkommission einen Tipp. Der Killer wurde noch in Köln in seinem Versteck gefasst.

Bald darauf sollte der Prozess gegen den Schützen beginnen. Das war für uns der »Super-Gau«, denn damit wären die wahren Hintergründe des Attentats enthüllt worden; die Bauschieber um Massimo Girotti wären gewarnt gewesen und sicherlich schnurstracks in ihre Heimat geflüchtet.

Wir steckten in einem regelrechten Dilemma. Einerseits brauchten wir noch Gerichtsbeschlüsse, um Girottis Vermögen im In- und Ausland beschlagnahmen zu können, andererseits konnten wir den Bandenchef nicht einfach laufenlassen. Uns blieb keine Wahl – wir mussten schnellstmöglich zuschlagen, mussten Durchsuchungsbeschlüsse, Haftbefehle und nicht zuletzt das Inkasso aller Besitztümer des Mafioso genehmigen lassen.

Leider hatte ich zum damaligen Zeitpunkt nur wenig Ahnung von Gewinnabschöpfung und Steuerrecht, sodass ich einen äußerst versierten Kollegen aus der OK-Abteilung um Hilfe bat. Torsten Elschenbroich, heute Oberstaatsanwalt, hatte sich schon damals bundesweit als Experte für Finanzermittlungen hervorgetan. Sein Ruf als Spezialist für Gewinnabschöpfung und Geldwäsche machte ihn zum begehrten Referenten für Banker und Versicherungsfachleute. Elschenbroich war genau der richtige Mann, um die teils äußerst komplexe Finanzmaterie rund um Girottis Firmengeflecht in so kurzer Zeit zu durchschauen. Und er sagte auch nicht nein, als ich dreist fragte: »Haste mal am Wochenende ’en Stündchen Zeit für mich?« Elschenbroich hatte.

Und so fuhren wir an einem Samstagmorgen ziemlich früh und gutgelaunt ins Kölner Polizeipräsidium, um »mal eben« die Haftbefehlsanträge zu schreiben. Nur: Von »mal eben« konnte keine Rede sein. Die Stunden verrannen, während wir schufteten, was das Zeug hielt. Um 15.30 Uhr zur Bundesligaübertragung wollte ich eigentlich wieder zu Hause sein, doch daraus wurde nichts. 18 Uhr: Sportschau – wieder nichts. Wenigstens das Sportstudio um 22 Uhr? Kein Gedanke …

Gegen drei Uhr am Sonntagmorgen und nach geschätzten 20 Tassen Kaffee hatten wir endlich die Anträge für 60 Durchsuchungs-, Arrest- und Beschlagnahmebeschlüsse samt neun Haftbefehlsersuchen formuliert. Nun konnten wir rechtzeitig vor dem Mordprozess zuschlagen.

In diesem Fall war ohnehin vieles anders oder neu für uns. Etwa der Zeitpunkt der Razzia. Normalerweise stehen wir um sechs Uhr morgens bei unseren Verdächtigen vor der Tür. Diesmal aber verlegten wir den Start der Aktion auf acht Uhr, denn zu dieser Stunde öffneten die Banken ihre Tore. Auf diese Weise konnten wir zeitgleich umgerechnet 12,5 Millionen Euro in Deutschland, den Niederlanden und in Italien beschlagnahmen lassen.

An der Durchsuchung wirkten über 360 Polizei- und fast 200 Kriminalbeamte, 20 Finanzermittler, über 40 Steuerfahnder sowie sechs Gerichtsvollzieher mit. Besonders spektakulär verlief die Pfändung von Girottis Fuhrpark: Ein Ferrari F50 sowie ein Testarossa und ein Mercedes 600 SEC gingen in den vorläufigen Staatsbesitz über. Und in der Villa des Bandenchefs klebten die Gerichtsvollzieher auf jedes teure Möbel oder Bild den »Kuckuck« drauf. Girotti schimpfte wie ein Rohrspatz, als Handwerker in seinem Landhaus auch noch die noble Einbauküche ausbauten – das gute Stück wurde bald versteigert. Die Familie des Baumafioso musste sich nun erst einmal mit zwei provisorischen Elektroplatten begnügen.

Was heute übliche Praxis in Verfahren gegen die organisierte Kriminalität ist, war damals ein Novum. Erstmals hatten wir im Rahmen der Razzia in großem Stil das Vermögen der Straftäter abgeschöpft. Bereits in diesem Verfahren zeigte sich das große Talent von Torsten Elschenbroich, der heute als Abteilungsleiter den gigantischen Untreue-Komplex rund um die Milliardenverluste beim Bankhaus Sal. Oppenheim, der Stadtsparkasse Köln/Bonn und dubiosen Immobilienfonds des Projektentwicklers Josef Esch untersucht. Damals, Ende der 90er Jahre, bewies Elschenbroich sein großes Geschick bei den Verhandlungen mit den Anwälten der verhafteten Baumafiosi über die beschlagnahmten Millionen. Dank seiner cleveren Strategie hielten wir die Verteidiger in Schach. Sämtliche Vollstreckungsmaßnahmen blieben gültig, und die Gegenseite verzichtete letztendlich auf Beschwerden.

Wie so oft wurde im Prozess gegen den Bandenboss freilich hinter den Kulissen kräftig gekungelt. Massimo Girotti kam mit vier Jahren Haft wegen gewerbsmäßiger Steuerhinterziehung davon. Allerdings erklärte sich der Gangster zu Konzessionen bereit, und zwar, indem er sein Millionenvermögen freigab – es fiel der Staatskasse zu.

Das Pilotverfahren gegen die italienische Baumafia diente als Blaupause für etliche weitere Fälle. Bald gab es in meiner Abteilung speziell fortgebildete Staatsanwälte für solche Ermittlungen. Der Schaden durch die Baumafia war immens. Dem Finanzamt entgingen dadurch zig Millionen Euro Umsatzsteuer und Sozialabgaben. Die Täter hingegen kamen oft genug mit Bewährungsstrafen weg. Zum besseren Verständnis sei gesagt, dass nur Freiheitsstrafen bis zu zwei Jahren auf Bewährung ausgesetzt werden können. Alles, was drüberliegt, bedeutet Knast. Mit anderen Worten: Die Strafen fielen in meinen Augen fast durchweg zu gering aus.

Irgendwann hatte einer der Kollegen genug von der milden Kölner Rechtssprechung gegen die Baumafiosi. Nachdem das Landgericht wieder einmal in einem Millionenschwindel die Freiheitsstrafe gegen die fünf Angeklagten zur Bewährung ausgesetzt hatte, zog er vor den Bundesgerichtshof (BGH). Auf seine Revision hin hob der BGH das Urteil mit der bemerkenswerten Begründung auf, dass Strafverfahren wegen Steuerhinterziehung allgemein zu lange dauerten und wegen der Verhandlungsdauer häufig mit einem zu großen Strafrabatt für die Angeklagten endeten. Der BGH monierte überdies, dass Wirtschaftskriminelle insgesamt zu gering bestraft würden. Es gehe nicht an, rügte die oberste Instanz, Steuerhinterzieher gegenüber anderen Straftätern besserzustellen. Vielmehr müsse die Strafhöhe an die üblichen Schuldsprüche gegen Räuber oder Betrüger angepasst werden. Beim Steuerschwindel in Millionenhöhe komme folglich nur noch eine Strafe ohne Bewährung in Betracht.

Der höchstrichterliche Spruch zeigte Wirkung. Der Fall musste durch eine andere Kammer beim Landgericht Köln neu verhandelt werden – und die Täter mussten nun doch für längere Zeit ins Gefängnis.

Solche Erfolge sind aber eher selten. Ein Grund dafür: Häufig genug steht insbesondere bei Fällen der Baumafia ein einzelner Staatsanwalt als Ankläger einer ganzen Kohorte erstklassiger Strafverteidiger gegenüber. Jedes Mal, wenn wir wieder eine Bande der ehrenwerten italienischen Gesellschaft auffliegen ließen, klopften oft schon am selben Tag namhafte Anwälte an unserer Tür und bestellten sich für ihre inhaftierten Mandanten. Ich habe mich immer gefragt, woher die Bauschieber das Geld für diese teuren Advokaten bekamen – schließlich hatten wir die Konten der Ganoven eingefroren, Gelder beschlagnahmt et cetera; offiziell waren die Täter arm wie eine Kirchenmaus.

Vor einigen Jahren besuchte mich die Mafia-Expertin und Buchautorin Petra Reski in meinem Büro zu einem Interview. Spontan schlug ich ihr vor, mich zur Urteilsverkündung in einem Baumafia-Prozess am Landgericht zu begleiten. Die Szene im Gerichtssaal hat Petra Reski später in ihrer Mafia-Dokumentation *Von Kamen nach Corleone* geschildert. Plastisch beschrieb sie das Ungleichgewicht der beiden Parteien: hier die fünf Angeklagten, eingerahmt durch elf Rechtsanwälte – dort, auf der Seite der Anklage, ein einziger Staatsanwalt. Die Autorin schilderte die fußballmannschaftstarke Verteidigung gegenüber einem einzigen Ankläger als krasses Missverhältnis. Die ausgesprochenen Strafen von bis zu viereinhalb Jahren seien zu milde, befand Petra Reski. Und verwundert konstatierte sie, dass das Wort »Mafia« im Urteilsspruch nicht ein einziges Mal vorgekommen sei.

Petra Reski spricht mir aus der Seele. Die Waffenungleichheit zwischen Verteidigung und Anklage ist geradezu typisch für OK-Verfahren in Deutschland. Die chronisch dünne Personaldecke der Justiz lässt es kaum zu, dass unsere Behörde mehrere Staatsanwälte als Sitzungsvertreter in die Gerichtsverhandlung schickt.

Dabei rüstet die Gegenseite kontinuierlich auf. Anwälte fungieren mittlerweile sogar als Berater bei den geschäftlichen Aktivitäten der italienischen Baumafia, das Betrugskarussell dreht sich immer schneller. Sobald die deutsche Justiz einige Drahtzieher aus dem Verkehr zieht, entsendet die sizilianische Cosa Nostra neue Statthalter, die das Heer der Schwarzarbeiter aus den Elendsvierteln Siziliens oder aus Osteuropa rekrutiert und zum Dumpingpreis auf den deutschen Baustellen anbietet. Seriöse Konkurrenten können mit den günstigen Offerten der kriminellen Bau AG nicht mithalten.

Der volkswirtschaftliche Schaden durch die Schattenwirtschaft ist immens: Allein die rund 6500 Zöllnerinnen und Zöllner der »Finanzkontrolle Schwarzarbeit« deckten im Jahr 2012 Schäden von über 750 Millionen Euro auf;[30] im Jahr zuvor waren es noch 660 Millionen Euro.

Nach Meinung vieler OK-Experten stellen diese Werte nur die Spitze des berühmten Eisbergs dar. Genaue Zahlen sind nicht bekannt, da die Dunkelmänner aus Sizilien alles daransetzen, nicht aufzufallen. Fachleute gehen allerdings von zweistelligen Milliardenbeträgen aus, die dem deutschen Staat durch Sozialhilfebetrug und Steuerschwindel entgehen.

Die Multis der Bauindustrie tragen meiner Meinung nach ein gehöriges Maß an Mitschuld an dieser Malaise. Um ihre Gewinne zu maximieren, geben sie kriminellen Billigheimern den Zuschlag bei Bauaufträgen, obwohl sie eigentlich wissen müssten, dass diese Subunternehmer nicht koscher sind. Dadurch gefährden sie viele kleine und mittlere Betriebe mit Zehntausenden von Arbeitsplätzen und unterstützen Steuerbetrug und andere Machenschaften der Baumafia.

Der Sumpf dieser Schattenwirtschaft ist jedenfalls noch längst nicht trockengelegt. Auch wenn sich neben Köln inzwischen auch andere Staatsanwaltschaften verstärkt dem Kampf gegen die Bausyndikate widmen. Der inzwischen verstorbene Leiter der OK-Abteilung in Koblenz, Horst Josef Leisen, erhielt sogar Morddrohungen aus Kreisen einer sogenannten »Beton-Mafia«. Zeitweilig konnte er keinen Schritt ohne Polizeischützer tun. Unerschrocken setzte er jedoch seine Ermittlungen bis zum Ende fort.

Im Januar 2013 gelang meinen Kollegen von der Kölner OK-Abteilung mit der Ermittlungskommission »Scavo« (italienisch für »Baugrube«) erneut ein schwerer Schlag gegen die italienische Baumafia: 400 Polizisten und Steuerfahnder durchstöberten Dutzende von Wohn- und Geschäftsräumen italienischer Baufirmen im Kölner und Dortmunder Raum. Elf Bandenmitglieder, vor allem Sizilianer aus der Stadt Licata, wanderten in Untersuchungshaft. Zeitgleich starteten italienische Kollegen Durchsuchungen auf Sizilien. Sechs

Verdächtige wurden aufgespürt. Bereits zwei Jahre zuvor war uns ein ähnlicher Schlag geglückt. Fahnder hatten damals bei Razzien in mehreren Bundesländern zehn Verdächtige verhaftet. In beiden Fällen betrug die Schadenssumme rund 30 Millionen Euro.

Die erfolgreiche Razzia lieferte der Deutschen Polizeigewerkschaft eine Vorlage, die Politik mit einer alten Forderung unter Druck zu setzen. »Die Vorratsdatenspeicherung ist ein unverzichtbares Instrument, um Tatzusammenhänge und Hintermänner schneller zu erkennen und so mafiöse Strukturen zu zerschlagen. Leider wird die erforderliche Gesetzgebung durch die Bundesjustizministerin blockiert«, bemängelte der NRW-Gewerkschaftschef Erich Rettinghaus in einem Radiointerview.[31] Das war natürlich ganz nach meinem Geschmack. Denn ohne solche Instrumente können wir wichtige Verbindungsdaten und Kontakte zu den eigentlichen Hintermännern der sizilianischen »Ehrenwerten Gesellschaft« nicht aufspüren.

Womit wir beim eigentlichen »Casus Knactus« der OK-Bekämpfung wären: Wir haben Dutzende Verfahren gegen italienische Verbrecherbanden geführt. Doch direkte Bezüge, Befehlsketten oder den Austausch von Informationen mit den großen Mafia-Familien in Süditalien haben wir nie nachweisen können. Das Wort »Mafia« ist bei keinem Urteil erwähnt oder schriftlich festgehalten worden – das war Petra Reski bei ihrem Gerichtstermin schon ganz richtig aufgefallen. Feste Kommandostrukturen von Sizilien bis an den Rhein konnten wir niemals nachweisen. Meist hatten wir es mit hiesigen lokalen italienischen Tätergruppen zu tun. Zwar sprach fast immer vieles dafür, dass die Bandenmitglieder Mafiosi waren – etliche von ihnen waren bereits in ihrer Heimat als Mafia-Mitglieder verurteilt worden, manche wurden auch per internationalem Haftbefehl gesucht. Doch direkte Beweise für die mafiöse Herkunft fehlten.

Kaum einmal gelang es uns etwa, die Geldflüsse der Mafia von und nach Deutschland aufzuspüren.

Seit langem stelle ich mir deshalb die Frage, warum die hiesige Polizei und unsere Justizbehörden meist nicht in der Lage sind, tiefer zu graben. Die Verbindungen zwischen der italienischen Zentrale und den deutschen Filialen sind ja offensichtlich da – viele Indizien sprechen dafür.

Immer wieder warnen italienische Mafia-Experten wie der Leitende Oberstaatsanwalt Roberto Scarpinato aus Palermo vor dem langen Arm der italienischen Syndikate. Demnach unterhält die Mafia in Deutschland zahlreiche Operationsbasen. Vorzugsweise waschen die »Familien« ihre illegalen Gewinne über diverse Investments in Ostdeutschland und anderswo. Die Clans investieren Milliarden in Hotels an der Ostsee oder Gaststätten in Thüringen, Sachsen-Anhalt oder Sachsen, und die Mafia zockt auch mit deutschen Immobilien oder mit dem Aktienkurs. Die Hochphase der Finanzkrise nutzten etwa Angehörige der 'Ndrangheta speziell in Deutschland meisterlich zu gewinnträchtigen Spekulationen an der Börse. Zur neuen Verbrechergeneration, so Mafia-Jäger Scarpinato, gehören auch Rechtsanwälte, Finanzberater und Bankiers, die das Geld ihrer Sippen in den legalen Geldkreislauf einschleusen.

Für die Verbrecherkartelle ist Deutschland das gelobte Land, weil unsere Justiz die Aktivität der Mafia völlig unterschätzt. Dies liegt unter anderem an den deutschen Strafverfolgern, speziell an den Landeskriminalämtern, die beharrlich islamistische Terroristen verfolgen, kriminelle Organisationen wie die Mafia aber eher weniger auf dem Schirm haben. Dabei wäre es gut, das eine zu tun, ohne das andere zu lassen.

Der Bund Deutscher Kriminalbeamter (BDK) hat in etlichen Veranstaltungen auf Ermittlungslücken hingewiesen. 20 Jahre nach den Morden an den Anti-Mafia-Staatsanwälten Giovanni Falcone und Roberto Borsselino stellte ihr Kollege Scarpinato in einem Vortrag im Herbst 2012 bei einer BDK-Tagung der deutschen Justiz und Polizei ein Armutszeugnis für die Bekämpfung der italienischen »Krake« aus.

Auch fünf Jahre nach dem Massaker von Duisburg stelle Bella Germania für die Mafia ein Paradies auf Erden dar. Die deutschen Strafgesetze seien völlig unzureichend, Lauschangriffe seien wegen allzu komplexer rechtlicher Hürden nahezu unmöglich, und allzu selten werde illegales Vermögen beschlagnahmt, da die Justiz minutiös nachweisen müsse, dass die Gelder aus Straftaten stammten. In den USA und Italien sei es genau umgekehrt: Hier müsse der Mafioso erklären, wie er zu seinem Reichtum gekommen sei. Vehement forderte Scarpinato daher bei Geldwäsche und Vermögensbeschlagnahme eine Umkehr der Beweislast auch in Deutschland.

Sein Forderungskatalog wäre ein Albtraum für jeden Strafverteidiger – und für unsere etwas zu liberal gesinnte Bundesjustizministerin. Für uns Strafverfolger wäre er indes ein Segen. So auch die Einführung eines Anti-Mafia-Paragraphen nach italienischem Vorbild. Dort muss schon derjenige ins Gefängnis, der einer mindestens dreiköpfigen Mafia-Gruppe angehört, ohne dass man ihrem Kreis in jedem Fall konkrete Straftaten nachweisen könnte. Scharf kritisierte der Leitende Oberstaatsanwalt aus Palermo auch die milden Urteilsprüche gegen mutmaßliche Mafiosi in Deutschland. Zudem verlangte er, man möge doch auch hier spezielle Anti-Mafia-Einheiten einrichten, so wie die DIA in Rom, mitsamt entsprechender Spezialgerichte.

Der Kollege hatte recht mit seinen Forderungen. Zurzeit stochert die deutsche Justiz allzu häufig im Nebel oder kümmert sich gar nicht erst darum, die Geschäfte der italienischen Kartelle zu unterbinden. Die Polizeibehörden sind zersplittert, die Zusammenarbeit untereinander ist teilweise sehr mangelhaft – das ist in Sachen Mafia nicht anders als beim Behördenversagen rund um die braune Terrorgruppe NSU, wo plötzlich bei den verschiedensten Behörden Unterlagen auftauchen, deren gezielte und koordinierte Auswertung wohl zur frühzeitigen Festnahme der braunen Mörder geführt hätte. Auch die Organisation der einzelnen Staatsanwaltschaften und Gerichte ist teilweise mangelhaft.

Wenn wir eine Waffengleichheit in Deutschland erzielen wollen, muss die Legislative der Exekutive und Judikative auch entsprechende Mittel zur Verfügung stellen! Sonst verläuft der Wettstreit ähnlich wie jener der beiden Fußballnationalmannschaften bei großen Turnieren: Am Ende gewinnen die Italiener …

Ehrlichkeitshalber sollte man allerdings auch erwähnen, dass der italienische Kollege mit seiner generellen Schelte am deutschen Rechtssystem übers Ziel hinausgeschossen war. Die Verbindungen der Mafia in die höchsten Spitzen der italienischen Politik und Justiz hingegen sind ja schon legendär. Korruption und die Länge der Verfahren führen oft dazu, dass die Bilanz der italienischen Mafia-Jäger am Ende recht dürftig ausfällt: Auf spektakuläre Razzien und Festnahmen folgt oft genug der lange Weg durch alle richterlichen Instanzen, an dessen Ende dann wegen der überlangen Verfahrensdauer oder gar einer Verjährung bestürzenderweise der Freispruch steht.

Die Mafia kann aber wirksam bekämpft werden, und zwar nicht nur durch einen effizienteren Sicherheitsapparat oder durch den Gesetzgeber mit wirksameren Strafgesetzen, sondern auch durch jeden Einzelnen. Für mich persönlich bildete der Auftritt der Initiative »Addiopizzo« aus Sizilien und der entsprechenden Initiative »Mafia? Nein danke« aus Berlin den Höhepunkt der BDK-Veranstaltung im Oktober 2012. Eindrucksvoll schilderte etwa Dario Riccobono, ein junger Mann aus Palermo, wie Bürger seiner Stadt den Schutzgelderpressern die Stirn bieten, wobei sie tagtäglich ihr Leben riskieren. Ihr Mut ist nicht nur bewundernswert, sondern auch erfolgreich. Mittlerweile mieten sich manche Touristen in Sizilien nur noch in Hotels und Gaststätten mit der »Addiopizzo«-Plakette ein.

Dagegen zeichnete der Musiker Beppe Voltarelli ein düsteres Bild seiner Heimatregion. »Kalabrien ist ein verlorenes Land«, meinte der Künstler, »dieses Land kann man nicht mehr aus den Fängen der 'Ndrangheta retten.« Die gleiche Auffassung vertritt wohl auch die EU. Drei Milliarden Euro pumpte Brüssel in die Gebiete an der Stiefelspitze. Nach einigen Jahren mussten die Eurokraten aber feststellen, dass die Gelder bei der 'Ndrangheta versickerten. Autobahnen wurden nie fertiggestellt; Brücken- und Tunnelbauten krachten bald nach ihrer Einweihung zusammen, weil kriminelle Baufirmen minderwertiges Material verwendet hatten. Bezeichnenderweise trug das Hilfsprogramm auf Deutsch übersetzt den Namen »Sicherheit«. Durch die Zuschüsse wollte man mehr Arbeit in die strukturschwache Region bringen. Je höher die Aussichten auf einen Job, so der Gedanke der EU-Förderer, desto größer die Anreize, dass die Einwohner Kalabriens die Gesetze einhalten. Die Mafiosi in der Gegend werden lauthals gelacht haben, als sie von diesem hehren Gedanken hörten. 2012 hat die EU etliche Subventionen Richtung Süditalien gestoppt. Gut gemeint ist halt noch lange nicht gut gelungen.

»Diebe im Gesetz« – die Russen-Mafia

Das Gesetzbuch der russischen Unterwelt ist nicht dick. Eigentlich besteht es nur aus einigen wenigen Paragraphen. Ganz oben steht eine eherne Regel, die da lautet: Sprich nie mit der Obrigkeit!

Das strikte Schweigegelübde stammt ursprünglich aus den Arbeitslagern des sowjetischen Diktators Josef Stalin. Die robustesten Insassen des Gulags schlossen sich in den 40er Jahren zu einem Geheimbund zusammen. Ihre Körper waren übersät mit auffälligen Tätowierungen, viele von ihnen waren »Urki«, Berufsverbrecher.[32] Die Männer mit den Totenköpfen an den Fingern, dem »Diebeskreuz« auf der Brust und den goldenen Schneidezähnen gaben den Ton in den Arbeitslagern des Sowjetregimes an. Und sie gaben sich einen Namen: »Wory w Zakone« – »Diebe im Gesetz«.

Im Laufe der Jahre, so las ich in *Geo Epoche*, bildeten die Ganoven eine Art Geheimorden in den sibirischen Camps. Eine straffe Organisation und eiserne Disziplin machten ihre überragende Durchschlagskraft aus – sowie ein Kodex, dessen »Bestimmungen für jeden echten Wor so endgültig heilig war wie für den tiefgläubigen Christen die Zehn Gebote«. Das einzelne Bandenmitglied habe sich ganz und gar seiner Bruderschaft verschrieben, so wie ein Mönch seinem Orden. Die Wory versorgten sich untereinander und bestachen die Wärter. Es ging ums nackte Überleben – auf Kosten der Schwächeren. Diese konspirativen Kommandostrukturen, in sibirischer Eiseskälte erprobt, übertrugen viele Kriminelle nach ihrer Entlassung in die Unterwelt der großen sowjetischen Städte.

Die Hürden für die Aufnahme in die Russen-Mafia sind hoch: Anwärter werden in einer längeren und komplizierten Prozedur überprüft. Wichtigste Voraussetzung ist, dass der Prätendent zuvor eine möglichst lange Strafe verbüßt hat. Zum Kodex gehört auch, dass die Gangster nicht arbeiten, von der Familie getrennt sind und nach außen hin in Armut leben. Die Mitglieder der Organisation haben ihre Erlöse an die gemeinsame Kasse der Organisation (russisch: »Obshag«) abzugeben.

Eine besondere »Spezialität« der russischen und kaukasischen Mafia-Organisationen ist die Schutzgelderpressung, im Verbrecherjargon »Kryscha« (Dach) genannt. Nach Erkenntnissen der hiesigen Behörden muss heuer immer noch ein Großteil der Unternehmen und Geschäfte in Russland zwischen 10 und 30 Prozent vom Nettogewinn an ihre »Schutzheiligen« abdrücken. In Moskau soll es 25 entsprechende Syndikate geben, die in zwei verschiedene Flügel zerfallen, nämlich einen russisch-slawischen und einen kaukasischen-tschetschenischen.[33]

Nach dem Zusammenbruch der Sowjetunion wurde die russische Mafia auch hierzulande besonders aktiv, nach der Jahrtausendwende insbesondere in Ostdeutschland, Berlin, Norddeutschland, Bayern und im Rheinland. Insgesamt agieren in Deutschland derzeit schätzungsweise 50 kriminelle Gruppierungen mit russischen Wurzeln. »Wenn es um die Grausamkeit und die Gefährlichkeit geht, spielen die ›Diebe im Gesetz‹ in der Champions League«, sagte ich dem *Focus*-Reporter Josef Hufelschulte bereits im Jahr

2008. An meiner Einschätzung hat sich bis heute nichts geändert.

Nur selten ermitteln deutsche Staatsanwälte gegen die Russen-Mafia, und wenn, dann sind die Erfolge meist überschaubar. Noch stärker als ihr italienisches Pendant mauern die russischen Gangster nach außen hin. Hohe Gefängnisstrafen schrecken sie nicht, das einfache Reglement der »Diebe im Gesetz« ist alles, was zählt. Wie eine Monstranz tragen sie die Zeichen ihrer Bruderschaft als Tattoos auf der nackten Haut, den Totenkopf am Kreuz verbunden mit geheimen Zeichen, die nur eingeweihte »Brüder« entschlüsseln können. Wer sich so stark mit seiner Bruderschaft identifiziert, plaudert nicht. Das hat uns die Beweisführung gegen diese Verbrecher schon immer erschwert.

Ruslan Moltow, 36, war so ein harter Hund. In Köln hatten wir im Jahr 2002 eine russische Truppe monatelang gejagt. Die Vorwürfe reichten über erpresserischen Menschenraub bis hin zur Hehlerei.

Moltow war einer von sechs Gangmitgliedern, die wir seinerzeit festgesetzt hatten. Das Verhör übernahm ich selbst. Als ich die Zelle des Polizeigewahrsams betrat, saß er völlig regungslos auf seinem Stuhl. Mit einem amüsierten Lächeln schaute er mich an. Sein Grinsen wurde noch breiter, als ich ihm die Vorzüge eines Geständnisses unterbreitete. »Wenn Sie auspacken und Ihre Komplizen nennen, müssen Sie nicht so lange ins Gefängnis«, versprach ich und schaute mein Gegenüber erwartungsvoll an.

Moltows Grinsen endete abrupt. Schmallippig entgegnete er: »Mir ist egal, welche Strafe ich bekomme. Ich habe bereits in Estland lange Zeit im Knast gesessen.«

Nach unseren Erkenntnissen hatte er die Wahrheit gesagt. Zehn Jahre Knast hätten sie ihm sogar noch obendrauf gegeben, weil er dort einen Zellengenossen umgebracht habe. »Wenn ich jetzt wieder eine hohe Strafe kriege, steige ich nur im Ansehen meiner Leute«, erklärte Moltow nüchtern.

Moltow war seinerzeit einer der führenden deutschen Residenten der »Diebe im Gesetz«. Am Ende musste er acht Jahre hinter Gitter. Im Gefängnis wurde er von seinen Landsleuten behandelt wie ein König. Er musste sich um nichts kümmern.

Das Schweigegelübde der russischen Syndikate macht es uns schwer, Licht ins Dunkel zu bringen. Bandenmitglieder schüchtern ihre Opfer so ein, dass diese bei der hiesigen Justiz kaum Angaben machen. So ermittelte die Staatsanwaltschaft Düsseldorf im Jahr 2002 gegen eine armenische Tätergruppe wegen der Bildung einer kriminellen Vereinigung mit dem Schwergewicht auf Drogenhandel, Pkw-Schiebereien sowie Alkohol- und Zigarettenschmuggel. Letztlich scheiterten die Kollegen an der berühmten »Mauer des Schweigens«. Nur einer der Ganoven wurde wegen der Verabredung zum Verbrechen mit einer lächerlichen Bewährungsstrafe belegt.

Seit Jahren warnt das Zollkriminalamt (ZKA) in Köln vor organisierten Zigarettenschmugglern – seien es Vietnamesen oder Unterweltgrößen aus Osteuropa. Deutschland gilt als Transitland und Drehscheibe für dieses internationale Geschäft. Ein Lastwagen mit unverzollten Zigaretten bringt auf dem Schwarzmarkt einen Reingewinn von einer Million Euro. Leicht verdientes Geld: Das Entdeckungsrisiko ist ebenso gering wie die Strafen, die der Gesetzgeber dafür vorsieht. Normalerweise drohen bis zu fünf Jahren, in besonders schweren Fällen winkt eine Höchststrafe von zehn Jahren, die aber fast nie zum Tragen kommt.

In Schwerin schnappten die Kollegen im Oktober 2006 einen russischen Mafioso, der zehn Millionen Zigaretten unversteuert einschmuggeln wollte. Ein kleiner Erfolg, doch das Gros der russischen Ganoven AGs bleibt unentdeckt.

Die deutschen Ableger der Russen-Mafia machen vor allem durch ihre brutalen Methoden von sich reden. Und stets begegneten wir bei unseren Untersuchungen auffälligen biographischen Parallelen zu den Vorbildern aus dem Gulag Stalins.

Bei der Telefonüberwachung des Bandenchefs Vassily Drostow aus Köln stießen unsere Fahnder der Ermittlungsgruppe »Propper« in den Jahren 2005 und 2006 auf eine interessante Verbindung. Vassily hatte von seinem Bruder in Moskau, dem hochrangigen »Dieb« Sergej Drostow, die Erlaubnis erhalten, die Region um Köln zu kontrollieren. Daraufhin hatte Vassily, der bereits 16 Jahre Strafhaft in Russland verbüßt hatte, im Rheinland ein regelrechtes kriminelles Imperium errichtet. Er folgte dabei der ehernen Regel der »Diebe im Gesetz«: Vassily lebte unauffällig in einer schäbigen Wohnung, getrennt von seiner Familie. Er arbeitete nicht. Erpressungen, Überfälle oder Waffendeals mussten von ihm genehmigt werden. Wichtige Nachrichten verschickte Vassily auf Zetteln, überbracht von einem Kurier. Diese Kommunikation ist kaum zu knacken.

Im November 2005 hatte uns eine Vertrauensperson zugetragen, dass Vassily im Rheinland die geschäftlichen Interessen der russischen »Diebe im Gesetz« wahrnehme. Anfangs ging es um Waffenhandel, bald aber stellten wir fest, dass Vassily und seine Kombattanten systematisch im Großraum Köln, Aachen und Düsseldorf Schutzgelder von russischen Gastronomen erpressten. Um seinen Drohungen Nachdruck zu verleihen, griff sich Vassily auch einmal eine Gabel und drückte sie einem renitenten Wirt an den Hals. »Wenn du nicht zahlst, stech ich dich ab«, sagte der Bandenchef laut Zeugen in einem Ton, als würde er über die Haltung von Zierfischen fachsimpeln. Völlig verängstigt zahlte der Restaurantbesitzer. Kurz darauf machte er seinen Laden dicht und verschwand.

Vassily weitete bald seine Aktivitäten aus. Über einen deutschen Gewährsmann verschaffte er sich zum Beispiel falsche Dollarnoten im sechsstelligen Bereich und versuchte, das Geld gewinnbringend zu verhökern. Konflikte mit Konkurrenten löste der rheinische Statthalter der »Diebe im Gesetz« meist mit Waffengewalt. In einer Nacht im Mai 2007 brauste die Gang, angeführt von Vassily, zu einem Treff auf einen Parkplatz im rheinischen Neuss. Es gab Ärger mit Landsleuten, die versuchten, Claims des Bandenchefs beim Zigarettenschmuggel und dem Drogenhandel zu erobern. Vassily hatte eine Aussprache (eine sogenannte »Rasborka«) in Neuss vereinbart.

Tatsächlich führte er anderes im Schilde. Schwerbewaffnet fuhr seine Truppe zur Unterredung. Zu ihrem Arsenal gehörten vier Maschinenpistolen, eine Pumpgun sowie mehrere geladene Pistolen. Vassily und seine Crew schienen damit gewappnet zu sein für alle Angriffe ihrer Rivalen. Der Showdown blieb allerdings aus, da zufälligerweise ein Streifenwagen eine Routinekontrolle auf dem Parkplatz durchführte. Beide Parteien zogen sich daraufhin vorsichtig zurück.

Wir entdeckten bei weiteren Ermittlungen gegen Vassily & Co. ferner Bezüge zu einer kaukasischen Connection in Hamburg. Vassily machte des Öfteren Geschäfte mit dieser hanseatischen Filiale. Dabei handelte es sich auch um Kasachen, Tschetschenen und Usbeken. Ein Kollege aus meiner Abteilung informierte die Hamburger Staatsanwaltschaft. Bei einem geheimen Meeting an der Alster wurden die Ermittlungen entsprechend koordiniert.

Am 20. Januar 2008 dann durchsuchten wir mit mehreren Hundert Polizeibeamten und Spezialeinsatzkräften gleichzeitig 48 Wohnungen, Geschäfte und Lokale in Köln, Düsseldorf, Dortmund, Aachen und Mönchengladbach. Acht Männer wurden verhaftet. Zeitgleich setzten die Hamburger Strafverfolger eine neunköpfige überregional agierende Tätergruppe fest.

Mit der Razzia fingen unsere Probleme allerdings erst an. Die Verdächtigen, allesamt mutmaßlich »Diebe im Gesetz«, schwiegen beharrlich. Auch die Gastwirte, die laut den von uns belauschten Telefongesprächen durch die Gang jahrelang erpresst worden waren, sagten keinen Ton. Die Angst vor etwaigen Repressalien ließ sie mundfaul werden.

Schlimmer noch: Russische OK-Fahnder warnten uns, dass die Moskauer Zentrale ihren deutschen Statthalter Vassily und dessen Kompagnons während des Prozesses gewaltsam aus dem Gerichtssaal befreien wollte. Auf Grund einer polizeilichen Gefährdungsprognose fuhr das Gericht daraufhin den Sicherheitsschirm rund um das Kölner Justizzentrum ganz nach oben. An jedem Verhandlungstag war das Gerichtsgebäude weiträumig abgesperrt; die Zuschauer wurden vor Eintritt in den Sitzungssaal genau überprüft und die Hauptangeklagten teilweise per Hubschrauber eingeflogen. Vor diesem Hintergrund sperrte die Polizei auch den Justizparkplatz ab. Manche meiner Kollegen murrten über den aus ihrer Sicht »übertriebenen Sicherheitswahn«, mussten sie doch nun ein paar Meter weiter zu ihrem Arbeitsplatz laufen.

Das Verfahren dauerte über ein Jahr, ehe die Hauptfiguren schuldig gesprochen wurden. Knapp sieben Jahre Haft erhielt Vassily; seine Helfer kamen glimpflicher davon. Die Kosten der Gerichtsverhandlung verschlangen Unsummen, da wir zig Dolmetscher für die Angeklagten und die Übersetzung der abgehörten Telefonate brauchten.

Summa summarum muss man feststellen, dass wir bei unseren Aktionen gegen die Russen-Mafia meist nur an der Oberfläche kratzen. Selten gewinnen deutsche Strafverfolger tiefere Einblicke in deren Aktivitäten hierzulande. Ähnlich wie ihr italienisches Gegenstück sind die russischen und kaukasischen Organisationen darauf bedacht, nicht aufzufallen. Sie operieren äußerst konspirativ, und Disziplin im Dienste der Organisation gilt als oberstes Gebot. Für uns ist es nahezu unmöglich, Informanten aus dem inneren Zirkel anzuwerben oder Polizeispitzel in die Banden einzuschleusen. Und das allgegenwärtige Dogma der Omerta des Schweigegelübdes, tut ihr Übriges.

Meist handelt es sich bei den russischen Syndikaten um straff strukturierte kriminelle Kartelle, die auf dem Gebiet der Schutzgelderpressung, des Menschenhandels, in Sachen Falschgeld, Drogen- und Waffenhandel sowie Geldwäsche tätig sind – und dies weltweit. So sollen manche Unterweltbosse ihre illegalen Gewinne auf Marbella, Zypern oder in Österreich in Banken, Hotels und Ferienanlagen angelegt haben. Auch in Deutschland sollen sie Gelder gewinnbringend investiert haben, etwa in Wiesbaden oder Baden-Baden.

Überdies belegen interne Studien der Justiz, dass die russischen Gangster in deutschen Strafanstalten ein unbarmherziges Regime führen. In Gefängnissen wie jenen in Rheinbach, Aachen und Köln stießen etwa Vassily und seine Komplizen auf vertraute Strukturen. Die deutschen Haftanstalten sind längst von den »Dieben im Gesetz« infiltriert. Ihre Subkultur sei das »ernsteste Problem, das der deutsche Vollzug zurzeit hat«, meint Christian Pfeiffer, der Leiter des Kriminologischen Forschungsinstituts in Hannover. Aus dem Knast heraus betreiben die Russen ihre illegalen Geschäfte weiter.[34]

Leute wie Vassily mimen in den Zellentrakten eine Art Friedensrichter und zwingen Mithäftlinge über das sogenannte »Obshag-System«, üppige Schutzgelder zu zahlen. Mit dem Geld finanzieren sie den Handel mit Heroin und Haschisch im Gefängnis.

In Bayern kontrollieren angeblich russische Knastbanden den Drogenhandel in nahezu allen 42 JVAs.[35] Manche Knäste in NRW, Berlin und Norddeutschland sind zu gut einem Viertel mit Häftlingen aus der ehemaligen Sowjetunion belegt. Eine interne Justizstudie aus dem Jahr 2005 für die OK-Abteilungen im Lande spricht von einer hierarchischen »Parallelgesellschaft« in den Gefangenentrakten, mit eigenen Regeln und Strafen. »Wo vier Russen zusammenstehen, hat man drei Handlanger und einen Boss«, schilderte ein Vollzugsbeamter bei der Befragung der Gutachter den Gefängnisalltag. Die Hierarchien sind brutal einfach: Mörder und Totschläger stehen ganz oben auf der Werteskala, Sexualverbrecher gelten als Vogelfreie.

Auch im Zellentrakt gilt das Schweigegelübde: Wer dagegen verstößt, muss um sein Leben fürchten. Der Boss sagt an, wenn ein Abtrünniger bestraft werden soll. Das »Strafgericht« reicht dann von gezielten Schlägen bis hin zu Vergewaltigung oder gar Mord.

Hinter den Gefängnismauern erfährt die russische Mafia besonders unter jungen Deutschrussen starken Zulauf. Der kriminelle Nachwuchs beginnt als Handlanger. Im Laufe der Jahre dient er sich im Gefängnis sukzessive hoch.

Es handelt sich hierbei um junge Männer mit viel Wut und Frust im Bauch. Viele von ihnen kamen als Kinder mit ihren Eltern in den 90er Jahren nach Deutschland. Wegen der deutschen Ahnen war es mit der Erlangung des deutschen Passes beileibe nicht so schwierig, wie etwa die deutsche Sprache zu lernen oder im neuen Umfeld sozialen Anschluss zu finden. »In Deutschland galten wir als Russen, und umgekehrt wurden wir im Urlaub in der Heimat als Deutsche beschimpft«, beschrieb etwa der Drogenboss Erwin Moldenfeld in seinem Prozess in einer Stadt im Revier das Dilemma.[36] Die Schule brach er bald ab und konzentrierte sich lieber auf den Rauschgifthandel. Im Streit um Kokslieferungen erschoss der junge Moldenfeld mitsamt seinen Komplizen binnen Monaten eine Handvoll Dealer und Rivalen. Letztlich kamen Moldenfeld & Co. teils mit mehrjährigen Jugendstrafen davon.

Auch von der Zelle aus reicht der Arm der Russen-Mafia weit. Denn nicht immer hält die Omerta. Nach Erkenntnissen meiner Augsburger Kollegen machten sich im Jahr 2009 Kommandos in der russischen Heimat auf, um Überläufer, die gegen die Bosse im Gefängnis ausgesagt hatten, aufzuspüren. Die Suchaktion schlug zwar fehl, weil die »Verräter« bereits im deutschen Zeugenschutzprogramm waren, dennoch offenbarte sich hieran das Gewaltpotenzial dieser Banden.

Mit üppigen Zuwendungen halten die Bosse auch manchen JVA-Beamten bei Laune. Der Gefängniswächter revanchiert sich, indem er beim Drogenschmuggel nicht so genau hinschaut oder selbst Handys und Laptops einschleust.

Im Kampf gegen russische Verbrechersyndikate stehen wir erst am Anfang eines langen Weges. Und nicht immer funktioniert die Rechtshilfe mit den russischen Kollegen so, dass man von einem echten Miteinander sprechen könnte. Manchmal habe ich den Eindruck, in Russland kommt es auch auf Lust, Laune oder den Einfluss der Gegenseite an, ob die Justiz in Moskau und anderswo wirklich mitspielt. Schwieriger noch gestalten sich aber Nachforschungen im russischen Verbrechermilieu in Deutschland. Die Gangster fürchten oft mehr die Rache der eigenen Leute als den Strafvollzug in deutschen Gefängnissen …

Freilich scheinen manche Justizstellen hierzulande das Problem nicht wahr- oder ernstzunehmen. Solange der Zustand des Wegguckens vorherrscht, kann die Russen-Mafia in aller Seelenruhe in Deutschland ihre Aktivitäten ausbauen.

Die Crux mit den Kfz-Banden

Porsche, Mercedes, BMW, Audi – kaum ein anderes Produkt weckt so viele Begehrlichkeiten in organisierten Verbrecherkreisen wie die Nobelmarken made in Germany. Nach dem Fall der Mauer im Jahr 1989 nahm die Zahl der Diebstähle solcher Luxuskarossen hierzulande rasant zu. 2010 zählte das Bundeskriminalamt (BKA) 19 500 Fälle, 1300 mehr als im Jahr zuvor. 2011 wies die Statistik eine ähnliche Quote auf. Besonders begehrt waren vor allem die BMW-Typen X5 und X6 sowie alle großen Geländewagen von Toyota, Mercedes und VW.

Die Kfz-Diebe operieren vor allem in östlichen und nördlichen Bundesländern wie Berlin, Brandenburg und Hamburg. Das liegt nicht zuletzt daran, dass 2007 mit der Aufnahme etlicher osteuropäischer Staaten in den Schengen-Raum die Grenzkontrollen wegfielen. Das Gros der organisierten Pkw-Banden kommt denn auch aus Polen, der Slowakei, Weißrussland, Russland und dem Baltikum.

Bei ihren Beutezügen gehen diese Gruppen arbeitsteilig vor. Da sind die Spezialisten für den eigentlichen Diebstahl (Öffnen und Wegfahren des Fahrzeuges), andere mieten Hallen an, um die Luxuslimousinen zwischenzulagern. Sie organisieren auch den Transport der geklauten Wagen per

Lkw nach Osteuropa. Oder aber die Fahrzeuge werden durch spezielle Kuriere zu Komplizen ins Ausland gebracht. Letztere organisieren dann den Weiterverkauf der gestohlenen Modelle. Eine weitere Variante des Pkw-Diebstahls besteht darin, die entwendeten Fahrzeuge zu zerlegen und als Einzelteile ins Ausland zu schaffen.

Die herkömmlichen Diebstahlsicherungen helfen da wenig. In Sekunden knacken die Täter mit einem speziell entwickelten Werkzeug, dem »Ziehfix«, den Schließzylinder im Türgriff des Fahrzeuges und schließen das Auto kurz. Mechanische Wegfahrsperren, die am Lenkrad befestigt sind, überwinden sie mit Hilfe einer Spezialzange. Auch elektronische Wegfahrsperren, insbesondere die des Autoherstellers BMW, dessen X5 bei den Dieben wegen der riesigen Nachfrage in Osteuropa besonders beliebt ist, überwinden die Spezialisten in wenigen Sekunden.

Die Autobauer versichern zwar stets, dass ihre Produkte nahezu diebstahlsicher seien, aber die Realität sieht anders aus. Sicher, manche Produzenten haben bei neuen Modellen die Wegfahrsperren-Technik verfeinert, doch bisher haben die Kfz-Banden immer eine Antwort darauf gefunden. Das ging so weit, dass die Gauner sogar in Vertragswerkstätten Konstruktionspläne der elektronischen Schutzeinheiten gestohlen hatten. Zu Hause setzte man dann Ingenieure dran, die damit Wege fanden, die neuen Sicherheitsmodule zu überlisten. Das Ganze erinnert ein wenig an die Fabel vom Hase und vom Igel: Kaum hat der Autokonzern etwas Neues entwickelt, verfügt die Gegenseite schon über eine Lösung.

Geändert hat sich ferner das Erscheinungsbild des modernen Autoknackers. Während die Diebe früher nachts in Turnschuhen und Sportanzug gekleidet auf Tour gingen, tragen sie heute oft Anzüge im Business-Look. Im Gepäck führen sie stets ein Laptop mit entsprechender Software mit sich, um die Elektronik der Fahrzeuge auszulesen.

Der Abtransport der geklauten Pkws erfolgt häufig über die A 2, die sogenannte »Warschauer Allee«, durch den Ruhrpott über Hannover und Magdeburg nach Berlin – und von dort nach Polen. Oder aber über die A 1 via Dänemark, Schweden und Finnland zu den wichtigsten Absatzmärkten in Russland, Polen, in der Ukraine und den baltischen Staaten sowie über die A 3 in die Slowakei und nach Rumänien.

Lieferungen für den nord- und westafrikanischen Schwarzmarkt laufen via Schiff über die Häfen in Rotterdam und Antwerpen. Das stellt für die Ganoven keine große Herausforderung dar. Wegen der riesigen Menge von Transportgütern ist die Ausfuhrkontrolle der Fahrzeuge in den großen Benelux-Häfen lückenhaft.

Meine OK-Abteilung konzentrierte sich früh auf den organisierten Pkw-Diebstahl. Das lag nicht so sehr an dem Umstand, dass im Rheinland besonders viele Autos der Luxusklasse abhanden kamen, sondern vielmehr an tollen Ermittlern bei der Kölner Kripo. Im Kommissariat 32 ermittelten Beamte, die bundesweit zu den herausragenden Experten für den organisierten Autodiebstahl zählen – Leute wie Kriminalhauptkommissar Manfred Roggendorf, der sich mit einem enormen kriminalistischen Spürsinn in die Vorgehensweise der Täter hineingedacht und so bundesweite Netzwerke aufgedeckt hat. Oft habe ich mir gewünscht, dass auch Dienststellen in anderen Bundesländern so engagiert gegen Autoknackerbanden vorgingen wie die Kölner Ermittler, schließlich agieren diese Gruppen bundesweit, teure Autos gibt es ja bekanntlich überall. Doch Mammutverfahren mit Tatorten in der gesamten Republik sind eher selten.

Folglich beschwerte sich mancher Richter bei mir sogar darüber, dass er nun wieder so einen Riesenkomplex aus unserer Abteilung auf dem Tisch habe. Tenor: Es wäre doch auch zur Entlastung der Kölner Justiz hilfreich gewesen, diese Verfahren zu »atomisieren« und häppchenweise an die jeweils zuständige örtliche Behörde abzugeben. Strafverfolgung light quasi, so was ist erwünscht – alles andere macht ja Arbeit. Dazu fällt mir kaum etwas ein. Denn beim Autoknacken verhält es sich genauso wie in vielen anderen Bereichen der organisierten Kriminalität: Nur eine zentral koordinierte Jagd auf die internationalen Banden führt zum Erfolg. Ansonsten kommt man nicht an die Hintermänner heran.

Wie schwer sich die hiesigen Behörden damit tun, beweist folgender Fall: Im Herbst 2001 verschwanden bundesweit hochwertige Limousinen aus den Parkhäusern der großen Flughäfen der Republik. Bei den entwendeten Fahrzeugen handelte es sich um Spitzenmodelle der Marken Mercedes und BMW im Wert von umgerechnet jeweils 50 000 bis 120 000 Euro. Bei der Auswahl bevorzugten die Ganoven getunte Sportflitzer vom Typ Mercedes SL 55, aber auch die damals in Mode kommenden SUVs, vor allem den BMW X5. Bis dahin hatte ich immer geglaubt, dass gerade solche Luxusmodelle mit höchst sicheren Wegfahrsperren ausgerüstet seien. Die Annahme war auch nicht falsch, aber die Gegenseite hatte offenbar aufgeholt – und schließlich die Hersteller überholt. Elektronische Wegfahrsperren stellten damals schon für diese Diebe kein Hindernis mehr da. Zum ersten Mal begegneten wir seinerzeit Autodieben mit einem enormen Spezialwissen über die Sicherheitstechnik deutscher Luxus-Pkws. Und es war auch das erste Mal, dass ich von solchen Sicherheitslücken in der Spitzenkategorie teutonischer Autobaukunst hörte.

Wir brauchten zwei Jahre, um die Bande zu enttarnen und zu zerschlagen. Bis 2003 entwendeten die Gangster 250 Autos im Wert von rund 35 Millionen Euro. Die Diebe gingen stets nach demselben Muster vor: Sie klauten die Fahrzeuge aus Langzeitparkhäusern der Flughäfen Köln/

Bonn, Frankfurt am Main, Hannover, Hamburg, Bremen, Berlin und Dresden. Im Gegensatz zu Düsseldorf und München hatten die Betreiber hier aus Kostengründen auf eine Videoüberwachung verzichtet. Über solche Sicherheitslücken schienen die Täter bestens im Bilde zu sein. Allein in Köln verschwanden auf diese Weise 30 Nobelkarossen im Wert von 3,5 Millionen Euro.

Lange Zeit hatten wir das Gefühl, ein Phantom zu jagen. So versuchten wir, etwa über die Funkmasten in der Nähe der Tatorte, Handys zu orten, die uns durch entsprechende Auswertungen zu einem der Autoknacker hätten führen können – Fehlanzeige. Bilder von den Tätern fehlten ebenso wie Spuren am Tatort. Oft entdeckten die Besitzer den Diebstahl ihres Pkws erst nach ihrer Rückkehr von einer längeren Reise. Zu diesem Zeitpunkt befand sich der Wagen längst im Ausland.

Nur in kleinen Schritten kamen wir weiter: Unsere Untersuchungen ergaben, dass die Täter mit gestohlenen Mittelklassewagen etwa in das Parkhaus am Köln/Bonner Airport fuhren. Dort stellten sie diese ab. Mit dem Kurzzeitparkticket in der Hand brachen die Kfz-Diebe anschließend die Top-Modelle auf, auf die sie es abgesehen hatten. Binnen Sekunden schalteten sie die akustische Warnanlage aus. Die elektronische Wegfahrsperre tauschten die Autoknacker gegen einen Dummy aus. Mit einem eigens gefertigten Schlüssel ließen sie den Motor an und rollten seelenruhig von dannen, wobei sie das Kurzzeitparkticket an der Schranke für die Ausfahrt nutzten. Den gestohlenen Wagen, mit dem sie reingekommen waren, ließen sie zurück. Ein simpler Trick.

Zumindest hinsichtlich des Zeitpunkts des jeweiligen Diebstahls kamen die Polizeibeamten weiter. Eine Sensorschaltung meldete nämlich exakt den Moment, an dem ein Stellplatz wieder frei wurde. (Ich habe bis heute nicht verstanden, warum Investments in solch technischen Schnickschnack wichtiger waren, als das gesamte Parkhaus mit Videokameras auszustatten.)

Die Kölner Polizei konstruierte über einen Abgleich mit Dienststellen anderer Städte ein identisches Tatmuster. Fazit: Hier war eine äußerst clevere und zielstrebige Bande am Werk.

Im Februar 2002 gelang ein erster kleiner Fahndungserfolg: Die Landeskriminalämter in Brandenburg und Berlin stießen auf zwei Garagen. Diese erwiesen sich als Zwischenlager, in denen sich auch drei gestohlene Geländewagen aus Köln befanden. Zeitgleich erhielt das LKA Berlin einen Hinweis auf einen polnischen Autoknacker namens Bogdan, der sich im Raum Frankfurt/Main aufhalten sollte, woraufhin die Hessen ein Ermittlungsverfahren gegen den Mann einleiteten. Bogdan wanderte in Untersuchungshaft, dort aber schwieg er beharrlich. Das brachte uns nicht weiter.

Wieder einmal waren wir in einer Sackgasse gelandet. Schlimmer noch: Trotz intensiver bundesweiter Ermittlungen gingen die Diebstähle an den Flughäfen der Republik weiter. Der Schaden lag bald schon bei 15 Millionen Euro. Es war wie verhext.

Die Monate vergingen ohne den entscheidenden Durchbruch. Im Mai 2003 beflügelte ein Zufallsfund unsere Ermittlungen: Bei der Festnahme eines polnischen Staatsangehörigen stellte die Frankfurter Polizei in dessen Wohnung eine Vielzahl elektronischer Zündschlösser und Motorsteuergeräte sicher. Diese Teile konnten unsere Ermittler diversen Kfz-Diebstählen aus den vergangenen zwei Jahren zuordnen. Nach dieser Festnahme riss die Serie für einige Wochen ab. Dann aber nahm sie wieder ungehindert Fahrt auf. Ein Ende war nicht abzusehen.

Wie der Zufall es will, lieferte ausgerechnet ein geschädigter Autobesitzer den entscheidenden Hinweis. Ende Oktober 2003 meldete sich der Mann aus einer Stadt in Mecklenburg-Vorpommern bei der Polizei in Köln. Erbost erzählte der Anrufer, er habe seinen BMW X5 am Köln/Bonner Flughafen abgestellt, um von dort aus in die Ferien zu jetten. Nach seiner Rückkehr habe er feststellen müssen, dass aus seinem Auto das Motorsteuergerät nebst Steuergerät der elektronischen Wegfahrsperre entwendet sowie die Autokennzeichen ausgebaut worden waren. Als sei das nicht ärgerlich genug, habe er zu seinem Verdruss nun auch noch ein Bußgeld vom Landkreis Dahme-Spreewald bekommen. Demnach sollte »sein« Geländewagen am 18. September 2003 in Berlin-Schönefeld mit überhöhtem Tempo in eine Radarfalle gerast sein. »Das war ich aber nicht. Das ist ein mieses Spiel«, empörte sich der Zeuge.

Die Kripo forderte vom Berliner Ordnungsamt die Radarfotos an. Darauf war ganz klar ein BMW X5 mit dem entwendeten Kennzeichen des Anrufers zu erkennen. Das Foto zeigte vermutlich einen Kurierfahrer, der einen gestohlenen BMW desselben Typs über die Grenze nach Polen bringen sollte. Ernüchtert stellte die SOKO fest, dass man mit der Aufnahme so nicht weiterkam; der Wagenlenker war nicht zu identifizieren.

Bevor sich Resignation breitmachen konnte, kam Kriminalhauptkommissar Roggendorf eine glänzende Idee. Intensiv studierte er die Radaraufnahmen vom Temposünder – und erkannte darauf einen Volvo mit einem Kennzeichen aus Euskirchen nahe Köln, der knapp hinter dem BMW zu sehen war. Wir überprüften das Nummernschild: Es gehörte zu einem Mietwagen der Firma Avis. Der Pkw war am Flughafen Münster/Osnabrück von einem deutsch-polnischen Pärchen angemietet und nach 1041 Kilometern an der Mietstation Flughafen Berlin-Tegel zurückgegeben worden.

Eine Angestellte der Firma Avis gab zu Protokoll, dass man in jüngster Zeit mehrfach Fahrzeuge an polnische Staatsangehörige vermietet hatte. Meist sei dies in Münster geschehen mit späterer Rückgabe in Berlin, aber auch an anderen deutschen Orten – wobei sämtliche Fahrzeuge jeweils viele Kilometer zurückgelegt hätten. Während der Anmietung seien auch Anzeigen von Ordnungswidrigkeiten eingegangen, unter anderem wegen eines in Köln begangenen Parkverstoßes und einer in Schönefeld begangenen Geschwindigkeitsüberschreitung.

Wir entdeckten auffällige Parallelen zwischen der Serie von Kfz-Diebstählen an deutschen Flughäfen und dem Zeitpunkt, zu dem das Paar die Autos angemietet hatte. Es wurde klar, dass die Spur zur Bande über ebenjene polnischen Avis-Kunden führte. Sie waren der Schlüssel zur Lösung des Falls. Wir brauchten das Pärchen nur zu beschatten und ihre Handys anzapfen, um ihre Kontaktleute auszumachen. Auf diese Weise, so unser Kalkül, würden wir an die Drahtzieher der Auto-Connection herankommen.

Es wurde Zeit zu handeln: Ende 2003 endlich zogen wir alle vergleichbaren Fälle aus der Republik an uns. Ich hatte dabei das Gefühl, die Kollegen in den anderen Dienststellen waren froh, die lästige Angelegenheit los zu sein.

Zuerst konzentrierten wir uns auf das Paar, das am Flughafen Münster/Osnabrück die Leihfahrzeuge beschaffte. Beim Ermittlungsrichter erwirkte ich eine Telefonüberwachung gegen das Duo. Durch unsere Nachforschungen stellte sich heraus, dass die beiden ständig Autos für die polnischen Bandenmitglieder anmieteten. Diese wiederum reisten meist als Gruppe von drei Personen an und übernachteten in Motels, in denen sie sich anonym via Kreditkarte am Check-In-Automaten einbuchten, um anderntags die Tatorte anzufahren.

Unsere Leute verfolgten die Autodiebe von nun an unauffällig. Von Hamburg ging es nach Hannover, Leipzig und dann nach Berlin. Offensichtlich dienten die Mietfahrzeuge dazu, Tatorte auszubaldowern, was auch die enormen Strecken erklärte, die damit zurückgelegt wurden. Die Täter klapperten alle Flughafen-Parkhäuser in der Region ab. Gaben die Späher grünes Licht, schlugen ihre Komplizen zu.

Die Ermittlungen ergaben, dass die Bande arbeitsteilig operierte: Jeder hatte seine spezielle Aufgabe in der Gruppe. Es gab unter anderem Logistiker, die Quartiere und Autos für die Kfz-Connection anmieteten, die Diebestrupps, die in den Parkhäusern die Autos knackten, und die Transporteure, die das geklaute Edelgefährt schließlich entsorgten.

Mitte Dezember 2003 forderten wir Einheiten des Mobilen Einsatzkommandos und des Spezialeinsatzkommandos an. Die Zugriffsteams überraschten drei Bandenmitglieder am Flughafen Tegel auf frischer Tat. Bei der Gelegenheit fielen uns zwei Luxuslimousinen in die Hände – darunter, Ironie des Zufalls, die eines polnischen Diplomaten.

Das Trio wanderte ins Untersuchungsgefängnis, ebenso wie das in Münster residierende deutsch-polnische Logistiker-Pärchen, das die Mietwagen für die Diebestouren besorgt hatte.

Die weiteren Nachforschungen ergaben, dass die entwendeten Autos zunächst im Großraum Berlin in Garagen und kleineren Hallen landeten. Dort bekamen sie neue Kennzeichen und neue Papiere verpasst, auch die Fahrgestellnummern wurden frisiert. Entweder handelte es sich dabei um gefälschte Dokumente oder um geklaute Blanko-Dokumente, die Spezialisten entsprechend hergerichtet hatten. Anschließend brachten Kuriere die edlen Gefährte über die Grenze.

Diese Kuriere gehörten freilich nur der unteren Ebene der Bande an. Die Fahrer sollten die Autos an vereinbarten Treffpunkten übergeben, weit genug weg von der eigentlichen Zielgarage – mehr nicht. So war sichergestellt, dass sie bei einer Festnahme die Standorte »der Autobunker« nicht ausplaudern konnten. Zur mittleren Etage zählten die Diebe, die in Anzug und Tuchmantel die Flughafengaragen heimsuchten. Auf gleicher Ebene rangierten die diversen Fälscher, die die heiße Ware umfrisierten.

Leider gelang es uns nicht, zu den Bossen in Polen vorzudringen. Wieder einmal scheiterten wir an jener Regel, die bei vielen anderen Syndikaten auch galt: der Omerta – der Pflicht, zu schweigen.

Was uns auffiel, war, dass bei den Verhören immer mal wieder der Name »Krystof« fiel. Er war der Mann, der die Beute entgegennahm und weiterverkaufte. Mehr als seinen Namen gaben unsere Verdächtigen allerdings nicht preis. Selbst in deutschen Gefängnissen fürchteten sie den langen Arm des Bandenchefs.

Ende November 2004 begann dann der Prozess gegen die Autodiebe. Besonders kurios fiel der Auftritt des Sachverständigen einer hochkarätigen Premiummarke aus. Bislang sei der Autoproduzent davon ausgegangen, dass seine Wegfahrsperren nicht zu überwinden seien, meinte er. Er wolle aber nun dafür Sorge tragen, dass man die Sicherheitstechnik weiterentwickeln werde, um die neuen Modelle absolut diebstahlsicher zu machen.

Ein Versprechen, mehr nicht. Auch vier Jahre später nämlich hatten manche Premium-Hersteller die Schwachstellen bei ihren Spitzenmodellen noch nicht vollständig beseitigt.

Im Sommer 2008 verschwanden in den Nobelvierteln im Kölner Raum, im Rhein-Erft-Kreis und in Bonn in Serie Nobelkarossen, insbesondere der Marken BMW sowie Mercedes. Spezielle Diebstahlsicherungen und elektronische Wegfahrsperren hielten die Verbrecher dabei offenbar nicht auf. Die Täter hatten es hauptsächlich auf weiße oder schwarze

BMW X5 abgesehen. Meine Abteilung richtete deshalb mit der Kripo eine neue Sonderkommission unter dem bezeichnenden Namen »EG (Ermittlungsgruppe) Zebra« ein.

Im Juli 2008 gingen der Bielefelder Polizei zufällig ein Russe und ein Grieche ins Netz. Es stellte sich heraus, dass die Männer mit einem BMW-Geländewagen unterwegs waren, der in Köln als gestohlen gemeldet worden war. Das Auto war zwischenzeitlich auf die technischen Daten eines Doubletten-Fahrzeugs umfrisiert und mit neuen Papieren ausgestattet worden. Unisono beteuerte das Duo, den BMW im Raum Euskirchen gutgläubig übernommen zu haben. Wo und vom wem genau, wollten die beiden Verdächtigen nicht sagen.

Für uns begann eine Puzzle-Arbeit. Sukzessive arbeitete sich die SOKO vor und landete letztlich bei einem riesigen Gewerbekomplex in Euskirchen. Dort hatten Litauer eine etwa 200 Quadratmeter große Halle angemietet.

Tagelang legte sich die Polizei auf die Lauer. Endlich tauchte ein litauischer Sattelschlepper auf. Männer fuhren einen BMW X5 und ein BMW M5 auf die Laderampe.

Zunächst ließen wir den Lkw fahren. Erst im Raum Magdeburg, weit genug entfernt vom Rheinland, stoppte eine Verkehrskontrolle auf der Autobahn den Brummi. Unter einer Plane fanden sich die beiden gestohlenen BMWs. Der Fahrer wanderte in Untersuchungshaft.

Wir aber wollten an die Hintermänner heran. Deswegen kontrollierte die Kripo jetzt still und heimlich das Zwischenlager in Euskirchen. Sie fanden sieben gestohlene Geländewagen, einen 7er BMW sowie zwei Golf IV. Von der geheimen Durchsuchungsaktion bekamen die Gangster nichts mit. Die Ermittler hinterließen den »Autobunker« genauso, wie sie ihn vorgefunden hatten.

In der Folgezeit betrieb die SOKO einen enormen Aufwand mit verdeckten Maßnahmen. Durch Observationen,

Telefonüberwachungen, kriminaltechnische Untersuchungen von Fingerabdrücken und DNA-Spuren entlarvte die Sonderkommission schließlich eine 20-köpfige Bande aus Litauen. Wie sich herausstellte, reiste die baltische Gruppe stets für einige Tage nach Deutschland ein, ließ Autos der Luxusklasse mitgehen und verschwand anschließend wieder in die Heimat. Als Stützpunkte in Deutschland mieteten die Täter über ahnungslose Landsleute Wohnungen in Köln, Essen, Wuppertal, Hamburg und Langenwiesen (Thüringen) an. Neben dem Zwischenlager in Euskirchen unterhielten die Gangster auch eine Halle in Langenwiesen für die geklauten Autos aus Berlin und Hamburg. Dort versah man die Pkws mit den technischen Daten eines legal zugelassenen Fahrzeuges und verfrachtete sie per Lkw nach Litauen.

In der Heimat besorgten sich Komplizen dann gefälschte Zulassungen, um die heiße Ware meist über eine Internetplattform an Abnehmer in Österreich und der Schweiz zu veräußern. Die Abnehmer in den Alpenländern fragten offenbar nicht groß nach, wo die günstigen Nobelfahrzeuge herkamen. Manche anderen Organisationen reichten die geklauten Autos aber auch an Hehler in den Ex-GUS-Staaten wie Georgien, Weißrussland, der Ukraine oder Kasachstan weiter. Von dort aus verliert sich meist ihre Spur.

Nach über einem Jahr verdeckter Ermittlungen hoben wir die litauische Bande im Juli 2009 aus. Sieben der 25 Beschuldigten mussten in Untersuchungshaft. Bei der erneuten Durchsuchung der Lagerhalle in Euskirchen stellten wir rund ein Dutzend gestohlener BMWs sicher. Im thüringischen Gegenstück entdeckten die Kollegen eine derart riesige Menge entwendeter Ersatzteile, dass eigens das Technische Hilfswerk anrücken musste, um die Beute abzutransportieren.

Ganz bewusst nutzten wir anschließend die Pressekonferenz über den Fahndungserfolg auch zur einer Generalabrechnung mit den Autokonzernen.[37] Die Täter, so monierte der Kommissionschef völlig zu Recht, hätten gezielt eine Schwachstelle des BMW X5 ausgenutzt. »Mit sogenannten Überwindungstools haben die professionellen Diebe die Bordelektronik außer Gefecht gesetzt, den Wagen mit einem neuen ›elektronischen Schlüssel‹ gestartet und gestohlen«, schilderte er die Masche der litauischen Bande. Mit derselben Methode seien bereits sechs Jahre zuvor polnische Autoknacker erfolgreich gewesen. Man habe den Hersteller BMW seinerzeit schon über solche Sicherheitslücken informiert, doch scheinbar seien trotz damaliger Zusagen eines BMW-Sachverständigen keine Gegenmaßnahmen erfolgt, resümierte der SOKO-Chef.

Das war das Stichwort für meinen Auftritt: »Glauben Sie mir, der Aufwand in diesem Fall war enorm«, sagte ich und schaute in die Runde. »Im Hinblick auf die knappen staatlichen Ressourcen bei der Strafverfolgung muss darauf hingewirkt werden, dass die Automobilhersteller und auch die Eigentümer der Fahrzeuge darauf achten, bestmögliche Diebstahlvorrichtungen in die Pkws einzubauen.« Langsam, aber sicher kam ich auf Touren. »Gegebenenfalls müssen die Diebstahlversicherungen bei verschiedenen Fahrzeugtypen der Luxusklasse verteuert werden, um auf diese Weise die Industrie und die Käufer unter Druck zu setzen.« Mein Vorschlag löste ein Raunen unter den Reportern aus. Tags darauf schlug sich die öffentliche Schelte an der deutschen Autoindustrie in den Medien wie ein Donnerhall nieder. Die Kommentatoren legten mit deutlichen Worten den Finger in die Wunde, während die Pressestellen der großen Nobelmarken mühsam versuchten, die Wogen zu glätten.

Später im Prozess bestätigten die Aussagen der Angeklagten meine Kritik. Offenbar wussten die Automobilhersteller gar nicht, dass man sich die technische Ausrüstung zur Überwindung der elektronischen Wegfahrsperre des BMW X5 für ungefähr 10 000 Euro im Internet besorgen konnte …

Bis es aber zu den Geständnissen kam, verstrich ein halbes Jahr zeitraubender, juristischer Taktiererei vor Gericht. Die Verhandlung gegen die drei Schlüsselfiguren der Bande begann am 6. Januar 2010 – ausgerechnet dem Tag der Heiligen Drei Könige, der in Köln besonders gefeiert wird, weil deren Reliquien im Dreikönigenschrein im Dom liegen (sollen). Während in der Kathedrale das feierliche Hochamt stattfand, starteten die Verteidiger die Hauptverhandlung mit heftigen Wortgefechten mit dem Vorsitzenden Richter. In den folgenden Wochen schöpften sie das ganze Füllhorn der Konfliktverteidigung aus – es hagelte Beweis- und Befangenheitsanträge. Mal wollten sie mich als Sitzungsvertreter der Staatsanwaltschaft ablösen lassen, mal die Dolmetscherin für Litauisch ausgetauscht sehen. Verbal ging es zuweilen schon mal unter die Gürtellinie – auch von meiner Seite. Wobei ich mich auf eine Entscheidung des Bundesverfassungsgerichts stützen konnte: Karlsruhe hatte nämlich zuvor das Urteil gegen eine Kölner Rechtsanwältin wegen Beleidigung eines Richters aufgehoben. Demnach dürften im »Kampf um das Recht« seitens eines Anwalts auch heftigere Worte benutzt werden; dies sei durch das im Grundgesetz enthaltende Recht auf freie Berufsausübung geschützt.

Dieses Recht nahm ich als Anwalt des Staates und insbesondere im Namen der Geschädigten nun auch für mich in Anspruch. Und so musste die Gegenseite so manche Schimpfkanonade über sich ergehen lassen. Ich sollte aber ehrlich gestehen, dass meine Nerven zu dieser Zeit auch blanklagen. Einer meiner beiden Söhne lag damals schwer krank in der Kölner Uni-Klinik, und meine Gedanken weilten mehr bei ihm als im Gerichtsaal.

Die Prozesstage zogen sich. Bis in den späten Abend fochten wir formaljuristische Scharmützel aus, ohne einen Schritt weiterzukommen. Das Verfahren soff buchstäblich ab. Zwischendurch schien die Prozessblockade der Anwälte zu bröckeln: Einer der Autoknacker legte nach längeren Verhandlungen ein Geständnis ab und musste für vier Jahre ins Gefängnis. Danach aber schlossen sich die Reihen wieder, und die Fronde der übriggebliebenen Anwälte blies erneut zur Attacke: Alles und jedes wurde durch sie angefochten.

Anfang Juli war dann die Geduld aller Prozessbeteiligten erschöpft: Das Gericht schloss einen Deal mit den Anwälten. Das Resultat war so absurd, dass mir heute noch die Galle hochkommt. Im Gegensatz zu ihrem geständigen Komplizen wurden die beiden anderen Angeklagten für ihr Schweigen auch noch belohnt: Das Urteil lautete nur drei Jahre und drei Monate. Dagegen musste ihr »Kollege«, der umfassend ausgepackt hatte und wesentlich half, ungelöste Fragen aufzuklären, zur Strafe für sein Geständnis neun Monate länger einsitzen. Justitia verkehrt.

Strenggenommen widersprach dieser Schuldspruch allen Strafzumessungsgesichtspunkten. Wie aber so häufig bei der Justiz beugte die Realität auch in diesem Fall geltendes Recht. Aufgrund der knappen personellen Ressourcen bei den Strafkammern des Kölner Landgerichts war dieses Urteil letztendlich nicht zu verhindern.

Das bedeutet aber leider im Umkehrschluss Folgendes: Du musst nur lange genug prozessieren, Gericht und Anklage nach allen Regeln der Strafprozessordnung zermürben, um ein günstiges Ergebnis für den Angeklagten herauszuholen. Ganz gleich, ob der Delinquent schuldig ist oder nicht. Weil aber die Politik entgegen ihren Ankündigungen bei der Justiz stetig spart, muss man sich nicht wundern, dass es immer häufiger vorkommt, dass die Gerichte wider besseres Wissen aus Gründen der Praktikabilität faule Kompromisse mit Gangstern schließen.

Diebstähle in Parkhäusern sind nur eine Spielart der Ganoven. Gerade die organisierten Kfz-Banden verfallen auf stets neue Methoden des Autoklaus. Ebenso »beliebt« (und für die Opfer mitunter höchst gefährlich) ist das sogenannte »Home-Jacking«. Die Verbrecher steigen in diesem Fall in die Häuser und Wohnungen ein, nehmen den Schlüssel der Limousine an sich und brausen mit dem Gefährt davon. Meist müssen sie nicht lange nach dem Autoschlüssel suchen, weil er gut sichtbar in der Hausdiele oder im Wohnungsflur auf einem Board liegt oder am Schlüsselbrett hängt. Diese Variante haben Banden aus dem ehemaligen Jugoslawien über Belgien nach Deutschland importiert. Erfahrungsgemäß brechen die Täter in den Nachtstunden ein. Oft bemerken die Opfer den Verlust ihres Gefährts erst am nächsten Morgen, wenn die Einbrecher längst über alle Berge sind. Häufig spionieren die Banden lohnenswerte Zielobjekte vorher aus. Teilweise postieren sich die Profis auch in Kaufhäusern oder anderen Orten, an denen ein großes Gedränge herrscht, und erleichtern ihre »Kundschaft« um die Wagenschlüssel.

Im Jahre 2008 kamen wir Einbrechern aus Serbien-Montenegro auf die Schliche. Die Bande war spezialisiert auf Taschen- sowie Trickdiebstahl. Mitunter aber stiegen die Täter auch in Wohnungen ein, krallten sich die Autoschlüssel und brausten mit hochwertigen Karossen vom Hof. So erbeuteten sie in der Silvesternacht 2008 in Köln-Lindenthal einen Bentley im Wert von 220 000 Euro aus der Garage seines Besitzers.

Ein Zeuge half uns, die Gruppe zu zerschlagen. Der Mann hatte sich das Kennzeichen eines Mietwagens notiert, den einer der Home-Jacker für seine Spähtouren benutzt hatte. 14 Festnahmen waren die Folge. Angesichts der erdrückenden Beweislast legten die Bandenmitglieder ein Geständnis ab. Allesamt kassierten sie mehrjährige Haftstrafen.

In meinen Augen wirkt diese Variante des organisierten Autodiebstahls eher hölzern im Vergleich zu den osteuropäischen Car-Neppern mit ihren ausgefeilten elektronischen Kenntnissen, die Wegfahrsperren zu überlisten. Auf diese Weise treffen Täter und Opfer wenigstens nie persönlich aufeinander. Home-Jacking schädigt die Opfer gleich zweifach: am Geldbeutel und an der Seele.

Oft genug gehen die Hausbewohner durch die Hölle. Das Eindringen ins Eigenheim erschüttert zutiefst die Gewissheit, dass man in den eigenen vier Wänden sicher ist. Wer aber einmal von dem Geräusch klirrender Fensterscheiben oder unerwarteter Männerschritte im Erdgeschoss geweckt wurde, ist oft dauerhaft traumatisiert. Und manche von denen, die wegen ihres edlen Autos einmal ins Visier von Einbrechern geraten waren, haben daraus eine tragikomische Lehre gezogen und sich einen gebrauchten Mittelklassewagen zugelegt, um die Chance zu verringern, noch einmal Begehrlichkeiten bei den falschen Leuten zu wecken. Solche Schicksale habe ich häufiger erlebt, und sie lassen mich nicht kalt. Allein aus diesem Grund stellt Home-Jacking meiner Meinung nach eines der schlimmsten Verbrechen im Bereich der organisierten Autodiebstähle dar.

Die Home-Jacker gehen oft besonders rücksichtslos und dreist vor. 2009 geriet eine vielköpfige Roma-Connection aus Ex-Jugoslawien in unser Blickfeld. Die Gang verhökerte über das Internet-Portal *Mobile.de* gestohlene Fahrzeuge. Den Ermittlern fiel auf, dass die Inserate häufig in denselben Internetcafés in Köln aufgegeben worden waren. Ungewöhnlich war auch, dass die Kaufinteressenten meist erst im letzten Moment den Übergabeort erfuhren. Da aber mit den Fahrzeugen und den vorgelegten Kfz-Papieren alles in

Ordnung zu sein schien, schöpften die Kunden keinen Argwohn und zahlten den Kaufpreis. Erst als sie die Fahrzeuge zu Hause ummelden wollten, stellte sich heraus, dass man sie geleimt hatte.

Die SOKO entdeckte bei ihren Nachforschungen, dass die Täter im großen Stil Kfz-Papiere aus Straßenverkehrsämtern in Köln, Mühlheim/Ruhr und weiteren Behörden entwendet hatten. Die Dokumente samt gefälschten Stempeln, ausgestellt auf fingierte Halter, verschafften den geklauten Edelgefährten einen legalen Anstrich. Die Camouflage der geklauten Flitzer wurde durch gestohlene Kennzeichen oder Doubletten perfekt.

Nachkarten war nicht möglich, denn alle Rufnummern der Verkäufer wurden unmittelbar nach den Deals deaktiviert. Die Überprüfung der Verbindungsdaten der Telefonnummern ergab, dass die SIM-Karten in allen Fällen am Tag der Annoncenaufgabe bei mobile.de aktiviert worden waren.

Die Polizei ortete die Nutzer der Handys in bestimmten Funkzellenbereichen in Köln-Stammheim oder in Hamburg. Die dortigen Adressen kannten wir zur Genüge: Sie gehörten zu Roma-Sippen, die sich seit Jahren auf Kfz-Schiebereien fokussiert hatten. Gegen den Clan liefen bereits zwei weitere große Verfahren.

Die SOKO klinkte sich fortan in die Telefone der Bande ein. Aus den Gesprächen wurde klar, dass die Hehler gestohlene Luxuslimousinen vom Typ BMW, Mercedes und Audi von Home-Jackern übernahmen, sie mit gefälschten Fahrzeugpapieren und Kennzeichen ausstatteten und übers Internet weiterverkauften. Nach monatelangen Ermittlungen legten wir der Gang das Handwerk.

Filigraner operierten manche deutsch-osteuropäischen Betrügersyndikate. Sie mieteten meist mit gefälschten Pässen, Kreditkarten und Führerscheinen bei den großen Mietwagengesellschaften teure Autos. Die Fahrzeuge landeten anschließend häufig in Russland oder auf dem Balkan, noch ehe die geneppten Firmen den Schwindel bemerkten.

Die Finten und Tricks der Autoschieber kennen keine Grenzen. Und die Justiz in Deutschland kommt nur einem Bruchteil von ihnen auf die Spur. Das liegt schlicht und einfach an den mangelnden Kapazitäten, einer dünnen Personaldecke und den stetig wachsenden rechtlichen Anforderungen an die Beweisführung.

Als ich vor knapp 40 Jahren in meinem Job angefangen habe, füllten etwa die Nachforschungen zu einem Mordfall im Schnitt einen, manchmal zwei Ordner. Heute ist allein schon das psychiatrische Gutachten zur Schuldfähigkeit des Angeklagten genauso dick. Eine Hauptakte zu einem durchschnittlichen Verfahren in Sachen organisierte Kriminalität zählt inzwischen üblicherweise zigtausend Seiten, Ganz zu schweigen von Dutzenden Ordnern zu den einzelnen Tätern oder dicken Konvoluten zu Asservatenauswertungen und Protokollen mitgeschnittener Telefongespräche.

Je dicker die Akte, desto üppiger die Beweislage – so weit, so gut. Andererseits bietet sich dadurch mehr Angriffsfläche für die Verteidiger. Da reichen schon formale Fehler – und seien sie noch so unwichtig –, um manche Prozesse ins Wanken zu bringen.

Denn nichts fürchten die Richter so sehr wie eine übergeordnete Instanz, die ihr Urteil allein schon wegen eines formalen rechtlichen Fehlers aufhebt. Auch Juristen sind eitle Menschen, und der Karriere tut es selten gut, wenn ein Richter allzu oft erlebt, dass sein Urteil aufgehoben wird. Lieber scheut er in kniffligen Fällen und im Angesicht ausgebuffter Advokaten jedes Risiko und schließt einen billigen Kompromiss.

Diese Form des »Autohandels« bietet so hohe Gewinnspannen, dass selbst Leute mit einer hohen öffentlichen Reputation zum Verbrecher werden. So zum Beispiel Enver Duca. Im Kosovo war der ehemalige Karate-Europameister genauso bekannt wie einst der verstorbene WM-Champion Max Schmeling hierzulande. Trotz aller Titel steckte der Karate-Crack stets in Geldnöten. Im Jahr 2005 entwickelte er mit ein paar anderen schließlich eine äußerst brutale Geschäftsidee: Via Internet bot Duca Luxuslimousinen zum Kauf an. Die Kaufinteressenten beorderte er dann zu Flughäfen oder Bahnhöfen, um sie anschließend auszurauben. Meist holten Duca und seine Komplizen die Kunden ab, steuerten einsame Waldgebiete an und hielten ihnen dort eine Pistole an den Kopf mit der Aufforderung, das Portemonnaie zu öffnen.

Ein Spitzel aus dem Milieu lieferte uns den Hinweis auf den gebürtigen Kosovo-Albaner. Das war das Ende von Enver Duca und seiner Bande. Duca lavierte nicht lange herum und machte eine Aussage.

In der Hauptverhandlung vor dem Landgericht Köln sorgte allerdings ein Brandbrief seines Bruders Ante aus dem Kosovo für Aufsehen. Der teilte ihm mit, ein maskierter Mann sei bei ihm aufgetaucht. Er habe ihm eine Pistole vors Gesicht gehalten und eine Drohbotschaft bestellt: Ante möge Enver ausrichten, den Mund zu halten, sonst hätte das Folgen.

Enver schluckte, als der Richter das abgefangene Schreiben zu Ende gelesen hatte. Mit belegter Stimme erklärte er, dass mittlerweile auch seine Frau und die Kinder bedroht würden. Dann aber reckte er stolz seinen Kopf. »Ich habe deshalb nie die volle Wahrheit gesagt, aber nun will ich das tun. Zeugenschutz brauche ich nicht, schließlich bin ich ja Karatekämpfer. Da brauche ich keine Waffe, um mich zu verteidigen.«[38]

Enver musste sechs Jahre im Gefängnis verbüßen, inzwischen haben die deutschen Behörden ihn in seine Heimat abgeschoben. Ob er noch lebt, weiß ich leider nicht.

Neben dem Diebstahl von Luxusfahrzeugen haben sich Organisationen aus dem Baltikum auf Autoradios und Navigationsgeräte spezialisiert. Das LKA NRW enttarnte zum Beispiel eine litauische Gruppierung. Die führenden Köpfe dieser Bande heuerten in ihrer Heimat Jugendliche und Heranwachsende an, die sie dann in Wohnungen von Landsleuten unterbrachten, die nach Deutschland ausgewandert waren. Die Bosse versprachen ihnen pro Navi-Gerät 20 Euro – ein Vermögen für litauische Verhältnisse. Die jungen Leute brauchten nicht lange überredet zu werden.

Überdies wussten die Bandenchefs um die Vorzüge des deutschen Jugendstrafrechts: Bei einer Festnahme durch die Polizei, so trichterten sie ihren jungen Rekruten ein, hätten sie nichts zu befürchten, denn für Jugendliche und Heranwachsende gelte das Jugendrecht, sodass es in der Regel keine Verhaftung gebe.

Diese Rechnung ging so lange auf, bis wir die polizeiliche Verfolgung dieser jugendlichen Täter landesweit auf das Landeskriminalamt konzentrierten. Das LKA überwachte die Jungdiebe nun mittels Observationen und Telefonüberwachung. Meist brachten die Täter ihre Beute zu einem großen Parkplatz an der Veltins-Arena auf Schalke. Von dort aus transportierte ein Lkw die Navis nach Litauen, versteckt unter anderen Lieferungen. Dort aber folgte dann der Clou: Die Geräte wurden übers Internet wieder zurück nach Deutschland verkauft!

Zwei Dutzend Autoknacker gingen uns ins Netz. Dieses Mal klappte auch die Zusammenarbeit mit den litauischen Kollegen: In einer konzertierten Aktion mit dem LKA fasste die dortige Justiz die Hintermänner in Riga, wobei Hunderte entwendeter Navi-Geräte wiederauftauchten.

Acht der jungen Seriendiebe hat ein Kollege bei der Jugendkammer in Köln angeklagt. Damit aber begannen die Probleme: Obschon etwa das Oberlandesgericht den Angeklagten in einem Haftbeschluss empfindliche Jugendstrafen vorausgesagt hatte, stellte sich besagte Jugendkammer quer. Die Richter schienen mit dem OK-Fall schlichtweg überfordert. Sie machten es sich denkbar einfach, teilten das Verfahren zu je vier Angeklagten auf und verwiesen die Angelegenheit an die Jugendschöffengerichte. Die durften sich also um die Sache kümmern, in der Hunderte von Kfz-Aufbrüchen zur Debatte standen, nebst Tausenden Seiten Ermittlungsakte sowie hochkomplexen Rechtshilfeersuchen an Litauen. Das war kompliziert, für manche bei Gericht möglicherweise zu kompliziert.

Und in dieser schwierigen Materie sollte jetzt nur noch ein einziger Berufsrichter samt zwei Laien (Schöffen) Recht sprechen anstatt einer Jugendstrafkammer mit drei Profis auf der Richterbank und zwei Laienrichtern? Der Ausgang war absehbar: Gänzlich überfordert, verhängten die Jugendschöffengerichte maximal zwei Jahre Gefängnis. Meist wurden die Strafen sogar zur Bewährung ausgesetzt. In einem Fall blieb man gar unter der bereits verbüßten Untersuchungshaft, sodass der Delinquent wegen überlanger U-Haft sogar eine Entschädigung erhielt! Da konnte man sich wirklich nur an den Kopf fassen. Zumal die Täter nach ihrer Freilassung sofort von der Bildfläche verschwanden, womit ihre Bewährung automatisch endete.

Ganz so glimpflich kommen aber zum Glück nicht alle Gauner davon. Seit Juli 2012 ermittelt die Kripo Köln gegen eine international agierende Diebesbande, die mit der »südamerikanischen Masche« neuerdings auch in Deutschland unterwegs ist. Die Täter reisen mit falschen Pässen ein und mieten über Mittelsmänner sichere Wohnungen an. Von diesen Quartieren aus brechen sie auf zu ihren Raubzügen. Das Strickmuster ist stets dasselbe: Die Ganoven observieren das Umfeld von Banken, Geldautomaten und Juwelieren und suchen sich »lohnende« Opfer aus. Sie arbeiten mit unterschiedlichen Tricks. Raffiniert ist etwa folgende Masche: Der »Aufreißer« folgt dem Opfer auf einem Parkplatz zu dessen Pkw. Während der Bankkunde sich in der Filiale des Geldinstituts befindet, zersticht der Gauner mit einem Messer einen Reifen oder platziert eine Schraube mit einem spitzen Dornfortsatz vor das Rad. Sobald der Reifen die Luft verliert, sind ganz schnell sogenannte »Wagenengel« zur Stelle, die dem Fahrer beim Reifenwechsel helfen. Der eine schraubt am Rad herum – und der andere klaut währenddessen unbemerkt die Wertsachen aus dem Auto.

Besonders perfide ist die Variante, mit der die Täter Autofahrer am Geldautomaten ausplündern. Ein Beispiel: Hektisch steigt der Wagenlenker aus, um bei seiner Bank schnell neues Geld zu ziehen. Er legt das Notenbündel auf den Beifahrersitz und will einsteigen, als ihn ein Passant zurückhält mit dem freundlichen Hinweis, ihm seien in der Eile ein paar Fünf-Euro-Scheine auf den Bürgersteig gefallen – ob er die denn nicht wiederhaben wolle. In Wahrheit hat der »Helfer« das Geld auf den Asphalt gestreut, um den Fahrer abzulenken. Während dieser nun die Scheine einsammelt, greifen sich andere Ganoven das Geldbündel vom Beifahrersitz.

Im September 2012 gelang es der Kölner Polizei, eine Truppe von vier Kolumbianern im Alter von 30 bis 60 Jahren in einem Aachener Parkhaus zu verhaften, die solche Autotrickdiebstähle zu ihrem Markenzeichen gemacht hatte. In gerade einmal vier Monaten hatte das Quartett damit Schmuck und Bargeld von knapp einer halben Million Euro ergaunert. Da möge noch einer sagen, Diebstahl lohne sich nicht – hierzulande muss man wohl leider konstatieren: Es lohnt sich anscheinend doch.

Der Konzern der Diebe

Für Milo begann die Saison immer im Herbst, wenn die Tage kürzer wurden. Dann brach der Aushilfskellner mit seinen Kumpanen im belgischen Charlerois für einige Wochen seine Zelte ab und ging auf Einbruchstour – entweder nach Deutschland oder in die Schweiz, je nach Lust und Laune. Geld und Schmuck gab's überall zu holen. Für Milo und seine Kumpels war der Herbst daher die goldene Jahreszeit. Auch wenn sie an ihre Roma-Clanchefs einen Teil der Beute abgeben mussten, reichte es, um die eigene Familie monatelang durchzubringen, es reichte zum Zocken – und um der Geliebten teure Geschenke zu machen.

Milos Freundin, die ihn in Köln beherbergte, wenn er einen neuen Streifzug an Rhein und Ruhr plante, war eine Frau mit feurigem Temperament. Irgendwann merkte sie, dass ihr Freund nebenbei auch noch eine Familie hatte: zwei kleine Kinder samt Gattin, die obendrein gerade wieder schwanger war. Wutentbrannt schwärzte die Geliebte ihren Freund bei der Kölner Polizei an. Milo sei ein Serieneinbrecher, der immer am späten Nachmittag zu seinen Klautouren aufbreche, berichtete die rachsüchtige Dame.

Die Polizei bildete eine Sonderkommission, Mitte Dezember 2010 erwischten die Ermittler den Mittdreißiger in einer fremden Wohnung; seine Komplizen konnten rechtzeitig flüchten. Laut Erkenntnissen der SOKO hatte Milo Dutzende von Einbrüchen begangen. Dem Familienvater drohte eine lange Haftstrafe.

Grund genug, sich mit einem Geständnis einen Rabatt zu erkaufen – möchte man jedenfalls meinen. Nicht aber bei Leuten wie Milo. Mehr noch als das Gefängnis fürchten sie die Rache der Sippen-Ältesten. Wer singt, so berichtete mir ein Strafverteidiger, der häufig Roma-Einbrecher vertritt, der muss mit drakonischer Vergeltung rechnen.

Normalerweise schweigen diese Ganoven also, die meist in Charleroi, Lüttich oder Straßburg zu Hause sind. Umso überraschender war für die Kripo, dass Milo nach sechsmonatiger Untersuchungshaft dann doch auspackte und dabei tiefe Einblicke in das Innere der Einbrechersippen gewährte. Sein Motiv: Er wollte nicht allein für alle Taten büßen. Schließlich sei man ja zu dritt unterwegs gewesen, meinte er. Zudem habe sein flüchtiger Kumpel »Ane« sein Versprechen gebrochen, sich um seine Familie zu kümmern. Seine Frau erwarte zu Hause in Charleroi das dritte Kind und stehe ohne Geld da, klagte der Aushilfskellner. Zu Hause wüssten alle, »dass wir Diebe sind und klauen gehen«, so Milo. »Im Oktober, November wird eine Gruppe gesucht, und man geht einbrechen.« Ein Kumpel habe zunächst die Schweiz als Zielgebiet vorgeschlagen, ein anderer aber Deutschland, »weil er dort die Häuser kannte«. Köln sei sehr beliebt, allein schon wegen der Nähe zu Belgien, aber auch wegen der »reichen Häuser«, wie Milo meinte – das habe ihm ein Freund gesagt. Dafür stehe dem Tippgeber ein Anteil an der Beute zu.

»Wie soll der Informant denn überprüfen, wo Sie überall eingebrochen sind?«, wollte der Vernehmungsbeamte wissen. Antwort: »Dies ist so bei Roma, weil man im Anschluss an die Taten in der Kirche auf seine Kinder schwören muss, in welche Häuser man eingebrochen ist und wie viel man rausgeholt hat.«

Für ihre Beutezüge meldete die Bande über einen Strohmann Autos an. Um keine Spuren zu hinterlassen, stülpten sich die Täter Handschuhe über. Ihre Billigschuhe warfen sie nach den Brüchen weg. Auf diese Weise wollten sie vermeiden, verräterische Fußabdrücke zu hinterlassen. Häufig reinigten Milo und seine Komplizen auch den Wagen von DNA-Spuren. Die Beute – meist Goldschmuck – verscherbelten die Verbrecher an Hehler in Antwerpen für 28 Euro das Gramm. Nie habe man etwas mit ins Hotelzimmer genommen, sondern alles in einem Erdbunker nahe einem Kölner Pferdehof vergraben.

Bei der Auswahl der Objekte spielte oft auch der Zufall eine Rolle. In der Regel sei man mit dem Auto kreuz und quer gefahren: »Wir haben mal rechts, mal links geschaut.« Dann habe einer wo geklingelt. »Wenn sich dort jemand gemeldet hat, haben wir es eben im Nachbarhaus versucht.«

Nicht jede Tat, die ihm die Ermittler zuordneten, räumte Milo ein. Schließlich gebe es »jede Menge Roma-Gruppen, die überall einbrechen gehen«, sagte er. Letztlich konnten ihm knapp 30 Fälle nachgewiesen werden. Einen Monat später wurde er zu sechs Jahren Gefängnis verurteilt.

Willkommen im Einbrecherparadies Deutschland. Seit Jahren klettern die Zahlen. Die Kriminalstatistik registrierte für 2012 mehr als 144 000 Fälle. Alle vier Minuten stieg irgendwo in Deutschland ein Verbrecher in eine Wohnung oder ein Haus ein. Das bedeutete ein Plus von 8,7 Prozent im Vergleich zum Jahr 2011. Der Versicherungsschaden lag bei 470 Millionen Euro. Im ersten Halbjahr 2013 ist in NRW die Zahl der Wohnungseinbrüche um 4 Prozent auf über 30 500 gewachsen – 1200 Fälle mehr als im Vorjahreszeitraum.

Die Aufklärungsquote ist miserabel: Die Kripo löst nur

jeden siebten Fall. Einen Grund hierfür sehen die Experten in den Einsparungen der Bundesländer, wie die *Welt am Sonntag* (*WamS*) im Mai 2013 berichtete. Das führt zu einer stetig sinkenden Quali- und Quantität der Kriminalpolizei in den Metropolen. So wurden etwa viele Einbruchskommissariate personell ausgedünnt.

Der Bund Deutscher Kriminalbeamter (BDK) bezeichnete Deutschland deshalb schon als »Eldorado für Einbrecher«. Der Vorsitzende André Schulz sagte der *WamS*: »Die Täter gehen weiterhin glücklichen Zeiten entgegen.« Fast überall fehle kriminalistisch ausgebildetes Personal für eine »qualifizierte Tatort-, Ermittlungs- und Analysearbeit«. Einen Großteil der Einbrüche würden Banden verüben, »doch unseren Beamten bleibt oftmals nur der polizeiintern sogenannte Beileidsbesuch bei den Geschädigten und die statistische Erfassung der Tat«, klagte Schulz. Die Landesinnenminister hätten aus der früher leistungsfähigen Kriminalpolizei eine »Einheitspolizei« gemacht. »In einigen Bundesländern gibt es gar keine klassische Kripo mehr. Das wissen aber nur die wenigsten. Die Rechnung für diesen Irrsinn zahlen jetzt die Bürger.«

Mit seiner Kritik zielte der BDK-Chef unter anderem auf die miserablen Zustände in Nordrhein-Westfalen. Im bevölkerungsreichsten Bundesland hat – nicht zuletzt dank der mächtigen Gewerkschaft der Polizei (GdP) – heutzutage jeder Schutzpolizist weitaus bessere Karrierechancen als sein Kollege bei der Kriminalpolizei. Das liegt vor allem daran, dass nach bestimmten Personalschlüsseln befördert wird. Früher verlief das Beförderungssystem ausgewogener, klagt der Bund Deutscher Kriminalbeamter (BDK). Die Karrierechancen bei der Kripo und den Uniformierten waren ähnlich groß. Das hat sich geändert: Die GdP verfügt über eine starke Lobby.

Das führt zu derart absurden Situationen, dass beispielsweise hochspezialisierte Kripoleute wie der Kfz-Ermittler Manfred Roggendorff von seinem Kommissariat rüber zur Einsatzhundertschaft wechseln musste, um den nächsthöheren Dienstrang zu ergattern. Die Folge: Die Kripo verliert einen versierten Kriminalisten, und die Schutzpolizei bekommt einen völlig unerfahrenen Einsatzleiter, der mit seinen Leuten mehr schlecht als recht gewalttätige Demonstranten oder Krawallmacher bei Fußballspielen in Schach halten soll. Das verstehe, wer will.

Schlimmer noch: Die Polizeigewerkschaftler haben auch die Einheitsausbildung durchgedrückt und die nordrhein-westfälische Landesregierung dazu gedrängt, den mittleren Dienst abzuschaffen und nur noch Abiturienten mit dem Prädikat »Gehobener Dienst« einzustellen. Diese Polizei-Azubis absolvieren ein dreijähriges Studium an der Fachhochschule für Verwaltung. In diversen Modulen lernen sie vieles über Staatsbürgerkunde, Straßenverkehrsrecht und so weiter, aber nicht allzu viel über die kriminalistische Arbeit. Nur wenige Wochen dürfen sie in einem Kommissariat hospitieren oder auch mal bei der Lösung eines Einbruchsfalls behilflich sein.

Nach dem Examen kommen allerdings nur die wenigsten zur Kripo. Das Gros füllt die Einsatzhundertschaften auf, und erst nach ein oder zwei Jahren wechseln die meisten zum Streifendienst. Da aber die Beförderungschancen bei den uniformierten Ordnungshütern vielversprechender sind, melden sich immer weniger freiwillig zur Kriminalpolizei. »Und den Leuten, die wir kriegen, müssen wir mühsam das kleine Einmaleins der Kriminalistik beibringen«, schimpfte ein Dienststellenleiter während einer Pause bei einer BDK-Tagung. Bei Mord-Dezernaten, OK-Dienststellen und Kommissariaten zur Bekämpfung von Wirtschaftskriminalität oder Korruption dauere es Jahre, bis man die Novizen zu geeigneten Ermittlern ausgebildet habe. »Und dann wechseln viele in andere Dienststellen, weil dies von oben so verlangt wird, um seine vielseitige Verwendbarkeit zu demonstrieren. Der totale Blödsinn«, empörte sich der Hauptkommissar, der lieber anonym bleiben will. Der Mann hat recht.

Das Kriminalitätsranking 2011 des BKA verzeichnet sieben der zehn schlimmsten Einbrecherhochburgen in der Region zwischen Rhein und Ruhr.[39] Ganz oben steht Recklinghausen, auf Platz drei und fünf rangieren Düsseldorf und Köln. 14 Einbrüche täglich meldet die Domstadt, wobei die Polizei gerade mal sechs Prozent der Einbruchsdelikte aufklärt. Jedes Jahr aufs Neue meldet das BKA neue Horrorwerte für die großen Metropolen Nordrhein-Westfalens, und jedes Jahr aufs Neue verharmlosen die jeweiligen Polizeipräsidenten und Stadtvorsteher im bevölkerungsreichsten Bundesland der Republik das Problem.

Mitunter grenzen solche Erklärungsversuche ans Absurde. Kölns Polizeipräsident Wolfgang Albers (SPD) reagierte sichtlich genervt auf die Veröffentlichung der miesen Bilanz für seine Stadt. Albers ließ Heidemarie Wiehler, Vizechefin der Direktion Kriminalität der Polizei Köln, erklären: »Köln als Eventstadt, mit seinen Großveranstaltungen wie zum Beispiel Karneval, Christopher Street Day und zahlreichen Weihnachtsmärkten sowie dem Dom«, sei ein Touristenmagnet im Rheinland und somit ein bevorzugtes Betätigungsfeld für international tätige Banden und reisende Täter. »Tragen also die Homosexuellen und die Weihnachtsmänner Schuld am hohen Verbrechensaufkommen? Karneval, Messen, Sportevents haben andere Städte auch – aber keinen so großen Dom«, ätzte daraufhin *Die Welt*.

Als Rheinländer weiß man, dass die Kölner sehr stolz auf ihre Stadt sind, aber mit dem Sinn für Realitäten etwas auf Kriegsfuß stehen – das gilt nicht nur für die geplagten Fußballfans des 1. FC, sondern mitunter leider auch für ihre

Polizeipräsidenten, die bereit sind, die Kriminalstatistik der viertgrößten Stadt Deutschlands schönzureden. Solche Leute sollten sich einmal die Mühe machen, zum Vergleich einen nüchternen Blick nach München, der drittgrößten deutschen Metropole, zu werfen. Die bayerische Landeshauptstadt zählt nicht nur zu den sichersten Städten mit den höchsten Aufklärungsraten, sondern die bayerische Landesregierung leistet sich auch mehr Polizeibeamte auf den Straßen und in den Kriminalkommissariaten. Und niemand wird ernsthaft behaupten, auf der Münchner Messe oder auf dem Oktoberfest sei weniger los als am Rhein.

Der Innenminister in Düsseldorf aber will davon nichts hören. Das auffällige Nord-Süd-Gefälle erklärt er mit der weitaus geringeren Zahl großer Städte in Süddeutschland. Je mehr Ballungsräume, desto höher die Verbrechensrate, lautet seine Gleichung. Eine simple und unsinnige Rechnung. Denn zwei Dinge lässt die NRW-Landesregierung außer Acht: Erstens bilden die Bayern immer noch getrennt zwischen Schutz- und Kriminalpolizei aus, wodurch der kriminalistischen Arbeit ein weitaus höherer Stellenwert zukommt. Zweitens gibt es dort neben dem gehobenen Dienst immer noch den mittleren Dienst. Angehörige letzterer Gehaltsgruppe verdienen zwar nicht so viel wie die NRW-Kollegen, allerdings braucht dort auch nicht jeder das Abitur, um Verbrecher zu jagen. Und noch ein weiterer Vorteil kommt zum Tragen: Wegen der geringeren Personalkosten kann sich der Freistaat mehr Polizisten leisten.[40]

All diese Vorteile erklären, warum der Süden der Republik derzeit viel sicherer ist als der Westen – insbesondere, wenn es um Massendelikte wie Einbruch und Diebstahl geht. Vergleicht man die Zahl der Einbrüche im Jahr 2011 der Millionenstadt München (1035 Fälle) und des etwas kleineren Köln (über 5000 Taten), so wird deutlich, dass die Rheinmetropole in Sachen Eigentumsdelikte in der Champions League spielt, während München in der Landesliga herumdümpelt. Im wahren Fußball und bei der Aufklärungsquote ist es eher umgekehrt. Da schafften es die Domstädter gerade mal auf 6,4 Prozent im Jahr 2011, die Hamburger lösten nur jeden zehnten der 7094 Fälle auf (7,7 Prozent); die Münchner kamen immerhin auf zehn Prozent.[41]

Bei den absoluten Zahlen war Berlin (3,5 Millionen Einwohner) mit 12 291 Taten und einem Zuwachs von mehr als 11 Prozent im Jahr 2012 bundesweiter Spitzenreiter. Das heißt, auf je 100 000 Einwohner kamen hier zirka 349 Einbrüche; in Köln waren es knapp 100 Fälle mehr pro 100 000 Bürger. Das machte Platz drei im Vergleich der deutschen Einbrecherhochburgen.

Die Schwemme an Einbruchsdelikten führt inzwischen dazu, dass die meisten Taten an Rhein, Ruhr, Spree oder Elbe ohne weitere Ermittlungen zu den Akten gelegt werden. Proteste der Opfer sind eher selten, obschon gerade diese Menschen durch solche Erlebnisse mitunter jahrelang traumatisiert werden. Denn »My home is my castle«, sagt der Brite, und genauso verhält es sich auch: Schließe ich die Tür hinter mir, beginnt meine eigene intime Schutzzone, meine Trutzburg, mein Heim, mein Nest, das ich mir gebaut habe – und das bei einem Einbruch plötzlich irgendein Fremder niedertrampelt, entehrt, beschmutzt. Und wer weiß schon, ob er nicht noch einmal wiederkommt, ob er ein weiteres Mal alle Schubladen und Schränke durchwühlt, überall hinlangt, alles anfasst, sich mit meinen intimsten Dingen befasst.

Viel schlimmer als der Diebstahl von Bargeld, Schmuck oder Flachbildschirmen wiegt bei vielen geschädigten Haus- und Wohnungsbesitzern der Verlust des Sicherheitsgefühls, der Geborgenheit in den eigenen vier Wänden. Aus vielen Gerichtsverhandlungen weiß ich, dass Opfer von Wohnungseinbrüchen unter dem Eingriff in ihren persönlichen Bereich besonders leiden und viele von ihnen, insbesondere Frauen, fortan mit plötzlichen Angstattacken und Schlaflosigkeit zu kämpfen haben. Völlig entnervt ziehen viele aus ihren Wohnungen aus, weil sie es dort nicht mehr aushalten. Einige Opfer haben jegliches Vertrauen in ihre persönliche Sicherheit verloren und kommen über das Eindringen in ihre Privatsphäre ihr Leben lang nicht hinweg. Der Wohnungseinbruch ist deshalb keineswegs nur ein marginaler Punkt in der Kriminalitätsstatistik, sondern zieht gravierende seelische Blessuren nach sich, die auch durch Schadenersatzzahlungen der Versicherungen nicht geheilt werden können.

Köln galt und gilt als zentrale Anlaufstelle für Einbrecherbanden insbesondere aus Südosteuropa. Hier verfügen die Gruppierungen über konspirative Wohnungen, die von Statthaltern angemietet werden. So hausen etwa in einer Vier-Zimmer-Wohnung manchmal 30 oder 40 Gauner, die von dort aus ihre Diebeszüge in NRW und in die angrenzenden Bundesländer starten. Die Logistiker liefern den Banden Tipps für lohnende Zielobjekte. Zugleich stellen sie Kontakte zu deutschen Hehlern her, die das Diebesgut später ankaufen. Daneben reisen Banden aus den Beneluxstaaten, Ex-Jugoslawien, Bulgarien oder Rumänien manchmal für eine begrenzte Zeit gezielt an den Rhein, um vor allem in der Einbruchssaison »ihrer Arbeit« nachzugehen.

In der OK-Abteilung, die ich bis Ende März 2012 geleitet habe, gingen die bandenmäßigen Einbruchsdelikte und Taschendiebstähle zu weit mehr als 50 Prozent auf das Konto von Roma und Rumänen. Diese Banden arbeiten überregional, sind äußerst beweglich, fahren von einer Stadt zur anderen und grasen ganze Straßenzüge nach lohnenden Objekten ab.

Die Herkunft der Täter beim Namen zu nennen, kommt

allerdings einem Tabubruch gleich. Als ich Mitte 2012 in einem Gespräch mit dem *Focus* auf die Provenienz der Gauner hinwies, durfte dieses Interview, wie eingangs erwähnt, nur mit dem Zusatz erscheinen, dass diese Äußerungen ausschließlich meine persönliche Meinung darstellten. Meine Vorgesetzten wollten sich nicht in die Nesseln setzen. Die Gründe hierfür liegen in der deutschen NS-Vergangenheit, in der auch die Roma auf grausame Art und Weise verfolgt und in den Konzentrationslagern Hitlers ermordet wurden. Mir geht es aber gar nicht darum, ethnische Minderheiten wie die Roma und Sinti oder etwa Rumänen, Bulgaren oder Serben zu stigmatisieren oder unter Generalverdacht zu stellen. Verfolgt werden von Polizei und Justiz nur Straftäter. Deren Staatsangehörigkeit, Ethnie, Bildung und Hautfarbe dürfen hierbei keine Rolle spielen. Dass aber insbesondere bei Taschendiebstählen und Wohnungseinbrüchen die Diebe nun einmal aus bestimmten Bevölkerungsgruppen stammen, darf nicht verschwiegen werden. Bei den Einbrechern und Dieben handelt es sich meist nicht um Einzeltäter, sondern um organisierte Banden, die gezielt vorgehen.

Bei unseren Nachforschungen stießen wir etwa auf Clanchefs aus dem rumänischen Sibiu oder der Slowakei, die ihre jungen Männer, Frauen und Kinder nach Westeuropa schickten, um sich dort an fremdem Eigentum zu vergreifen. Dass hierfür wiederum vor allem die wirtschaftlichen Bedingungen der Herkunftsländer eine entscheidende Rolle spielen, ist auch klar – aber das entschuldigt in meinen Augen nichts und weist nur darauf hin, dass den Leuten vor Ort eine bessere Perspektive geboten werden müsste, damit sie nicht klauend durch fremde Länder fahren.

Diesen Umstand zu verschweigen hieße, einfach die Augen vor der Realität zu verschließen. Allerdings belässt es die hiesige Politik eher beim Jammern über die schlimmen

Zustände, anstatt zu handeln. Über die EU müssten Bund und Länder stärker Druck auf die Herkunftsstaaten der Diebesbanden ausüben, um dem Phänomen wirksam zu begegnen. Auch die Beneluxnationen müssten mehr tun, um dem Einbruchstourismus gen Deutschland einen Riegel vorzuschieben. Solange aber die Banden ihre Quartiere in Belgien oder Holland einzig als Ruckzugsräume nutzen, drücken unsere Nachbarn eher mal ein Auge zu. Auch hier zeigt sich: Der Weg zur europäischen Solidargemeinschaft ist noch weit. Und somit bleibt der Herbst des Jahres die Hochzeit der Diebe.

Bereits Ende der 90er machten uns Banden aus dem ehemaligen Jugoslawien schwer zu schaffen. Damals hatten wir es insbesondere mit Berufsverbrechern und ehemaligen Soldaten sowie Söldnern des Balkankrieges zu tun. Es war quasi ein »Konzern der Diebe«, der uns da entgegenströmte. Wie ein Unternehmen unterhielt etwa ein serbisches Verbrechersyndikat diverse Abteilungen: Morde, Sprengstoffanschläge gegen Konkurrenten, Raubüberfälle auf Juweliere und ganze Serien von Einbrüchen zählten zum Repertoire der Organisation.

Seinerzeit gab es noch kein Verbot der Vorratsdatenspeicherung, sodass wir anhand der Handydaten genaue Bewegungsbilder dieser »Verbrecher AG« erstellen konnten. Damals mussten die Telefonanbieter die Verbindungsdaten drei Monate lang speichern. Die Erkenntnisse halfen uns, die Profi-Diebe zu überführen. So konnten wir für einen Zeitraum von drei Monaten der Spitzenkraft der Einbrecherriege über 100 Taten nachweisen. Die Polizei verglich jeweils die Orte, in denen sich der Verdächtige zu einem bestimmten Zeitpunkt mit seinem Handy eingeloggt hatte, mit den Tatorten. Nur auf diese Weise konnten wir im späteren Prozess die Tat dem jeweiligen Einbrecher zuordnen.

Heute wäre so etwas nicht mehr möglich, da die Netzbetreiber die Telefonverbindungsdaten seit einem entsprechenden Urteil des Bundesgerichtshofs 2010 nicht mehr vorhalten müssen.[42] Und solange das Bundesjustizministerium keine Anstalten macht, dies zu ändern, bleiben die OK-Ermittler auf diesem Auge blind. Ergebnis: 1:0 für das organisierte Verbrechen.

Ein Bonmot noch am Rande: Der damalige Haupttäter namens Mile Radovic kassierte fünf Jahre Freiheitsstrafe wegen 100 Fällen. Als das Urteil gesprochen war, ging ich auf ihn zu. »Das war doch nicht alles, oder?«, fragte ich ihn leise. Mit gedämpfter Stimme raunte der Mann mir zu, er habe allein binnen drei Monaten 1000 Wohnungseinbrüche begangen. »Aber«, grinste er, »ob 100 oder 1000, was macht das schon? Knast ist Knast.«

Tja, was macht das schon ... Die serbische Klau-Bande ließ sich durch solche Rückschläge nicht beirren. Die Männer schienen zu allem bereit, und wir ermittelten weiter. An Rosenmontag 1999 versuchten einige Bandenmitglieder den Karnevalstrubel zu nutzen und einen Juwelier auszuplündern. Über die Telefonüberwachung hörten wir mit und schickten ein Spezialeinsatzkommando hinein, um die Gangster abzufangen. Bald darauf, Anfang März, schoss Boris Kara, einer der Anführer der Gang, in einer Kölner Kneipe einen Gast nieder, weil der ihn beleidigt hatte.

Das reichte. Wir konnten nicht länger im verdeckten Bereich ermitteln – diese Leute waren wandelnde Zeitbomben: leicht reizbar, schwer bewaffnet und zu allem bereit.

Am 30. März 1999 standen morgens um acht Uhr SEK-Beamte vor Karas Apartment. Mit einer Ramme brachen sie die Tür auf, stürmten hinein – und merkten dann erst, dass sie die falsche Wohnung auf der Etage ausgewählt hatten ...

Von dem Krach wachte Kara auf und begann sofort durch seine Wohnungstür zu feuern. Eine Kugel traf einen SEK-Beamten in den Oberschenkel. Die Einsatzkräfte zogen sich zurück. Nun entwickelte sich ein stundenlanger Nervenkrieg. Der gesamte Wohntrakt wurde abgeriegelt, Haupt- und Nebenstraßen gesperrt. Manche Fotografen versuchten, sich bei Nachbarn einzuschleichen, um einen besseren »Schuss« auf die Wohnung des Täters zu bekommen. Als das SEK-Kommando gegen 14 Uhr erneut zum Angriff ansetzte, beendete Kara das Ganze auf seine Weise: Der Gangster schoss sich eine Kugel in den Kopf.

Bei der Durchsuchung fand die Polizei ein Kilogramm Kokain von guter Qualität. Es war klar, dass die Bande auf allen Sektoren im Trüben fischte. Die holländische Filiale der Gang war auch im Falschgeld-, Waffen- und Rauschgifthandel tätig. Unsere Ermittlungen förderten zudem Hinweise auf einen Sprengstoffanschlag in Amsterdam zutage, bei dem eine junge Frau ums Leben gekommen war. Die niederländischen Kollegen hatten zunächst den Lebensgefährten des Opfers, einen gewissen Jerry, als Tatverdächtigen im Visier. Unsere abgehörten Telefongesprächen ergaben ein anderes Bild: Ein hochrangiger Gangster gab offen zu, dass nicht Jerry den tödlichen Sprengsatz angebracht habe. Im Gegemteil: Die Bombe war für Jerry gedacht, um ihn aus dem Wege zu räumen.

Der Fall begann immer komplizierter zu werden, ständig kam etwas Neues dazu. In Frankfurt etwa wurde ein hohes Bandenmitglied auf offener Straße erschossen. Die niederländischen Kollegen wiederum setzten zwei Bosse fest, die im August 1999 in Den Haag vier marokkanischen Drogenhändlern zwei Kilogramm Koks geraubt hatten.

Manche Ganoven hatten Wind von unseren Ermittlungen bekommen und konnten sich rechtzeitig absetzen. Dazu gehörte auch eine der Schlüsselfiguren namens Stipe Mesic. Er war ein Meister der Tarnung und schlüpfte durch alle Netze, die wir ihm gestellt hatten: Das war ärgerlich, und zu allem Überfluss veröffentlichte im Rahmen der Fahndung nach Mesic eine Boulevardzeitung unter dem Titel »Der gesuchte Bandenchef« mein Konterfei. Ein Versehen, gewiss. Anfangs aber war ich stinkesauer, nicht zuletzt, weil die Kollegen natürlich einen Witz nach dem anderen rissen. »Bülles – Wanted« war nur einer der launigen Sprüche, die mir damals entgegenschallten.

Ein Fax des Rechtsanwalts Henning Haus aus Köln besserte meine miese Laune erheblich:

Deckname »Ede« oder »Egbert« (?)
Sehr geehrte Damen und Herren!
Mit der Bitte um die Zusicherung von Vertraulichkeit wegen der aus dem Zeitungsbericht vom 15. 04. 2000 zu folgernden Gefährlichkeit der abgelichteten Person möchte ich folgenden Hinweis geben: Die Person befindet sich jedenfalls nicht mehr in der Hand der Polizei, wie die Zeitung behauptet, sondern ist untergetaucht. Zuletzt bewegte sie sich am gestrigen Tage ungeniert unter tausenden von nichtsahnenden Stadionbesuchern. Die Person tarnt sich als harmloser FC-Anhänger.
Der Unterzeichner könnte Ihnen – nur gegen eine fette Belohnung – den genauen Aufenthaltsort der Person verraten.
Mit freundlichen Grüßen
Jux
Rechtsanwalt

Doch Spaß beiseite: Das Einbruchsgeschäft ist das Massendelikt Nummer eins. Ein zusätzliches Drehmoment erfährt dieser Klassiker der organisierten Kriminalität durch die immens gestiegenen Metallpreise. Neben Kleinkriminellen verschreiben sich deswegen auch immer mehr Profis vom Balkan dem Diebstahl von Stahl, Kupferrollen, Eisenbahnschienen oder Stromleitungen – mitunter direkt von Bahnstrecken.[43] Der Metallklau führt zu erheblichen Störungen im Zugverkehr. Die verspäteten Züge kosten die Deutsche

Bahn weitaus mehr als den Verlust von einigen Metern Elektrokabel.

Aber auch Materiallager und Baustellen sind für diese Gauner beliebte Klaureviere. Der Kölner Polizei gelang es im Frühjahr 2012 nach langwierigen, verdeckt geführten Ermittlungen, eine achtköpfige Bande von Rumänen zu überführen, die in Köln, Bitburg, Heinsberg sowie in Kirchheim am Neckar und anderen Orten Süddeutschlands bei Firmen eingebrochen waren, um dort Metall abzugreifen. Bei ihrem ersten Einbruch in Euskirchen auf einem Areal der Deutschen Bahn stahlen die Gangster Material im Wert von 100 000 Euro. Insgesamt erzielten sie bei ihren Touren eine Beute im Wert von einer Million Euro, die sie bei deutschen Hehlern verscherbelten.

Die Bahn setzt neuerdings im Kampf gegen die Diebe auf den Einsatz sogenannter künstlicher DNA. Dabei wird das Metall mit einer unsichtbaren flüssigen Substanz markiert, die lesbar ist und die Täter, auf deren Händen ebenfalls Spuren davon zurückbleiben, vom Verkauf des gestohlenen Metalls abschrecken soll. Auf Bahnstrecken im Rheinland hat der Schienenkonzern Schilder mit der Warnung aufgestellt: *Achtung – unsichtbare Markierungen! Die künstliche DNA führt zum Täter und macht Metalle unverkäuflich!* Dass diese Warnschilder die Ganoven tatsächlich abschrecken, erscheint mir eher zweifelhaft. Denn die DNA-Labore der Landeskriminalämter sind völlig überlastet. Jeder Fall, der nicht das Prädikat »Eilt« trägt, bleibt mindestens ein halbes Jahr liegen, ehe er bearbeitet wird. In Berlin zum Beispiel warten im Schnitt 8000 DNA-Spuren von Einbruchstaten über Monate darauf, analysiert zu werden.

Eine besondere Spezialität der Balkanbanden ist der Einsatz von »Klaukindern«: Jungen und Mädchen, Jugendliche und Heranwachsende, die für kriminelle Roma-Familien oder rumänische Bandenchefs die Drecksarbeit verrichten müssen. Die Jungdiebe ziehen in großstädtischen Einkaufszonen den Leuten die Portemonnaies aus der Tasche, oder sie schlüpfen durch offene Fenster in die Wohnungen und nehmen alles mit, was sich schnell versilbern lässt. Die Beute liefern die Jungen und Mädchen überwiegend an die Familienoberhäupter ab, die es meist am Spieltisch verzocken oder bei anderen windigen Geschäften einsetzen.

Altersgrenzen gibt es hier leider nicht. In Berlin ging der Kripo jüngst eine neunjährige Profi-Diebin ins Netz! Und da Kinder hierzulande bis zum 14. Lebensjahr straffrei ausgehen, kommen die kleinen Langfinger nach ihrer Festnahme meist gleich in ein Kinderheim. Stunden später büxen sie wieder aus und machen dort weiter, wo sie aufgehört haben.

Bei den Auftraggebern der Kinder spielt das Kalkül eine Rolle, dass der Nachwuchs unter 14 wegen seines strafunmündigen Alters nicht zu belangen ist. Aber auch Teenies unter 18 kommen meist günstig davon – kaum ein Jugendrichter wird sie hart bestrafen. Das gilt sogar für Heranwachsende im Alter zwischen 18 und 21, obschon hier der Gesetzgeber auch eine härtere Gangart nach dem Erwachsenenstrafrecht zulässt.

So ist es zumindest im westlichen und nördlichen Teil der Republik bis nach Berlin. In Süddeutschland sieht es meist anders aus. Hier lassen Richter einen Seriendieb schon mal ein paar Monate bis zum Prozess in Untersuchungshaft schmoren, selbst wenn er noch keine 21 Jahre alt ist. Auch führen ihre Schuldsprüche oft zu weitaus schärferen Strafen.

Dieser harte Kurs schreckt die Bosse der Klaukinder nachweislich ab. Die Sippenvorsteher sind rechtlich so bewandert, dass sie die »Tarife« in den jeweiligen Bundesländern genau kennen. So haben mir Profi-Einbrecher aus Roma-Sippen bei Vernehmungen erklärt, dass sie Bayern und Baden-Württemberg grundsätzlich mieden, weil die dortigen Richter regelmäßig auch Jugendstrafen ohne Bewährung verhängen würden. »Deshalb fahren wir meist nach Köln und Umgebung«, gestand mir ein Gauner. Die Sozial- und Ausländerämter seien hier viel netter, die Stütze werde problemlos gezahlt. Hinzu kommt eine Armada von Anwälten, die sich auf die Verteidigung dieser Klientel hier und andernorts in der Republik spezialisiert hat. Und wenn das nicht hilft, kann man sich im Fall von Festnahmen der Unterstützung entsprechender Hilfsorganisationen in der Domstadt sicher sein. In etlichen Fällen versuchten interessierte Kreise bereits, auch die Kölner Staatsanwaltschaft unter Druck zu setzen, um eine angemessene Strafverfolgung zu verhindern.

So etwa im Mai 1990: Die Übergangsheime der Stadt Köln waren seinerzeit mit Roma-Familien aus dem ehemaligen Jugoslawien völlig überfüllt. Knapp 5400 Flüchtlinge musste die Rheinmetropole notdürftig unterbringen, das Gros fiel unter die Kategorie der »unerlaubt angereisten Ausländer«. Die Zahl der Taschendiebstähle und Wohnungseinbrüche war damals um das Doppelte im Vergleich zum Vorjahr gestiegen. Die Anwohner gingen auf die Barrikaden wegen der steigenden Zahl von Einbrüchen und Belästigungen.

Als Diebe traten dabei regelmäßig Kinder aus Roma-Clans in Erscheinung. Diese hatten sich nicht nur auf den Touristennepp spezialisiert, sondern brachen mit Hilfe eines Schraubenziehers auch in Häusern oder Wohnungen ein. Falls die Polizei die strafunmündigen Jungen und Mädchen auf frischer Tat ertappte, durfte sie nur die Personalien feststellen und die minderjährigen Diebe an Einrichtungen des Jugendamtes übergeben. Ein Sprössling wurde auf diese Weise fast 40-mal innerhalb von drei Monaten bei Diebstählen ertappt; ein anderes Kind erwischte die Polizei an einem einzigen Tag gleich zehn Mal! Der Weg nach draußen war fast immer derselbe: Entweder tauchten beim Jugendamt angebliche Verwandte auf, um die Kinder abzuholen, oder die kleinen Gauner stiegen im Kinderheim bei nächster Gelegenheit aus dem Toilettenfenster.

Die Polizei brachte schließlich einen der Hintermänner zum Reden: Demnach war ein Großteil dieser Kinder aus Roma-Quartieren in Serbien entführt und über Italien und Frankreich nach Deutschland gebracht worden, um sie hier als Diebe einzusetzen. Man bläute ihnen ein, dass sie »lieb sein« sollten – alles sei o.k., wenn sie ausreichend Beute machten. Die Jungen und Mädchen wurden dabei regelrecht zum Diebstahl abgerichtet, und ihre »Lehrer« trichterten ihnen per Rollenspiel ein, welche Angaben sie nach einer Festnahme gegenüber der Polizei und dem Jugendamt zu machen hatten.

Nun wussten wir mehr und wollten nicht wieder die üblichen Fehler begehen. Um also zu verhindern, dass wie üblich ein Erwachsener mit falschen Ausweisen die Kinder auslöste, wurden die ertappten Diebe auf Antrag der Staatsanwaltschaft von einem Vormundschaftsrichter in die Obhut eines geschlossenen Heimes gegeben. Nur dort waren die Klaukinder vor ihren Peinigern sicher.

Hinter den Kulissen entbrannte daraufhin aber ein völlig abstruser Streit über unser Vorgehen. Der Kölner Stadtdezernent Lothar Ruschmeier (SPD) verlangte von uns, die Kinder sofort freizulassen. In den Disput mischte sich auch bald die Landesregierung ein. Während das Arbeits- und Sozialministerium die Ansicht vertrat, die »Klaukinder« dürften nicht von der Stadt verwahrt werden, erhielt die Staatsanwaltschaft Rückendeckung vom Justizministerium.

Unterdessen richtete die Polizei eine spezielle Ermittlungskommission ein. Von unserer Seite schalteten sich zwei Staatsanwälte der OK-Abteilung ein. 1200 Polizeibeamte durchsuchten bald darauf den Lagerplatz »Schiffhof«, der als Hauptquartier der Clans galt, und stellten Bargeld und Diebesgut im Wert von umgerechnet einer halben Million Euro sicher. Sechs Beschuldigte wurden verhaftet.

Die Razzia rief einen Aufschrei der Empörung bei einigen Verteidigern und der Hilfsorganisationen hervor. Mit massiven Androhungen von Zivilklagen und Strafanzeigen sowie Rassismus-Vorwürfen wurde versucht, die Staatsanwälte bei ihrer Ermittlungstätigkeit zu bremsen – allerdings erfolglos.

Die weiteren Ermittlungen bestätigten, dass es sich hier um einen Paradefall organisierter Kriminalität handelte. Die Männer der Clans zwangen Kinder mit Schlägen, Drohungen und Nahrungsentzug zum Klauen. Sie brachten ihre »Zöglinge« zu den Tatorten und übernahmen von ihnen danach die Beute, die sie an Hehler veräußerten. Sobald die Kinder mehrfach bei Einbrüchen aufgeflogen waren, wurden sie in anderen Stadtbezirken eingesetzt.

Insgesamt hatte die Diebesbande allein Hunderte von Einbrüchen begangen. Die Staatsanwälte erhoben aus prozessökonomischen Gründen allerdings nur wegen 100 Straftaten sowie der Bildung einer kriminellen Vereinigung Anklage.

Bemerkenswerterweise kritisierte der Vorsitzende Richter bei der Urteilsverkündung seinerzeit das Verhalten der Stadt Köln vor und während der Razzia. Das Rathaus hatte die Zusammenarbeit mit der Polizei nämlich verweigert. Kein Wunder, dass die Angeklagten in der Verhandlung freimütig vom Kölner Laissez-faire schwärmten. Die Stadt sei besonders großzügig; nirgends sei es so leicht gewesen, Beute zu machen, wie in der Rheinmetropole.

Da kann man als Strafverfolger manchmal schon an seinem Job verzweifeln. Und dennoch glaube ich bis heute meist immer noch daran, dass sich krumme Touren am Ende nicht auszahlen und dass gerade jene, die Kinder auf die eine oder andere Art missbrauchen – sei es seelisch oder körperlich und eben auch als Diebe wider Willen – am Ende ihre gerechte Strafe empfangen.

Ende der 90er Jahre erlebten wir die ganze Bandbreite menschlicher Abgründe. Der Fall der Klaukinder aus dem rumänischen Iasi taugte sogar zur Vorlage für einen Münchner *Tatort*-Krimi in der ARD. Dabei erscheint mir heute noch die reale Geschichte skurriler, brutaler und mieser als die fiktive Nacherzählung auf dem Bildschirm.

Anfang 1997 häuften sich im Großraum Köln die Taschendiebstähle. Klaukinder aus Rumänien langten vor allem in Gaststätten oder auf Märkten in die Taschen der Leute. Einige von ihnen waren echte Profis. Kühl und abgezockt griffen sie alles ab, was nicht niet- und nagelfest war. An guten Tagen ließen sie gut ein Dutzend Geldbörsen oder Schmuck mitgehen.

Bei Festnahmen brachten die Jungs und Mädels keinen Mucks über die Lippen. Ihre Auftraggeber hatten ihnen eingebläut, eisern zu schweigen. Notgedrungen brachte die Polizei die jungen Delinquenten in ein Jugendheim. Dort machten sich die Kinder frisch, aßen etwas – und zogen wieder von dannen.

Nach wenigen Wochen erwischten wir Viorel, 8, seinen Freund Amisoara, 10, und Georgetta, 18, auf frischer Tat. Nach längerem Zureden fassten sie endlich Vertrauen zu den Ermittlern und denunzierten ihre Bosse. Nach ihren Angaben pickte die Bande Kinder oder Jugendliche in den Elendsvierteln im rumänischen Iasi auf, »richtete« sie regelrecht zum Klauen ab und brachte sie illegal nach Deutschland, um hier für die Bosse Beute zu machen.

Die Kripo nahm daraufhin das Trio in Zeugenschutz und brachte es unter falschen Identitäten in einem Jugendheim unter. Fortan wurden die Kronzeugen 24 Stunden lang bewacht.

So begann eines der spektakulärsten Verfahren meiner Karriere. Zumal unsere Nachforschungen damals zu diplomatischen Querelen im deutsch-rumänischen Verhältnis führen sollten. Das lag vor allen Dingen an Edu Bauer. Der ehemalige preisgekrönte Kampfsportler und spätere Bodyguard in rumänischen Staatsdiensten war der Boss der Klaukinder von Iasi. Mit seiner Frau logierte er in einer stattlichen Villa im Rheinland. Zur Tarnung betrieb das Paar ein kleines Handelsunternehmen. Tatsächlich firmierte das Anwesen aber auch als Hauptquartier für die Diebeszüge der Jungen und Mädchen.

Die Bandenbosse beschafften sich den Nachwuchs aus den Kinderheimen der ostrumänischen Bezirkshauptstadt Iasi nahe der moldawischen Grenze. Dort hatte sich eine regelrechte Mafia gebildet, die Kinder für die Diebeszüge in Westeuropa rekrutierte. Manche lockten die Jungen und Mädchen mit einer Gewinnbeteiligung, andere kauften den Eltern einfach ihre Söhne oder Töchter ab. Einige entführten die Kinder und hielten sie fortan wie Sklaven. Besonderen Wert legten die Bandenchefs dabei auf Kinder mit blonden oder blondgefärbten Haaren, damit sie in Deutschland auf Wochenmärkten nicht wegen ihres südländischen Aussehens auffielen.

Die »Azubis« wurden zunächst mit Bussen nach Polen gebracht. Auf Märkten in Warschau und im Grenzgebiet mussten sie ihre Fertigkeiten so lange trainieren, bis sie das Portemonnaie auch mit verbundenen Augen aus einer Tasche ziehen konnten. Nach dem »Lehrgang« ging es nach Deutschland. Bosse wie Edu Bauer hatten sich hier ihre »Jagdgründe« aufgeteilt. Der Bandenchef brachte seine Diebe in fünf konspirativen Stadtwohnungen im Großraum Köln unter. Täglich kutschierte ein Fahrer die Minderjährigen in den Großraum Aachen, Bonn oder ins Ruhrgebiet. Pro Tag musste jedes Kind mindestens umgerechnet

1000 Euro als Beute nach Hause bringen, sonst setzte es Prügel. Die Bosse schickten gemeinsame Suchtrupps los, wenn einer ihrer Schützlinge weggelaufen war. Wie bei Fußballprofis zahlten die Bandenchefs für »Spitzenkräfte« hohe Ablösesummen. Die besten Klaukinder wurden wie kostbare Ware gehandelt.

Durch Telefonüberwachung bekamen wir mit, wie einer der jungen Cracks triumphierend prahlte, an einem Vormittag in Trier 8500 Euro erbeutet zu haben. Edu Bauer grunzte zufrieden in den Hörer. Zur Belohnung durfte der Junge umgehend »nach Hause« kommen.

So viel Großmut legten die Bosse aber nur selten an den Tag. Oft wurden die Kinder gequält oder tagelang ohne Essen eingesperrt, wenn sie in ihren Augen versagten, sprich abends nicht genug Beute in die Wohnung brachten. Unsere kleinen Kronzeugen schilderten Grausiges über die Zustände bei den Klaukinder-Banden in Berlin. Dort war ein Kind zu Tode geprügelt worden, weil es nicht den geforderten Tagesumsatz gebracht hatte. Die Leiche hatte man anschließend stillschweigend entsorgt. In einem anderen Fall soll einer der Bosse einen Jungen mit einem Baseballschläger niedergeknüppelt haben. Humpelnd musste das Opfer am nächsten Tag wieder auf Tour gehen.

Unsere verdeckten Ermittlungen erreichten schließlich einen außenpolitisch heiklen Punkt: Durch belauschte Telefonate erfuhren wir, dass die Bosse ihre Taschendiebe mit Passersatzdokumenten aus der rumänischen Botschaft in Bonn versorgten. Durch legale Ausweise wollte man Festnahmen bei Polizeikontrollen vorbauen.

Eines Tages folgte dann das Tüpfelchen auf dem i: Zwei Bandenchefs plauderten über einen hohen rumänischen Polizeiführer aus Craiova, der sie vor unseren Ermittlungen gewarnt habe. Für diesen Tipp hatte man dem Beamten im Gegenzug Autozubehörteile zukommen lassen.

Das war's – wir hatten genug erfahren. An einem frühen Morgen im Jahr 1998 wanderte das Ehepaar Bauer ins Untersuchungsgefängnis. Die Bandenchefs gaben rasch alles zu. Mehr noch: Die Bauers räumten sogar ein, zwei Diplomaten der rumänischen Botschaft geschmiert zu haben. Der Deal lautete: Falsche Ausweise für die Klaukinder gegen Geld und Geschenke. Ferner stießen wir auf Hinweise darauf, dass ein Pfleger in einer ungarischen Nervenheilanstalt Papiere entmündigter Patienten entwendet hatte. Die Pässe hatte er ungarischen Polizisten zugeschanzt. Die Ordnungshüter versahen die Ausweise daraufhin mit neuen Stempeln und Passbildern rumänischer Jungdiebe – der Tarnung wegen. Der diplomatische Eklat war vorprogrammiert.

Ich war mächtig geladen, als ich auf der Pressekonferenz im März 1998 das Podium betrat. Ohne Umschweife erzählte ich, wie rumänische Diplomaten sich zu Komplizen der Klaukinder-Banden gemacht hatten. Die Nachricht schlug in Bukarest wie eine Bombe ein und drohte sich zu einer ernsten diplomatischen Krise zwischen Rumänien und Deutschland auszuwachsen. Zeitgleich zur Pressekonferenz wurde nämlich am Abend in Leipzig die Buchmesse eröffnet, die dem Partnerland Rumänien gewidmet war und zu der dessen damaliger Staatspräsident Emil Constantinescu sein Erscheinen zugesagt hatte. Seine Exzellenz, so war zu hören, soll wenig erfreut gewesen sein über meine offenen Worte. Zumal einige Reporter auch noch herausbekamen, dass wir inzwischen die rumänischen Kollegen ersucht hatten, gegen den Polizeiabteilungsleiter im rumänischen Craiova, der unsere Ermittlungen verraten und mehrere Bandenchefs vor der Rückkehr nach Deutschland gewarnt hatte, ein Ermittlungsverfahren einzuleiten.

Der Fall war damit ein Politikum geworden. Wenige Tage später klopfte der rumänische Botschafter in Begleitung des Leiters der rumänischen Kriminalpolizei an meine

Bürotür. Die Besucher wollten aus erster Hand den Stand der Ermittlungen erfahren.

Anfangs blickte der Polizeigeneral aus Rumänien skeptisch drein. Nachdem wir aber einige belauschte Telefonate abgespielt hatten, legte sich sein Argwohn. Kurz darauf veranlasste er die Entlassung des Kripochefs in Craiova. Staatspräsident Constantinescu ordnete die Bildung einer Sonderkommission an, die dazu führte, dass die beteiligten Diplomaten in der rumänischen Botschaft in Bonn (ein Vizekonsul und ein Fahrer) umgehend in ihre Heimat abberufen wurden.

Die Bauers, die Dutzende Kinder zum Klauen gezwungen hatten, kamen indes mit einem blauen Auge davon. Drei Jahre Haft bekamen sie aufgebrummt – das war das Mindeste angesichts der gravierenden Vorwürfe. Als hätte er die harsche Kritik der Presse am folgenden Tag vorausgeahnt, prognostizierte der Vorsitzende Richter in seiner Urteilsbegründung, dass die »relative Milde wohl auf wenig Verständnis« stoßen werde, da die Bandenbosse überaus brutal rumänische Kinder zum Taschendiebstahl eingesetzt hätten. Aber hätten die Bauers nicht alle Netzwerke der rumänischen Klaukinder-Banden offenbart und alle schwarzen Schafe bei der rumänischen Botschaft und der Polizei genannt, hätten wir den Sumpf in Köln und Berlin nie trockenlegen können. »Quid pro quo« sagt der Lateiner – oder auf kölsch: »Gibst Du mir jet, kriegste jet.«

Für die mediale Kritik am gnädigen Urteil hatte ich dennoch vollstes Verständnis. Wobei man einräumen muss, dass die Justiz damals wie heute unter enormen personellen Engpässen litt. Und so gilt nach wie vor folgender Satz, den mein Chef, der Leitende Oberstaatsanwalt Schäfer, seinerzeit prägte: »Wir müssen heute mit unseren Personalressourcen ökonomisch umgehen. Wenn wir wollen, dass ein Täter uns Arbeitszeit erspart und zur Aufklärung von

Straftaten anderer beiträgt, dann müssen wir ihm dafür etwas geben. In diesem Fall war es für uns und auch im Sinne des Schutzes der Allgemeinheit wichtig, einer Krake möglichst viele Arme abzuschlagen.«

Bei allem Jagdeifer bleiben bis heute genug Arme übrig. Nach wie vor setzen Ganoven vom Balkan oder Roma-Sippen Kinder beim Taschendiebstahl oder Einbruch ein. In Berlin klagte zuletzt noch ein Kollege von mir über die zweistelligen Zuwächse bei Taschendiebstahl und Einbruch. Schuld seien vor allem professionellen Banden aus Bulgarien und Rumänien.

Mühsam versuchen die Hauptstädter, mit medizinischen Gutachten das wahre Alter ihrer jungen Delinquenten zu bestimmen. In vielen Fällen geben die ertappten Jungen und Mädchen nämlich ein falsches Alter an, wobei sie genau wissen, dass etwa in Italien die Strafmündigkeit mit 12 Jahren und in Deutschland erst mit 14 Jahren beginnt.

Ich bin auch kein Freund von geschlossenen Heimen für jugendliche Serientäter, wie es manche Politiker propagieren. Vielmehr sollten wir unsere Anstrengungen darauf konzentrieren, gegen die Hintermänner vorzugehen. Vor allen Dingen müssen wir an die Erziehungsberechtigten der Klaukinder ran – sofern sie hier leben. Der Gesetzgeber hat uns ausreichend Instrumente an die Hand gegeben, um »Rabeneltern« wegen der Vernachlässigung ihrer Fürsorge- oder Erziehungspflicht zur Verantwortung zu ziehen. Leider scheuen sich die Jugendämter und die Justiz allzu oft davor, diese Mittel kompromisslos zu gebrauchen.

Alt, gebrechlich und dement – das perfekte Opfer der Trickbetrüger

Karla ist das Paradebeispiel des Trickbetrügers. Karla ist 30 Jahre alt, eine junge Roma. Sie reist durch Europa und nimmt mit Leuten ihres Clans alte Menschen aus. Und zwar immer mit derselben Masche: dem Enkeltrick.

Karla Xanta kommt in diesem komplexen Betrugsarrangement eine besondere Rolle zu: Sie ist die Anruferin, die Kontakterin – die Frau, die alten Menschen am Telefon weismacht, es gebe da einen Verwandten, zum Beispiel den Enkel einer lange verschollenen Schwester, der Hilfe brauche – und zwar schnell. Beredt jammert Karla über die finanzielle Not des vermeintlichen Verwandten, und macht klar, dass nur die Oma helfen könne. Karla lullt die Rentner am Telefon so ein, dass sie ihr die Geschichte abnehmen. So unglaublich es klingen mag: Viele der betagten Damen und Herren fallen auf diesen Trick herein, gehen anschließend zu ihrer Bank und heben dort vier- bis fünfstellige Beträge ab.

Wenig später klingeln sogenannte »Abholerteams« bei den ahnungslosen Senioren, Komplizen des vermeintlichen Enkels, und kassieren ab. So simpel die Masche ist, so erfolgreich ist sie auch.

Im April 2009 teilte Karla einem Komplizen mit, dass sie »in Münster keile«. Im Jargon bedeutete dies, sie befand sich auf Opfersuche. Ihr Kontaktmann erkundigte sich, ob der »Weiße« heute gehe. Karla bestätigte, dass Joschka, der »Weiße«, gehe; die anderen hätten sich noch nicht gemeldet. »Gehen« heißt im Gaunerjargon, die alten Leute ausnehmen, also das Geld abholen, das Karla durch ihre Überredungskünste am Telefon lockergemacht hat. Einmal verleitete sie sogar eine bettlägrige 92-jährige Rentnerin dazu, ihren Schmuck aus dem Bettkästchen zu nehmen und das Geschmeide Karlas Geldboten aus dem geöffneten Wohnzimmerfenster zuzuwerfen.

Wir hatten Karla schon seit längerer Zeit im Blickfeld. Sie gehörte zu einer Sippe, die von Belgien und Polen aus alte Männer und Frauen in Deutschland betrogen. Am 20. April 2009 registrierte die Polizei in Münster zwei versuchte Enkeltaten, die auf Karlas Konto gingen. Über weitere abgehörte Telefonaten wurde klar, dass sie in Holland in einem Hotel saß und Senioren im Münsteraner Raum überredete, ihre Barschaft herauszurücken. Nach monatelangen komplexen Überwachungen standen wir vor dem Durchbruch. Meine Kollegin aus der OK-Abteilung erwirkte einen europäischen Haftbefehl gegen die Serienbetrügerin.

Am 14. Mai 2009 nahmen niederländische Kollegen Karla in einem Hotel in Roermond unter Betrugsverdacht fest. Bald wurde sie an die Kölner Justiz überstellt.

Freimütig räumte Karla bei der Vernehmung die Vorwürfe ein. Weil sie so gut Deutsch spreche, hätten diverse Roma-Gruppen ihr die Rolle der Anruferin übertragen. Ausgestattet mit einer Telefon-CD aus Polen habe sie seit Sommer 2007 nahezu täglich von Montag bis Freitag »Enkelanrufe« bei älteren Menschen durchgeführt. Als sie so dasaß und emotionslos ihre Taten schilderte, hatte man das Gefühl, als referiere jemand gerade über einen ganz normalen Job – fünf Tage in der Woche alte Leute abzocken, Monat für Monat. Reine Routinearbeit.

Natürlich wollte sie nicht gewusst haben, wer in den einzelnen Fällen das Geld abgeholt hatte. Einzig mit ihrem Freund Egon habe sie sich über ihre Gaunereien en détail verständigt, beteuerte Karla. Auch im Prozess blieb die hübsche und gebildete Frau dabei, dass die Sippe sie zu den Taten gedrängt habe. Durch den Gruppenzwang sei sie geradezu genötigt worden, die Anruferin zu spielen. Von der Beute wollte sie nichts bekommen haben.

Karla Xanta musste für sechs Jahre wegen banden- und gewerbsmäßigen Betruges in 34 Fällen ins Gefängnis. Wobei Dutzende Taten aus prozessökonomischen Gründen gar nicht zur Sprache kamen. Strafmildernd wertete der Vorsitzende Richter das Geständnis der Angeklagten, dagegen aber setzte er das Leid vieler geneppter Rentner, die teilweise schon gebrechlich oder dement gewesen waren. Manche von ihnen konnten diesen Betrug seelisch nicht verkraften. Etliche von ihnen schämten sich so sehr, dass sie vor Gram schwer erkrankten, manche starben sogar kurz darauf.

Karlas Komplize wurde aufgrund eines internationalen Haftbefehls einige Zeit später in Polen festgenommen. Anstatt ihn aber an uns auszuliefern, ließ man ihn unter der Auflage frei, sich freiwillig der deutschen Polizei zu stellen. Darauf wartet die hiesige Polizei bis heute vergebens.

Karlas Geschichte ist keine Fiktion, sie ist wahr. Und offenbart Facetten des organisierten Verbrechens, die kaum einer in der Öffentlichkeit ernst nimmt. Mafia, Rockerbanden, islamistische Terrorzellen – das sind die beängstigenden Stichworte, wenn es um aktuelle Gefahrenherde im Bereich der organisierten Kriminalität oder des Staatsschutzes geht. Die stetig wachsende Abzocke alter Menschen hierzulande findet hingegen kaum Beachtung. Dabei operieren die Betrügerorganisationen in weitaus größeren Dimensionen als bisher bekannt.

Ganz aktuell hat der Münchner Vizepolizeipräsident öffentlich vor einer wahren Enkeltrick-Epidemie in der bayerischen Landeshauptstadt gewarnt.[44] Am Werke sind immer dieselben Roma-Sippen und -Clans, und auch die Masche ändert sich kaum.

Schon Anfang der 90er Jahre begann ich, das Phänomen in der OK-Abteilung bearbeiten zu lassen. Denn nur konzertierte Ermittlungen spezieller Staatsanwälte und Kriminalbeamte hellen die komplexen Netzwerke dieser Tätergruppen auf. Köln und andere nordrhein-westfälische Ballungszentren avancierten damals schon zu bevorzugten Anlaufstellen betrügerischer Großfamilien. Die lasche Strafverfolgung, insbesondere durch die Jugendgerichte, sowie die liberale Asylpolitik in nordrhein-westfälischen Metropolen, allen voran in Köln, lockten Clans aus den benachbarten Beneluxstaaten und Frankreich an Rhein und Ruhr, um hier auf Beutezug zu gehen. Offiziell lebten diese Familien von der Sozialhilfe, inoffiziell besserten sie ihre Einkünfte durch ihre Betrügereien kräftig auf.

Trickbetrug hat seit vielen Jahren Hochkonjunktur. Alt, gebrechlich und dement: So hart dies klingen mag, aber genauso sieht der bevorzugte Opfertyp solcher Banden aus.

Neben dem Enkeltrick benutzen die Schwindler auch andere Methoden: Gezielt gucken sie sich an Supermärkten oder auf der Straße ältere Leute mit schweren Taschen aus, die etwa einen Rollator benutzen. Die Gauner dienen sich dann als Träger an. So kommen sie problemlos in das Heim ihrer Opfer und lassen beim Eintritt die Haustüre für ihren Komplizen offen. Letzterer durchstöbert die Räume auf der Suche nach Bargeld und Schmuck, derweil der »Helfer« den Wohnungs- oder Hausinhaber geschickt (in der Küche) ablenkt.

Andere Gruppen arbeiten sich durch ganze Straßenzüge. Man klingelt an jeder Tür und bittet um ein Glas Wasser. Die Haustür bleibt offen, während der Haus- oder Wohnungsbesitzer das Gewünschte holt, die Gauner schlüpfen schnell hinein und plündern die Schubladen in Wohn- und Schlafzimmer. Es gibt zig weitere Varianten, sich unter einem Vorwand ins Haus zu schleichen. Mal klingelt man, um angeblich beim Nachbarn ein Paket Wäsche abzugeben, mal geht es darum, eine Nachricht für den Bewohner nebenan zu hinterlassen. Die Fremden palavern so lange, bis sie hineingelassen werden oder die Hausbesitzer so abgelenkt sind, dass ihre Komplizen unbemerkt eindringen können.

Die Betrüger sind schwer zu fassen. In der Regel mimen Frauen und junge Mädchen den harmlos wirkenden Lockvogel, während die Männer um die Ecke in Fluchtautos warten, um die Gaunerinnen gleich nach ihrem Coup schnell aufnehmen zu können.

Die Schwindlerinnen tarnen sich mit einfachen, aber wirksamen Mitteln. Vor der Tat stecken sie zum Beispiel ihr Haar hoch, nach dem Coup werden die Kleider gewechselt und das Haar wird offen getragen. Das macht es den älteren Opfern sehr schwer, die Betrügerinnen zu identifizieren.

Da die Banden von einer Stadt zur anderen reisen, war es den lokalen Polizeiinspektionen nahezu unmöglich, die Gauner zu erwischen. Erfolge stellten sich erst ein, als der Kölner Kriminalbeamte Joachim Ludwig, der bundesweit als Experte bei der Bekämpfung des Enkeltricks angesehen wird, in der Fach-Zeitschrift *Der Kriminalist* Aufsätze über das Phänomen verfasste und dabei forderte, dieses Problem mittels einer überregional ermittelnden Zentralstelle zu bekämpfen.

Diese wurde für den Raum Köln eingerichtet – und voilà, durch diese Arbeitsweise konnten wir Dutzende Täter schnappen.

Daraufhin verhängten die Clanchefs zeitweilig ein »Köln-Verbot«. Die Familienoberhäupter untersagten weitere Raubzüge im Großraum der Domstadt. Verstöße dagegen zogen massive Sanktionen durch die jeweiligen Sippen nach sich. Der Delinquent musste sich dann vor einer Art Ältestengericht der Sippe verantworten. Die Strafen sind seit jeher hart: Mal muss der Verurteilte ein hohes Bußgeld zahlen, mal wird er misshandelt. Die Anweisung der Bosse zeigte Wirkung: Die Klau-Banden verlegten ihr Beutefeld. Nunmehr suchten die Täter das Ruhrgebiet heim. Jeden Morgen brachen sie von Köln auf, um »arbeiten zu gehen«. In den belauschten Telefonaten gaben sie Codewörter für ihre Aktionen durch: »Wir gehen auf die Dörfer« hieß es etwa, wenn der Weg nach Düsseldorf und in die Reviermetropolen führte.

Die örtliche Polizei reagierte meist hilflos auf die Betrugsoffensive. Die Dienststellen plagten sich mit demselben Problem herum wie einst die Kölner Kollegen auch: Die Kommissariate ermittelten nur die Straftaten in ihrem Beritt. Reisende Ganoven, die binnen weniger Stunden den Tatort wechselten, waren so nicht zu fassen. Damals wie heute fehlte es im Ruhrpott, Berlin, München oder anderswo an einem überregionalen Austausch der jeweiligen Kripoeinheiten; Verfahren wurden nirgends gebündelt und zentral bearbeitet. Mitunter half Kommissar Zufall, Zusammenhänge zwischen gleichgelagerten Fällen herzustellen und die jeweilige Bande auszuheben.

Die Staatsanwaltschaften machten es auch nicht besser: Häufig interessierte sie nur die Aufklärung der Tat in ihrem Sprengel, ohne einen Blick über den Tellerrand, ohne Teamwork über die Stadtgrenzen hinaus. Die Strafverfolger scheuten oft schlichtweg den Aufwand, in einem riesigen Sammelverfahren gegen diesen Täterkreis zu ermitteln. Zum einen verlangen solche komplexen Unternehmungen ein großes persönliches Engagement, zum anderen droht zuweilen auch mal Ärger mit dem Vorgesetzten, denn wegen der dünnen Personaldecke etwa der nordrhein-westfälischen Justiz drängen die Behördenleiter eher auf schnelle Erfolge und sehen es nicht gern, wenn jemand in ihren Augen zu viel Zeit in große Herausforderungen investiert.

Auch in meinem Fall brachte man anfangs an höherer Stelle wenig Verständnis dafür auf, die knappen Ressourcen für »fremde, außerhalb ihres örtlichen Zuständigkeitsbereichs begangene Straftaten« (O-Ton meines Vorgesetzten) einzusetzen und den Kampf gegen lokale Verbrecher womöglich zu vernachlässigen. Ich setzte mich aber durch, indem ich zunächst die Ermittlungen gegen Trickbetrüger-Clans bei einer Sonderdezernentin konzentrierte.

Von Anfang an ging es uns in Köln darum, die gesamte Struktur der Schwindler-Connection zu enttarnen. Anders als in der Vergangenheit, als jugendliche und heranwachsende Tatverdächtige an die Kollegen der Jugendabteilung übergeben wurden, behielten wir nun alles in einer Hand. Über die junge Garde hofften wir, auch an die Hintermänner zu gelangen.

Gezielt nämlich setzten die Großfamilien ihre jungen Mitglieder als Nepper an den Haustüren ein. Von Kindesbeinen an erlernte der Nachwuchs das Handwerk des Trickbetrügers. Hinter dem Einsatz Jugendlicher steckte nüchternes Kalkül: Sollte einer der jungen Gauner erwischt werden, konnte er dank des Erziehungsgedankens in unserem Jugendstrafrecht mit einer milden Strafe rechnen. Meist kam er umgehend wieder frei.

Das wollten wir ändern. Denn nichts traf die Gegenseite schwerer als der Verlust ihrer menschlichen Ressourcen. Je länger einer der Lockvögel der Betrügersippen hinter Gitter wanderte, desto weniger Beute war für den gesamten Clan zu machen. Je größer also der Ermittlungsdruck wurde, desto mehr würden die Ganoven die rheinische Region meiden.

Es war nun an uns, die Richter für das Leid der Opfer dieser jungen Trickbetrüger zu sensibilisieren. Bis dahin galt die Tat ja eher als Kavaliersdelikt. In der Folgezeit erreichten wir in der Tat zahlreiche Anklagen und Schuldsprüche. Dabei werde ich nie eine Gerichtsverhandlung vor dem Jugendschöffengericht vergessen. Der Vorsitzende Richter, für seine Milde und Nachsichtigkeit allseits bekannt, verhängte gegen zwei jugendliche Betrügerinnen drei Jahre Haft. Die Opfer der Angeklagten waren sehr alt und äußerst gebrechlich. »Diese Straftaten waren in meiner 35-jährigen Gerichtspraxis die hässlichsten Taten, die ich je verhandelt habe«, lautete sein strenges Urteil.

An dieser Stelle fällt mir wieder Karla Xanta ein, die Meisterin der Enkelmasche. Sie hat wohl ähnlich begonnen wie diese beiden Mädchen. Anfangs musste sie selbst an die Haustür; als sie älter wurde, schulte sie um und spielte zuletzt in der Königsklasse der Betrugssyndikate. Ihr Name steht für Tausende solcher Straftaten im Jahr, für Tausende gutgläubiger alter Frauen und Männer, die dadurch ihre Habe verloren und die täglich mehr werden.

Ende 1999 stellte die Polizei eine bundesweite Trickserie nach diesem Modus fest. Die Straftaten begannen zunächst im Hamburger Raum und breiteten sich ab Januar 2000 flächendeckend über das gesamte Bundesgebiet aus. Das Problem wuchs sich binnen Monaten zu einer regelrechten Seuche aus.

Bei ihren Nachforschungen stieß die Kölner Polizei auf polnischstämmige Roma-Clans, die seit Jahren durch Trickdiebstähle ältere Leute ausnahmen. Die Täter agierten stets in wechselnder Besetzung. Gruppen von je drei bis fünf Personen operierten streng arbeitsteilig. Bei Wohnungsdurchsuchungen im gesamten Bundesgebiet kam die Kripo dann »Anrufern« wie Karla auf die Spur. Die Ermittler fanden Telefonauskunfts-CDs mit umfangreichen Filterfunktionen, die dabei halfen, potentielle Opfer ausfindig zu machen. Dabei handelte es sich um Datenträger, die eigentlich für Reisegewerbetreibende gedacht waren und sich von den herkömmlichen Telefonbuch-CDs der Telekom oder anderer Anbieter unterschieden. Eine spezielle Suchfunktion lieferte dem Benutzer Telefonnummern von Personen, deren Namen aus der Mode gekommen waren und die damit potentiell eher älteren Semesters waren. Wer Agathe, Chrysanthe oder Mathilde hieß, avancierte zur Zielperson. Die Personalien und Telefonnummern der herausgefilterten Leute wurden dann alphabetisch und je nach Region geordnet. Die ausgedruckten Listen übernahmen unterschiedliche Tätergruppen. Jede Zielregion – sei es Hannover oder München – arbeiteten die Gauner nach der Enkelmethode ab.

Der Anrufer bzw. die Anruferin begann die Telefonate jeweils in vertraulichem Ton ohne Namensnennung. Sobald die Opfer am Apparat blieben, versuchte man, aus ihnen einen Namen des familiären Umfelds herauszulocken. Dabei benutzte der Anrufer immer dieselben vertraulichen Floskeln: »Erkennst du mich etwa nicht?« oder »Ich bin doch dein Enkel«, »Ich bin's, deine Großnichte«.

Die so umschmeichelten Leute, häufig alleinstehend, vereinsamt und hochbetagt, ließen sich überraschend schnell einfangen. Sie identifizierten die Anrufer in vielen Fällen tatsächlich als vermeintlichen Verwandten. Unwillkürlich nannten sie dann einen Vornamen, der vom Anrufer umgehend bestätigt wurde.

Von da an war's leicht. Der vermeintliche Enkel oder Neffe erzählte nun, er sei in Geldnöte geraten und brauche dringend die Hilfe der Oma oder des Großonkels. Tief betrübt flehte der Anrufer darum, ihm mit Bargeld aus der Patsche zu helfen. Meist ging es um Beträge zwischen 5000 und 20 000 Euro. Sofern die Opfer nicht so viel auf der hohen Kante hatten, reduzierte der Anrufer die Höhe sofort auf das Machbare. Im vertraulichen Ton überredete er seinen Gesprächspartner, die Mittel so schnell wie möglich vom Bankkonto abzuheben – einhergehend mit der inständigen Bitte, mit keinem Menschen darüber zu reden, insbesondere nicht mit dem Mann in der Bank. Dieser Forderung, so entlarvend sie auch klang, folgten viele Senioren.

Sobald der Anrufer sicher davon ausgehen konnte, dass alles klappte, verständigte er mit demselben Telefon, dem sogenannten »Anruferhandy«, die »Abholer«. Die hatten sich längst am Wohnort des Opfers postiert und konnten sich nun bereitmachen. Anschließend entschuldigte sich der »Enkel« in einem erneuten Anruf beim Opfer mit der Ausrede, ein plötzlicher Unfall halte ihn davon ab, persönlich zu erscheinen – oder so ähnlich. Stattdessen kündigte er einen »guten Freund« an, der in Kürze den Geldbetrag abholen werde. Man sagte dem arglosen Rentner ein Codewort und beschrieb ihm die Person des Abholers, damit das Geld auch ja beim richtigen Boten landete.

Sobald das Opfer sich auf den Weg zur Bank machte, setzten sich die Abholer an seine Fersen. Sie beobachteten, ob ihre Zielperson mit den Angestellten des Geldinstituts oder etwaigen Polizeibeamten sprach. War dies nicht der Fall, sprachen die Gauner ihre Opfer oft gleich nach Verlassen der Bank an. Während der Geldübergabe hielten Abholer und Anrufer ständig Telefonkontakt. So wollte man sicherstellen, dass bei eventuellen Festnahmen des Geldboten der Anrufer gewarnt war und entkommen konnte.

Das System funktionierte lange Zeit perfekt – zumal die Strafverfolger mit hohen rechtlichen Hürden zu kämpfen hatten. Sowohl der bandenmäßige als auch der gewerbsmäßige Betrug galt bis Ende 2007 nicht als Katalogtat. Das heißt, nur bei schweren Verbrechen wie Mord, Drogenhandel oder Schutzgelderpressung durfte man mit Hilfe eines richterlichen Beschlusses Telefone abhören.

Notdürftig behalf die Justiz sich damit, die telefonischen Verbindungsdaten und entsprechende Funkzellen zu orten, um die Gauner aufzuspüren. Als Beweis taugten solche Hilfsmittel nur bedingt, schließlich war ja nie klar, was zwischen Täter und Opfer besprochen worden war.

Die Clans kannten die Überwachungslücken. Bald änderten die Anrufer ihre Vorgehensweise. Bei den »neuen Enkeltaten« ab 2001 verwendeten sie verschiedene »Opfer-« und »Logistik-Handys«: Der Anrufer meldete sich zunächst unter einer bestimmten Rufnummer bei seinem potentiellen Opfer, und über ein zweites Mobilfunkgerät stand er in Kontakt mit den Abholern. Und auch die Abkassierer benutzten zwei Handys: eines für die eingehenden Telefonate des Anrufers, ein zweites für ihre eigenen Gespräche mit dem Anrufer beziehungsweise mit weiteren Komplizen.

Darüber hinaus wechselten die Täter ständig Handys oder Sim-Karten. Die Anschlüsse waren auf nichtexistente Personen zugelassen. Zudem benutzten die Geldeinkassierer stets Mietfahrzeuge, die sie mit falschen Papieren anmieteten. Auch wurden die Abholerteams immer wieder ausgetauscht. Diese Taktik sorgte bei den zuständigen Ermittlungsbehörden im gesamten Bundesgebiet für Verwirrung.

Zur besseren Tarnung logierte der Anrufer stets weit entfernt von den Tatorten. Um das Entdeckungsrisiko zu minimieren, wechselte er häufig sein Hotelzimmer – schließlich war er der Seismograph für mögliche Gefahren, der Taktgeber, der Tempomacher der Bande. Von seinem telefonischem Geschick und seinem Einfühlungsvermögen hing der Umsatz der Ganovenclans ab. Stets ging es darum, dass es ihm gelang, die alten Leute derart psychisch unter Druck zu setzen, dass sie keinen klaren Gedanken mehr fassen konnten.

Der Stuttgarter Polizei gelang es nach der Novelle der

Strafprozessordnung im Jahr 2007, in der etwa der bandenmäßige Betrug in den Katalog aufgenommen worden war, solch ein Telefonat mitzuschneiden. In dem Fall trieb der Anrufer die Geschädigte mit einem simplen Entree in die Ecke. »Rate mal, wer dran ist? Ja genau, dein Enkel«, eröffnete der Anrufer das Gespräch. »Oma, du bist meine letzte Rettung«, überfiel er die alte Frau gleich darauf direkt mit seinem Anliegen. Geschickt holte er den Namen aus seiner Gesprächspartnerin heraus. Danach lief alles wie am Schnürchen. Nach und nach erhöhte der Anrufer den Druck, bis die Seniorin völlig eingeschüchtert in Tränen ausbrach. Hilflos gab sie allen Forderungen nach, die ihr vermeintlicher Verwandter ihr abverlangte.

Aus Scham verschwiegen die alten Menschen oft den Betrug oder gingen erst nach einiger Zeit zur Polizei. Wir hatten aber auch Leute, die gar nicht glauben wollten, dass man sie betrogen hatte. Sie beharrten darauf, einem Verwandten geholfen zu haben. Das macht unsere Arbeit nicht leichter.

Dic Ermittlungen in diesen Fällen zogen sich meist wie Kaugummi. Zwei Jahre haben wir beispielsweise gebraucht, um die Bande rund um die Anruferin Karla Xanta auszuheben. Erste Anhaltspunkte auf die Roma-Frau ergaben sich 2007. Im Februar erwischte unsere Sonderkommission »Enkel« bei Nachforschungen wegen anderer Verbrechen einen Geldabholer auf frischer Tat. Sein Komplize berichtete in der Vernehmung von einer Karla, die als Anruferin an der Tat beteiligt gewesen sei.

Die Bande agierte zu der Zeit vor allem im norddeutschen Raum. Seit Juni 2007 registrierte etwa die Kriminalpolizei Hannover eine Vielzahl gleichgelagerter Enkeltaten in ihrer Region. Die Opfer wurden stets über zwei Mobiltelefone kontaktiert, und als Abholer fungierte stets derselbe Mann mit dem Alias-Namen Robert.

Die Kollegen ermittelten die Geodaten der benutzten Mobilfunkgeräte und erstellten so ein Bewegungsbild der Gauner. Auf diese Weise fanden sie heraus, dass diese im Tatzeitraum aus Hotels der niedersächsischen Landeshauptstadt ihre Opfer angerufen hatten. Die Spur führte zu Karla Xanta und deren Mutter Roswitha. Die Frauen hatten in jenen Tagen in den Herbergen zwei Doppelzimmer angemietet.

Im Herbst 2007 stellte meine Abteilung eine weitere Betrugsserie nach demselben Muster im Kölner Raum fest. Die Schwindler hatten auch eine jener Rufnummern benutzt, die bereits bei den Gaunereien in Hannover eingesetzt worden waren.

Ende des Monats fassten die Ermittler der Kölner Kripo dann den Geldboten »Robert« im Stadtteil Deutz. Er hatte gerade bei einer 76-jährigen Rentnerin 10 000 Euro abkassiert. Robert erzählte den Beamten, eine Frau, die Anruferin, habe alles eingefädelt. Sie habe ihm auch die Liste mit den Anschriften der potentiellen Opfer in die Hand gedrückt. Inzwischen habe die Anruferin sich mit ihrem Vertrauten nach Belgien abgesetzt.

Nach und nach stellten wir fest, dass die Bande bundesweit ihr Netz ausgespannt hatte. Aus Frankfurt am Main meldeten die Behörden weitere Fälle. Ein anonymer Anrufer gab den hessischen Kollegen den Tipp, dass die eigentliche Drahtzieherin Karla Xanta heiße. Sie sei die Anruferin der Bande.

Wer aber war die gesuchte Frau? Wo befand sie sich? Wir suchten seinerzeit ein Phantom, das uns immer einen Schritt voraus zu sein schien. Die einzige Spur, die sie hinterließ, waren ihre Handy-Verbindungsdaten.

Die Auswertung der Rufnummern führte zu einem Handy, das mit einer bestimmten IMEI-Nummer (dem Seriencode des Geräts) betrieben wurde. Das Bewegungsbild des Mobiltelefons, das wir anhand der Verbindungsdaten erstellen konnten, ergab, dass der Nutzer Ende Oktober 2007 aus Belgien kommend zunächst nach Hannover und anschließend nach Berlin gereist war, um dann wieder für kurze Zeit an die Leine zurückzukehren, bevor es zurück nach Belgien ging. Die Erkenntnisse deckten sich mit der Aussage des verhafteten Geldboten, wonach die Anruferin längst wieder mit ihrem Freund in ihr belgisches Rückzugsgebiet gezogen war.

Im April 2008 schließlich erwischte die Polizei in Aschaffenburg Karlas Freund in flagranti in seiner Funktion als Geldabholer. Er legte ein komplettes Geständnis ab und räumte Dutzende Enkeltaten ein. Auch nannte er den Namen seiner Chefin: Karla Xanta, die Anruferin.

Damit waren wir wieder einen Schritt weiter – und eben noch nicht ganz am Ziel. Weiterhin suchten wir nach der heißen Spur zu Karla. Es war wie verhext.

Im Mai und Juni 2008 meldeten die örtlichen Dienststellen zwei Enkeltaten in Köln und Neuss. Diesmal hatten die Gauner über eine belgische Rufnummer ihre Opfer angewählt. Die Funkzellenauswertung führte wieder zur Bande um Karla. Anhand der Verbindungsdaten des Anruferhandys machte Kriminalhauptkommissar Joachim Ludwig überraschende Feststellungen: Zwischen April und Juli 2008 hatte man mit demselben Mobilfunkgerät insgesamt 20 verschiedene SIM-Karten eingesetzt. Der Nutzer des Mobilfunkgeräts hatte sich in dieser Zeit nahezu ausschließlich im Brüsseler Viertel Jette aufgehalten und von dort aus rund 3000 alte Menschen in Deutschland angerufen. 40 verschiedene Ortsnetze in sieben Bundesländern wurden angewählt.

In den folgenden Wochen operierte Karlas Truppe vor allem im süddeutschen Raum. Und so bekam die Staatsanwaltschaft Stuttgart über Telefonüberwachung mit, wie zwei Geldabholer sich über einen gelungenen Coup unterhielten. Die Auftraggeberin sei die »Dünne« gewesen. Es sollte aber noch ein Jahr vergehen, ehe wir wussten, dass die Beschreibung auf Karla Xanta zutraf.

Anfang Februar 2009 zog die Kripo Köln eine düstere Zwischenbilanz: Karla & Co. hatten in mindestens 195 Fällen mehr als eine Viertelmillion Euro bei alten Menschen hierzulande abgezockt. Die jeweiligen Ermittlungsverfahren liefen bei sage und schreibe 29 Staatsanwaltschaften in sieben Bundesländern. Somit ermittelte jeder vor sich hin, ohne die Zuständigkeit in eine Hand zu legen. Weil es so schwer war, die Täter zu fassen, stellten die Kollegen die Mehrzahl der Verfahren einfach ein.

Das fuchste mich, lieferte doch die Analyse der Kripo Köln eindeutige Hinweise auf eine Gruppierung, die bundesweit Hunderte Senioren ausnahm. Daraufhin ließ ich ein Mammutverfahren gegen Karlas Bande in unserer Abteilung einrichten und beauftragte eine Dezernentin, sämtliche Fälle aus der ganzen Republik zu übernehmen.

Neben der Auswertung der Handydaten recherchierte die Kölner Polizei die Geldtransaktionen der Bande über Western Union. 2007 kassierte vor allem Karlas Lebensgefährte das Gros der Beute. Später dann profitierten etliche Verwandte aus Karlas Sippe von dem großen Schwindel.

Im April 2009 ordnete das Amtsgericht Köln auf unseren Antrag hin Telefonüberwachungsmaßnahmen gegen Karla an. Über die ersten belauschten Gespräche konnten wir die Schwindlerin im niederländischen Eindhoven orten. Von hier aus suchte sie sich in jenen Wochen ihre Opfer aus. Einen Moment später nahmen wir Karla fest.

Doch damit war der Fall längst nicht abgeschlossen. Die weiteren Ermittlungen führten zu den richtig »großen Fischen« im Gewerbe. Die Hauptdrahtzieher der Enkeltricktaten saßen nämlich im polnischen Posen. Im großen Stil dirigierten sie Anrufer und Geldabholer durch ganz Deutschland. Sie sagten, wo es sich lohnen könnte, zuzuschlagen, sie bestimmten die Regionen, die ihre Untergegebenen »abgrasen« sollten, und sie sprachen auch die Strafen aus für den Fall, dass ein Bandenmitglied gefasst wurde und über die Organisation auspackte. Selbst im Gefängnis sollten die »Verräter« nicht sicher vor den Repressalien ihrer Gang sein.

Deshalb versuchte ich, zusammen mit dem Landeskriminalamt (LKA) Düsseldorf und der dort gebildeten Sonderkommission »Siano«, eine gemeinsame Ermittlungsgruppe (JIT = Joint International Team) mit der polnischen, österreichischen und schweizerischen Polizei und Justiz aufzubauen, um die Drahtzieher in Polen zu überführen. Die Zentrale der Kommission sollte in Düsseldorf liegen. Die Kosten der polnischen Polizei sollte das LKA übernehmen. Wir sind dann zu Eurojust, der europäischen Koordinierungsstelle für Staatsanwaltschaften, nach Den Haag gefahren, um bei einem Treffen mit allen Beteiligten die internationale Ermittlungsgruppe zu installieren.

Die Reise hätte man sich sparen können. Außer Schulterklopfen ob meiner guten Idee passierte weiter nichts. Das lag vor allem an dem Abgesandten der polnischen Justiz. Während seine Landsleute von der Polizei Feuer und Flamme waren, reiste er vorzeitig ab. Die Zusammenkunft verlief ergebnislos. Die polnischen Kollegen hatten überhaupt kein Interesse daran, die Betrügerbosse in ihrem Land dingfest zu machen.

Die Lage verschärfte sich in der Folgezeit. Die Betrugsserien der Banden aus Posen nahmen enorm zu. Die Zusammenarbeit mit den polnischen Kollegen verlief dagegen nur schleppend. Immer schien es, als seien uns die Ganoven einen Schritt voraus. Zeitweilig dachten wir, es gebe bei der Staatsanwaltschaft Posen eine undichte Stelle.

Einen Beweis dafür hatten wir aber nicht. Fakt war jedenfalls, dass die Bosse jenseits der Grenze völlig unbehelligt blieben und einfach weitermachten wie bisher.

2011 unternahmen wir einen neuen Anlauf, um eine konzertierte Aktion gegen diese Gruppierung auf die Beine zu stellen: In Warschau versuchten wir, hochrangige Justiz- und Polizeibehörden zu überreden, das geplante grenzüberschreitende Joint-Venture gegen die Enkeltrickbanden doch noch auf den Weg zu bringen. Ein erfolgloses Unterfangen, weil die polnische Justiz offenbar partout nicht an das Problem heranwollte. Die polnischen Staatsanwälte versprachen zwar zu helfen, aber es geschah schlichtweg nichts.

Gleich mehrfach teilten wir das negative Ergebnis unserer Reise dem Justizministerium NRW mit und baten um Hilfe – vergeblich. Im September 2012 musste die EK »Siano« aufgelöst werden. Der Mammutkomplex »Polnische Betrügersyndikate« wurde zu den Akten gelegt. Ohne die Hilfe der polnischen Kollegen konnten wir den großen Bossen in Posen und Umgebung nicht beikommen. An die Drahtzieher der Bande kamen wir nie heran.

Dabei sind diese Leute bis heute am Werk. Der Enkeltrick boomt, und kaum einer nimmt den Kampf gegen diese Machenschaften auf. So meldete die Bonner Polizei allein im Juli 2012 sieben Fälle des Enkeltricks mit einem Riesenschaden von 200 000 Euro. Auch die erschwindelten Summen werden immer größer. Zuletzt wurde ein 82-jähriger Ruheständler um 50 000 Euro erleichtert. Erneut stellt auch die Kölner Polizei einen starken Anstieg der einschlägigen Masche fest. Die Zahl der organisierten Betrügereien mittels Enkeltricks, aber auch mittels falscher Wasserwerker, des Zetteltricks (bei dem vorgeblich eine schriftliche Mitteilung für die Nachbarin hinterlassen wird) und falscher Polizisten hat im Jahre 2012 erneut deutlich zugenommen. Allein im Dezember 2012 zählte die Kripo 450 Fälle, bei denen die meisten Opfer über 80 Jahre alt waren. Und die Münchner Betrugsermittler stöhnten im Frühjahr 2013 über eine wahre Epidemie an Trickbetrügereien: Dutzende Senioren fielen ausgebufften Gaunern zum Opfer.

Neuerdings erobern auch Vertreter der russischen und litauischen Mafia mit einer ganz neuen Methode Marktanteile auf diesem Sektor. Teilweise aus dem Gefängnis heraus rufen sie Landsleute in Deutschland an. Mit sogenannten »Schockanrufen« über vermeintliche Unfälle versuchen sie ihre Gesprächspartner so zu verwirren, dass diese freiwillig Geld lockermachen. Laut dem Landeskriminalamt NRW wurden allein 2012 mit dieser Masche mehr als 100 Leute um insgesamt rund 400 000 Euro geprellt – Tendenz steigend.

Ich erwähne das Strafverfahren gegen Karla Xanta vor allem auch deswegen, weil es wieder einmal die Probleme der Ermittlungen in Sachen organisierte Kriminalität deutlich macht: Betrügersyndikate oder -clans, die über Staats- und Landesgrenzen hinaus operieren, können nur durch besonders geschulte Kriminalbeamte und durch eine Schwerpunktstaatsanwaltschaft wirksam bekämpft werden.

Dabei stellt sich auch immer wieder die Gretchenfrage: Wer ist eigentlich zuständig für den jeweiligen Fall? Allein in Nordrhein-Westfalen gibt es 47 Polizeibehörden. Alle sind sie autark und ermitteln, wie, wo und wann sie wollen.

Und noch ein großes Manko erleichtert den organisierten Betrügern ihr Handwerk: Wie beim Bankraub die Maschinenpistole, so benutzen die Täter beim Enkeltrick das Telefon als Tatwaffe. Nun ist nach dem Urteil des Bundesverfassungsgerichts vom 2. März 2010 die Vorratsdatenspeicherung wenigstens für schwerwiegende Verbrechenstatbestände wie dem Bandenbetrug zulässig. Die Richter forderten allerdings dazu eine Gesetzesnovelle, die bis heute aussteht. Trotz dringender Aufrufe der Polizei und Staatsanwälte blockierte Bundesjustizministerin Sabine Leutheusser-Schnarrenberger (FDP) hartnäckig eine gesetzliche Neuregelung. Sie begründete ihr Nein mit dem Hinweis auf das Persönlichkeitsrecht auf informelle Selbstbestimmung – und dies, obschon die EU-Vorschriften jedes Mitgliedsland verpflichten, die Kommunikationsdaten sechs Monate lang vorzuhalten. Deutschland ist mittlerweile der einzige EU-Staat, der diese Vorgabe immer noch nicht umgesetzt hat. NRW-Innenminister Ralf Jäger (SPD) hat diese Verweigerungshaltung der Justizministerin einmal öffentlich »in die Nähe der Strafvereitelung« gerückt. Ich kann ihm da nur beipflichten.

Vor allen Dingen, wenn es um den Kampf gegen die Betrügersippen geht. Dazu muss man wissen, dass die meisten älteren Leute ihren Telefonanschluss bei der deutschen Telekom führen. Wer in dieser Altersklasse früher Kunde bei der Post war, wechselte meist automatisch zu deren Nachfolger. Das gesetzliche Vakuum führt nun dazu, dass der magentafarbene Konzern alle Verbindungsdaten nach einer Woche löscht. Für die Telekom ein willkommener Sparfaktor, für die Strafverfolger hierzulande eine Katastrophe. Ohne die Vorratsdatenspeicherung schaffen wir es kaum, betrügerische Netzwerke aufzudecken. Denn Enkeltricktäter hinterlassen nun einmal keine Fingerabdrücke oder mikrobiologischen Spuren. Das Handy ist ihre Tatwaffe. Es hinterlässt eine Datenspur, die sich aus Tatort-Funkzellendaten, Zielsuchläufen und Verbindungsdaten genutzter Täteranschlüsse von der Polizei herausfiltern lässt. Nur durch derartige Ermittlungen können die Täter gefasst und Opfer geschützt werden.

Gerade die Senioren in unserer Gesellschaft brauchen einen besonderen Schutz. Und niemand sollte so vermessen sein, zu behaupten, auch im Alter würde er nicht auf solche Trickbetrüger hereinfallen. Amerikanischen Forschungen zufolge fallen ältere Menschen häufiger auf Betrüger herein als jüngere Zeitgenossen. Der Grund liegt auf der Hand: Kurz gesagt, lassen bestimmte Regionen des Gehirns mit der Zeit in ihren Aktivitäten nach.[45] Deshalb reagieren Senioren auch vertrauensseliger – eine schlüssige Erklärung für dieses Phänomen.

Bezeichnenderweise haben die Ganoven von Karlas Kaliber sogar ehemalige Polizeibeamte, Richter und Staatsanwälte hinters Licht geführt. Im Jahr 2011 fiel etwa eine 92-jährige Dame in Königswinter auf die Schwindler herein. Die Frau war eigentlich vom Fach. Sie kannte alle Sorten notorischer Verbrecher aus ihrer Zeit im Landeskrankenhaus in Bonn, wo sie über 25 Jahre lang als Psychiaterin Kriminelle auf deren Geisteszustand untersucht hatte. Dutzende Male war sie in Gerichtsverhandlungen als Sachverständige aufgetreten – und doch ging sie im hohen Alter dem Gesäusel der Ganoven auf den Leim.

Vor diesem Hintergrund soll sich auch die Bundesjustizministerin, die sich unverständlicherweise gegen die Richtlinien der EU zur Vorratsdatenspeicherung sträubt und Deutschland lieber deswegen verklagen lassen will, nicht zu sicher sein, im Alter nicht selbst einmal Opfer des Enkeltricks zu werden. Die Geldstrafe, die Deutschland wegen der Nichtumsetzung der EU-Richtlinie zu zahlen hat, sollte besser dazu verwandt werden, Aufklärungskampagnen in Medien und anderen geeigneten Orten durchzuführen, um alte Leute vor derartigen Straftaten zu warnen.

Anfang November 2012 bezeichnete NRW-Justizminister Thomas Kutschaty (SPD) die Bundesjustizministerin im Zusammenhang mit der schleppenden Neuregelung zur Sicherungsverwahrung als Sicherheitsrisiko.[46] Wo er recht hat, hat er recht.

Die Geldkarten-Nepper

Die Radiomeldung über den Coup kam mir vom Modus Operandi her bekannt vor: In Niedersachsen hatten Gauner im März 2013 die Daten Hunderter EC-Karten-Besitzer ausspioniert und deren Konten geplündert. In mehreren Baumärkten hatten die Ganoven die EC-Karten-Geräte so manipuliert, dass sie mühelos sämtliche Karteninfos auslesen konnten – und zwar, indem sie sich nachts in den Heimwerkzentren hatten einschließen lassen, die EC-Geräte mit einem Chip für drahtlose Bluetooth-Übertragung ausrüsteten und das Geschäft anderntags wieder als normale Heimwerker getarnt verließen. Die EC-Daten der Baumarktkunden konnte die Bande danach einfach per Bluetooth-Verbindung mit ihrem Handy ausspähen. Mit Hilfe der gestohlenen Daten stellten die Täter Doubletten der EC-Karten her und hoben über die Osterfeiertage in Indien und Ecuador Geld von den deutschen Konten ab. Ich musste schmunzeln, als der Radiomoderator anschließend den Tipp gab: »Barzahlen ist sicherer.«

»Skimming« (englisch: »abschöpfen«) nennt sich die Erfolgssparte organisierter Geldkartenbetrüger. Seit knapp einer Dekade erlebt diese Masche einen ungeheuren Boom. Die Skimming-Mafia zählt zur modernen IT-Verbrecher-Generation. Ihre Waffen sind Handys, PCs und das Internet. Elektrotechnisch stets auf dem neuesten Stand, haben sie inzwischen diverse Methoden entwickelt, illegal die Daten von Zahlungskarten jeglicher Art abzuschöpfen.

Gerade in den vergangenen fünf Jahren stiegen die entsprechenden Fallzahlen rasant an. Schon 2009 zählte das Bundeskriminalamt bundesweit 964 manipulierte Geldautomaten. Das waren über 150 Geräte mehr als noch im Jahr zuvor. 2011 schlug BKA-Präsident Jörg Ziercke bei der Vorstellung der bundesweiten Kriminalstatistik für das Vorjahr Alarm: Insgesamt registrierte seine Behörde 2010 einen Rekordwert von 2058 Angriffen auf Cash-Automaten. Pro Attacke wurden im Schnitt etwa 60 Kredit- oder EC-Karten ausgespäht. Der Schaden lag bei 60 Millionen Euro. Besorgt sprach Ziercke bei einer internationalen Tagung zur Kartenkriminalität in Berlin von »einer hohen Dunkelziffer bei diesen Taten, weil viele Kreditinstitute den Schaden sofort ersetzen und von einer Strafanzeige Abstand nehmen, um ihre Reputation nicht zu verlieren«.[47]

Die Skimming-Spezialisten kommen allesamt aus Südosteuropa: Rumänien, Bulgarien – den neuen EU-Staaten also. In den meisten Fällen montieren die Gauner einen winzigen Aufsatz auf den Kartenschlitz am Geldautomaten. Darin befindet sich das Lesegerät, das die Daten auf dem Magnetstreifen der Geldkarten herausfiltert. Aus diesem Grunde ist es ratsam, immer erst vorsichtig am Schlitz zu rütteln, um festzustellen, ob keine zusätzlichen Teile angebracht worden sind.

Da viele Bankkunden inzwischen vorgewarnt sind, verlegen sich die Gauner immer öfter auf subtilere Varianten: Manche bauen ein Lesegerät in den Türöffner der Filiale ein oder tauschen das Original des Kreditinstituts gegen eine Fälschung aus.

Die ausgelesenen Karteninfos gehen per Funksignal an

ein Speichermedium der Datendiebe. Die Geheimnummer (PIN) wird mittels einer versteckten Miniaturkamera ausspioniert, die zumeist in der Leiste oberhalb des Geldautomaten befestigt wurde. Mitunter kleben die Schwindler auch einen flachen Ziffernblock über die Originaltasten. Diese Attrappe zeichnet dann die jeweils eingetippte Zahlenkombination auf.

Die Trendsetter des Gewerbes infizieren neuerdings die Geldautomaten und Kartenleser mit Computerviren. Sie schleusen eine Schadsoftware als trojanisches Pferd in den Apparat und greifen alles Wissenswerte über die EC-Karten ab. Im Internet bieten Hacker inzwischen entsprechende Klauprogramme an. Das World Wilde Web glänzt ohnehin als Wissensbörse für das organisierte Verbrechen. Der virtuelle Schwarzmarkt liefert der Kreditkarten-Mafia stets die neuesten Entwicklungen – etwa für den »ATM Trojan« (ATM ist die Abkürzung des englischen Ausdrucks für Geldautomat). Um diese Klausoftware einzuschleusen, müssen die Gauner direkt an den Geldautomaten heran.

Längst haben die Skimming-Banden ihren Arbeitssektor weit über den Bankensektor hinaus entwickelt. Inzwischen brechen die Datenspione nachts in Supermärkte oder Tankstellen ein. Zum Schein klauen sie Ware, tatsächlich aber präparieren sie die dortigen Kartenlesegeräte für ihre Zwecke.

Die gestohlenen Daten kopieren die Gauner auf einen leeren Kartenrohling *(white plastic)*, der etwa in den Niederlanden pro Stück zwei Cent kostet. Anschließend geht es damit irgendwohin ins Ausland. Dort plündern die Ganoven dann mit der Doublette die Konten der arglosen Bankkunden.[48]

Die Reisen in andere Länder sind deshalb nötig, weil die deutsche Original-EC-Karte über diverse Sicherheitsmerkmale verfügt, die von den Skimming-Abzockern nicht kopiert werden können, die aber auch nur von hiesigen Automaten bemerkt werden. Überdies verfügen Geldstationen hierzulande über ein zentrales Informationssystem. Das Register sorgt dafür, dass die inländischen Automaten nur die echte Karte akzeptieren.

Die Fälschungen kommen vor allem in Italien, Frankreich, Großbritannien, Bulgarien und Rumänien, aber neuerdings auch in Brasilien, Thailand, Kolumbien, Mexiko und in den USA zum Einsatz. Zu diesem Zweck übermitteln Bandenmitglieder, wenn sie nicht selber mit den nachgemachten Karten ausreisen, die entwendeten Daten per Internet ins Ausland zu ihren Komplizen. Dort werden die Informationen auf die Rohlinge kopiert. Sehr oft erfahren die Karteninhaber erst durch ihre monatlichen Kontoauszüge von ihrem Verlust. In den meisten Fällen ersetzen die Banken den Schaden umgehend.

Skimming-Banden hielten uns in den vergangenen Jahren gehörig auf Trab. Das Gros der Täter stammte aus Bacau in Rumänien, dort residierten die Hintermänner. Einige von ihnen waren regelrechte Computerfreaks und studierte Informatiker.

Die Organisation setzte Leute mit ganz unterschiedlichem Können und Know-How als Arbeiter (»argati«) europaweit ein. So baldowerten einige Mitglieder des Syndikats günstig gelegene Geldautomaten aus, andere waren für den Einbau der Lesegeräte zuständig, wiederum andere fungierten als Experten für die Minikameras oder die Trojaner. Manche »Arbeiter« verschickten die geklauten Daten an die zentrale Kopierstelle in Bacau.

Mitte Juli 2008 teilte die rumänische Kriminalpolizei in Bacau dem BKA mit, dass eine ganze Gruppe dieser Skimmer auf dem Weg nach Deutschland sei, um Bankkunden zu schröpfen. Der Hinweis führte zu zwei Rumänen. Als die Männer auf dem Flughafen Köln/Bonn gelandet waren, nahm die Polizei sie direkt »unter Wind«. Unauffällig folgten die Beamten dem Mietwagen der beiden Richtung Bonn. Das Duo inspizierte mitten in der Innenstadt die Eingangstüren zur Filiale einer großen Bank. Vorsichtig schaute man sich, als Bankkunde getarnt, in den Vorräumen um, warf einen Blick auf die Schalterhalle und zog wieder ab.

In der Zwischenzeit waren vier Komplizen mit Reisebussen nach Köln getourt. Um kein Aufsehen zu erregen, stiegen sie in einem Hotel im nahegelegenen Leverkusen ab.

Das war ein Fehler. Denn das Quartett hatte nicht mit einem allzu neugierigen Nachtportier gerechnet. Bei einer zufälligen Visite hatte der Mann im Zimmer der vier ein Laptop sowie ein Magnetkarten-Lesegerät entdeckt und gleich die Polizei über seinen Fund unterrichtet. Die ließ sich nicht zweimal bitten.

Experten untersuchten den Laptop eines der vier Hotelgäste und stießen auf eine Software zum Lesen und Beschreiben von Magnetkarten. Man brauchte nur noch ein Kartenlesegerät an den PC anzuschließen, um den Datenklau zu starten.

Am nächsten Tag begab sich die Tätergruppe erneut nach Bonn und kehrte abends in ihr Hotel zurück. Dort griffen wir zu. Bei den Verdächtigen wurden Karten, Mobilfunktelefone, Klebematerial und eine Abdeckleiste mit Minikamera sichergestellt. Die gespeicherten Nummern in den Handys entlarvten weitere Komplizen der Gruppe. Für einen Haftbefehl reichte das Material aber noch nicht aus. Indizien für den geplanten Coup gab es zuhauf, jedoch war bisher noch kein Geldinstitut zu Schaden gekommen. Somit mussten wir die Männer nach der vorläufigen Festnahme wieder laufenlassen. Sie setzten sich sofort ab.

Erst Ende September 2008 erstattete besagte Bonner Bankfiliale Strafanzeige gegen die Automatenhaie. Die Gangster hatten mehrere Geldstationen manipuliert. Andere Zweige der Skimming-Organisation hatten mit Hilfe der gestohlenen Daten und Kartendummies in Tschechien, Frankreich und Italien enorme Summen abgehoben. Mittels Videoaufnahmen an den Automaten erkannten wir zwei der Jungs aus dem Leverkusener Hotel wieder.

Seinerzeit rollte eine ganze Welle von Skimming-Fällen aus der ganzen Republik auf uns zu. Und stets führte die Spur zu dem Fälschersyndikat im rumänischen Bacau.

Im Dezember 2008 fielen zwei Rumänen bei einer Polizeikontrolle auf einer Autobahnraststätte in Chemnitz auf. Die Polizisten beschlagnahmten ein Laptop nebst Kartenlesegerät und Sekundenkleber. Anders als in vielen anderen Verfahren klappte die Zusammenarbeit mit den rumänischen Kollegen dieses Mal ausnehmend gut. Die Polizei in Bacau teilte uns mit, dass wir – ohne es zu wissen – in Leverkusen unter anderem den Operationschef der Kartenfälscher hatten laufenlassen. Kaum wieder frei, war Andrea Molinescu schleunigst außer Landes geflüchtet. In Telefongesprächen machte er deutlich, dass ihm der Boden in Deutschland zu heiß geworden sei. Darum schickte er seine »Pfeile« (Kuriere) zu uns, die hier die Daten abräumen sollten.

Die Warnmeldungen der Kollegen in Bacau häuften sich: In Paris wurden zwei Bandenmitglieder mit den Kartendaten deutscher Konteninhaber erwischt; in anderen Städten feierten wir ähnliche Fahndungserfolge. Es war wie ein Wunder. Die konzertierte Aktion gegen diese Organisation über die Staatsgrenzen hinweg hätte kein Lehrbuch besser beschreiben können. Fortan ermittelten wir in enger Abstimmung mit der Justiz und Polizei von Bacau. Eine rumänische Staatsanwältin erschien sogar in Köln und ließ sich auf den neuesten Stand der Ermittlungen bringen.

Kurz darauf informierten uns Kollegen aus dem slowakischen Bratislava über einen ganz besonderen Fang: Zwei

Rumänen waren auf frischer Tat ertappt worden. Sie saßen in Untersuchungshaft.

Wir hatten die zwei schon länger auf dem Schirm. Vor kurzem hatten sie Deutschland verlassen. Aus belauschten Telefonaten wussten wir, dass sie in der Zentrale mit den Drahtziehern zusammenzutreffen sollten, um dort neueste Kartenlesetechnik abzuholen. Anhand ihrer Handys konnte die Polizei sie ständig orten, sodass wir guter Hoffnung waren, dass diese Leute uns zu den Bossen in Rumänien führen würden. Die Festnahme des Duos in Bratislava war allerdings ein Schlag ins Kontor. Unsere Pläne drohten zu scheitern.

Mit einer Dolmetscherin an der Seite beschwor ich meinen slowakischen Kollegen, die verhafteten Kuriere aus ermittlungstaktischen Gründen aus der Haft zu entlassen. Im Gegenzug versprach ich ihm, die Taten in Bratislava ebenfalls anzuklagen, sollten wir die beiden Gauner auf dem Rückweg in Empfang nehmen. Mit Genehmigung seiner Vorgesetzten stimmte der Kollege zu und ließ die Männer frei. Ab dem Grenzübertritt in ihre Heimat ließ die rumänische Polizei die Verdächtigen nicht mehr aus den Augen. Und siehe da: Sie führten uns tatsächlich direkt zu den Bandenchefs, die wir teils noch gar nicht kannten.

Als die Kuriere im Juni 2009 nach Deutschland zurückkehrten, schnappte unsere Falle zu. Die Männer wurden in Leipzig festgenommen und am selben Tag per Hubschrauber nach Köln gebracht. Gleichzeitig nahmen die Kollegen in Rumänien die Köpfe der Bande fest. Mehr als eine halbe Million Euro hatte die Organisation in unserem Fall bei deutschen Bankkunden abkassiert; die Dunkelziffer liegt sicherlich um ein Vielfaches höher.

Zu jener Zeit plagten mich aber ganz andere Probleme. Schon vor Prozessbeginn trieb mich der Gedanke um, dass die Anklage Tausende Abhebungen auflistete. Formaljuristisch wäre ich dazu gezwungen gewesen, jeden einzelnen Namen der Opfer nebst Datum und Ort der Abhebung zu nennen. Das hätte Stunden gedauert. Ich hätte mir den Mund fusselig geredet, vor lauter Langeweile wären den Zuhörern und Prozessbeteiligten womöglich die Augen zugefallen. Eine fürchterliche Vorstellung.

Und so begann ich in juristischen Fachjournalen und im Internet zu recherchieren. Ich fand heraus, dass mehrere Senate des Bundesgerichtshofes (BGH) inzwischen die Ansicht vertraten, dass ein überaus langer und komplexer Anklagesatz mit zahlreichen Tabellen nicht mehr komplett vorgetragen werden müsse, sondern alle Parteien sich das Ganze im Selbstleseverfahren zu Gemüte führen konnten.

Ohne es zu ahnen, hatte ich mich damit auf juristisch unsicheres Terrain begeben. Denn der 2. Strafsenat in Karlsruhe, der für alle Revisionen im Kölner Gerichtskammerbezirk zuständig war, vertrat keine klare Linie, und solange dieser Zustand andauerte, mussten die Taten allesamt weiterhin vorgelesen werden. Weil die Materie selbst unter der höchstrichterlichen Jurisprudenz so kontrovers diskutiert wurde, lag diese Rechtsfrage dem Gemeinsamen Senat des Bundesgerichtshofes zur Entscheidung vor.

Manche werden jetzt sicher denken: »Der spinnt, der Bülles.« Aber das kümmerte mich damals so wenig wie heute. Stur wie ich bin, wollte ich der Sache auf den Grund gehen. Also fragte ich den Vorsitzenden der zuständigen Strafkammer um seine Meinung. Die war eindeutig: Jeder einzelne Punkt der Anklage müsse aufgerufen werden, ganz gleich, was die Großkopferten in Karlsruhe dachten oder demnächst womöglich verändern wollten.

Was tun? Tja, ich muss gestehen, dass es manchmal auch seine Vorteile hat, eine Abteilung zu leiten. Letztlich ersparte ich mir den Vorlesemarathon und bat zwei jüngere Kolleginnen, den Sitzungsdienst in dem Fall zu übernehmen und die ellenlange Anklage zu verkünden. Die Gerichtsverhandlung begann Ende März 2010. Die Verlesung der Anklageschrift währte drei volle Tage, und die beiden Datendiebe wurde zu je fünf Jahren Haft verurteilt.

Knapp zwei Jahre später entschied übrigens der BGH, dass es bei einer Vielzahl an gleichförmigen Straftaten oder Tatbestandsakten ausreicht, die Begehungsweise, die Gesamtzahl der Taten, den Tatzeitraum und den Gesamtschaden vorzutragen. Nunmehr müssen Staatsanwälte nicht mehr mit Wasserflaschen und Halspastillen bewaffnet stundenlange »Vorlesungen« mit endlosen Zahlenlisten halten, und auch die Prozessbeteiligten müssen nicht mehr mit literweise Kaffee gegen die aufkommende Müdigkeit ankämpfen.

Wie eingangs erwähnt, neppen die Kartenkopierer inzwischen nicht nur Banken und Sparkassen, sondern auch Baumärkte, Supermärkte und Tankstellen. Dort sind die Sicherheitsstandards weitaus geringer – ein Umstand, den etwa eine deutsch-englisch-türkische Connection vor zwei Jahren geschickt für ihre Zwecke ausnutzte. Die Gruppe schmierte Kassierer von Tankstellen, damit die wegschauten, während sie sich ans Werk machten. Die Techniker der Bande bauten Chips in die Kartenterminals der Zapfstationen ein, um die Daten der Kunden abzuspeichern. Über den Kassen versteckten die Gangster in den Deckenverkleidungen Miniaturkameras, die die PIN abfilmten. Später kopierten die Täter die ausgelesenen Kundendaten auf Magnetkarten-Rohlinge und verkauften die gefälschten Karten nebst PIN an andere Kriminelle. Den Gaunern legten wir 2011 das Handwerk. Vier bis fünf Jahre Knast für jedes Bandenmitglied waren die Folge.

Das ist freilich wie fast immer nur ein Teilerfolg. Diese Leute sitzen zwar, aber andere rücken nach. Ehrlicherweise muss ich jedoch sagen, dass auch die Geldinstitute mittlerweile das Risiko erkannt haben und an besseren Schutzmechanismen arbeiten. In dieser Hinsicht sind sie fixer als die deutschen Autohersteller.

Aufgrund massiver Forderungen der Strafverfolgungsbehörden haben die Banken in Deutschland an Geldautomaten und Zahlungsgeräten eine neue Chip-Technologie eingeführt: Ein Computerchip ersetzt die Magnetstreifen auf der Karte. Diese EMV-Technik soll in Europa den Einsatz von Kartendoubletten verhindern. Durch EMV wird der Datensatz verschlüsselt und die Karte bei Gebrauch auf Echtheit überprüft. Nach Angaben der deutschen Kreditwirtschaft wurden in Deutschland bereits alle 60 000 Geldautomaten ebenso wie alle 750 000 Terminals, die etwa von Tankstellen oder vom Einzelhandel benutzt werden, mit dieser Neuentwicklung ausgerüstet. In einzelnen Bundesländern führen immer mehr Banken zudem das sogenannte »Geoblog-System« ein. Dadurch werden Zahlungen bei Auffälligkeiten vorübergehend gesperrt oder auf kleine Beträge begrenzt. Skimming soll auf diese Weise seinen Reiz verlieren.

Ob diese neuen Techniken die Datendiebe wirklich stoppen können, bleibt abzuwarten. Erste positive Signale bieten die neuen BKA-Statistiken: 2011 registrierte das BKA 730 Manipulationen an deutschen Geldautomaten mit einem geschätzten Schaden von 35 Millionen Euro. 2012 sank die Zahl auf bundesweit rund 500 attackierte Cash-Terminals. Die meisten Angriffe geschahen in NRW, gefolgt von Baden-Württemberg, Berlin, Hessen und Bayern. Das ist immer noch ein sehr hohes Niveau, doch die internen Befürchtungen der OK-Ermittler, dass die Masche sich zu einer Volksseuche entwickeln könnte, haben sich nicht bestätigt.

Ich glaube aber nicht, dass die verbesserten Sicherheitsvorkehrungen die Täter dauerhaft vom Datenklau abhalten werden. Mit Sicherheit bastelt die Gegenseite längst an neuen Lösungen und anderen Methoden, die Kartencodes zu knacken. Wetten?

Sklavenmarkt Deutschland

Die Angebote klangen eindeutig: »Sex mit allen Frauen, solange du willst, so oft du willst.« Die Offerte der »Flatrate-Bordelle« zog die Freier an wie die Motten das Licht. Je nach Rotlichtclub lagen die Tarife bei 70 bis 100 Euro.

Die Behörden reagierten prompt. Nach einer bundesweiten Razzia in diesen Einrichtungen im Juli 2009 machten Ordnungshüter und Justiz der betroffenen Städte einen Teil der Etablissements wegen hygienischer Mängel dicht. Bei der Durchsuchung stießen die Ermittler auf 200 rumänische Frauen; 64 von ihnen waren noch nicht mal 21 Jahre alt. Die Strohfrau der Billig-Bordelle in Stuttgart-Fellbach, Berlin, Heidelberg und Wuppertal kassierte wegen Vorenthaltens und Veruntreuens von Arbeitsentgelt in 35 Fällen drei Jahre Gefängnis. Die beiden Hintermänner der »Flatrate-Bordelle« wurden 2012 vom Landgericht Stuttgart zu acht Jahren und sechs Monaten bzw. fünf Jahren und drei Monaten Haft wegen schweren Menschenhandels und Zuhälterei verurteilt.

Manchmal denke ich, wir befinden uns in einem Supermarkt für menschliche Ware: In den Auslagen zu besichtigen sind Frauen, mit sehr unterschiedlichen Preisen: Je jünger, desto teurer werden die Mädchen gehandelt, und natürlich steigt der Tarif mit dem Aussehen der Kandidatinnen. Zähne, Augen, Beine, Busen, graziles Auftreten – all das kommt in den Warenkorb, wenn es zur Kasse geht.

Der Mensch, um den es dabei eigentlich geht, zählt nicht. Seine Gefühle, Ängste und familiäre Situation interessieren die Käufer in diesem Körper-Supermarkt kein bisschen. Es ist ein Menschenbazar, der wöchentlich neues »Frischfleisch« für die Bordelle Westeuropas anbietet – so nennen es die Zuhälter in Deutschland und den Nachbarstaaten.

Mancher wird denken, der Bülles spinnt. Tatsächlich haben aber Menschenhändler bei uns entsprechende Aussagen getätigt. Die perfide Menschenschau findet häufig in Südosteuropa statt. Rumänien und Bulgarien avancierten spätestens mit dem EU-Beitritt zu den größten Lieferanten für die deutschen und anderen westeuropäischen Rotlichtbezirke.

Im Hangar eines stillgelegten Flughafens in Albanien hatten Gangster einmal Dutzende junge Frauen in Reih und Glied aufgestellt. Die »Zwischenhändler« liefen an den Kolonnen entlang, betatschten die Mädchen teils bis in den Intimbereich und machten dann ihre Angebote. Anschließend wurde die Ware Mensch zu den Freiern in den Westen transportiert. Es ist quasi ein Sklavenmarkt der Moderne, der horrende Gewinne abwirft.

Der Kampf gegen den organisierten Menschenhandel ist so ziemlich die undankbarste Aufgabe für einen OK-Ermittler. Die Strafvorschriften dazu sind derart vage, dass man manchmal aus der Haut fahren möchte. Weisen Sie mal einem rumänischen Zuhälter nach, dass er laut Paragraph 232 Strafgesetzbuch »die Zwangslage oder die Hilflosigkeit in einem fremden Land« ausgenutzt hat, »um eine Person der Prostitution oder der Zwangsarbeit zuzuführen«.

Ohne die Hilfe der Frauen ist das ein langer, steiniger

Weg. Es ist nicht unmöglich, erfordert aber umfangreiche Ermittlungen, teure Überwachungsmethoden, verdeckte Ermittler oder Spitzel, die in die Banden eingeschleust werden müssen. Hunderttausende Euro Steuergelder gehen dabei drauf, und am Ende kann man sich nicht einmal sicher sein, dass die Täter ihre verdiente Strafe bekommen, weil eben die Prostituierten im Prozess mitspielen müssen. Mitunter gleichen solche Fälle einem Vabanque-Spiel, bei dem sich die Frage stellt: Wird die Kronzeugin auch im Angesicht ihrer Peiniger die belastende Aussage wiederholen?

Allzu oft ist es leider so, dass die Frauen nach ihrer Vernehmung im Ermittlungsverfahren nach Hause fahren oder anderswo in einem Etablissement anheuern. Schließlich brauchen sie Geld, und der deutsche Staat finanziert sie nicht. Die Richter wollen sich im Prozess aber lieber selbst ein Bild von der Glaubwürdigkeit der Zeugin machen. Fehlt die Prostituierte im Zeugenstand, muss ein Vernehmungsbeamter ihre Erzählung aus seiner Erinnerung vortragen. Mit der Folge, dass der Beweiswert erheblich sinkt.

Nicht immer ist direkter Zwang im Spiel. Die Mehrzahl der Frauen macht mehr oder weniger freiwillig mit. Die soziale Not in ihren Heimatländern zwingt manche Mädchen dazu, das Einzige zu verkaufen, was sie haben: ihren Körper. Ich erinnere mich an eine 25-jährige russische Diplom-Chemikerin aus Kaliningrad (Königsberg). Da ihr Studienabschluss hier nicht anerkannt wurde, geriet die hübsche Akademikerin auf der Suche nach einem Job an eine türkische Zuhälterin und verdingte sich in Kölner Puffs. Einen Teil ihrer Einnahmen schickte sie ihren Eltern, deren Rentenansprüche sich mit dem Ende der Sowjetunion im Jahr 1991 in nichts aufgelöst hatten.

So etwas ist schlimm genug – schlimmer ergeht es freilich denjenigen, die mit Gewalt in ein Bordell gezwungen werden.

Sklaverei wird zwar heutzutage in fast allen Ländern der Erde geächtet, tatsächlich aber gibt es immer noch einen entsprechenden Schwarzmarkt. Erkenntnissen der Vereinten Nationen zufolge leben weltweit über 27 Millionen Menschen »in Sklaverei und Zwangsarbeit«. Noch nie existierten mehr Sklaven auf dem Erdball als heute, im Zeitalter der Globalisierung. Der Direktor des OSZE-Büros für Demokratische Institutionen und Menschenrechte (ODIHR) in Warschau, Gérard Soutmann, berichtete im Juni 2000, mehrere hunderttausend Menschen würden jährlich quasi als Ware verkauft. Er konstatierte, dass allein 1997 rund 175 000 Frauen aus Mittelost-, Südosteuropa und den GUS-Staaten verschleppt worden seien. Ein Ende »dieses florierenden Menschenmarktes« sei nicht abzusehen.

Nach Angaben der Internationalen Organisation für Migration (IOM) werden jährlich 200 000 Frauen »aus Ländern Mittel- und Osteuropas verschleppt und ins Ausland verbracht«. Schon Anfang 1999 stellte die EU-Kommissarin Anita Gradin fest, dass aus Osteuropa jährlich hunderttausende von Frauen zu Zwecken der Prostitution in die 15 Gemeinschaftsstaaten eingeschleust würden.

Der Handel mit jungen Frauen ist zu einem gigantischen Geschäft herangewachsen. In den vergangenen zehn Jahren sind nach einer Analyse des Europarates die Profite der Zuhälter und Schleuser um 400 Prozent gestiegen.[49] Eine halbe Million Frauen werden derzeit in Europa im Netz organisierter Banden festgehalten. Die Prostituierten bringen ihren Peinigern nach Schätzungen jährlich bis zu 32 Milliarden Dollar ein.[50] Die Verbrechersyndikate stecken das Geld oft in Geschäfte mit Drogen und Waffen. Die ausgebeuteten Frauen bilden die Basis für ein konspiratives Wirtschaftssystem – ein grenzüberschreitendes Geflecht von Schmugglern, Schleppern, Zuhältern, Passfälschern, Kontakthändlern, Waffen-, Auto- und Kokainschiebern.

Diese Einschätzung hat noch heute Bestand. In einer Expertise warnte die EU-Innenkommissarin Cecilia Malmström im April 2013 vor einer stetigen Zunahme der Opfer in Europa. Während im Jahre 2008 noch 6309 Frauen von den Sicherheitsbehörden der EU-Länder entdeckt wurden, stieg die Zahl im Jahre 2011 auf 9528; zugleich gingen die Verhaftungen von Menschenhändlern und Schleusern zurück: von 1534 im Jahre 2008 auf 1339 im Jahre 2011.

Die Statistik spiegelt allerdings nur das beleuchtete Feld wider. Will sagen: Eigentlich könnte man diese Werte auf den Müll werfen, liegen doch die realen Dimensionen weitaus höher. Der Grund dafür ist denkbar einfach: Je intensiver man im Bereich Drogen- oder Menschenhandel ermittelt, desto mehr Straftaten deckt man auf. Das heißt, es hängt vom Ehrgeiz der Ermittler, von ihrem Geschick, von den Ressourcen, vom Interesse und dem betriebenen Aufwand ab, wie viele Täter ins Netz gehen.

Nicht umsonst kritisieren meine Kollegen und ich den jährlichen »Lagebericht Menschenhandel« des Bundeskriminalamts als eine »Dokumentation polizeilicher Ahnungslosigkeit«. Gerade mal 454 Ermittlungsverfahren registrierte das BKA 2011. Das ist viel zu wenig und lässt kaum Schlüsse auf das tatsächliche Ausmaß zu. Denn wären diese Zahlen aussagekräftig, gäbe es in vielen Städten und Regionen keinerlei Rotlichtkriminalität und auch keinen Frauenhandel. Das ist absurd. »Ein Rotlichtviertel gehört zu jeder Stadt wie die Einkaufsmeile und die Reihenhaussiedlung«, hämte die *Bild*-Zeitung im Januar 2011. Der Berliner *Tagesspiegel* berichtete damals, dass 400 000 Frauen hierzulande täglich bis zu 1,5 Millionen Freier abfertigten. Mit der Prostitution werden jährlich Umsätze in zweistelliger Milliardenhöhe erzielt, so die Informationen des Deutschen Bundestags. Genauere Schätzungen gehen von rund 15 Milliarden Euro pro Jahr aus. Die Prostituierte selbst verdient im Schnitt um die 250 Euro am Tag. Im Monat kommen jedoch nur selten mehr als 2000 Euro zusammen, führt der *Tagesspiegel* weiter aus. Am meisten profitieren von ihren Dienstleistungen nämlich die Zuhälter: Um die 100 000 Euro bringt eine Prostituierte ihrem »Luden« pro Jahr schätzungsweise ein.

Hauptberuflich von ihrem Gewerbe müssen rund 150 000 der 400 000 bundesweit aktiven Prostituierten leben. In den vergangenen Jahren hat sich hier der Anteil der Migranten deutlich erhöht. Die meisten der ausländischen Prostituierten kommen aus Thailand, Polen, Bulgarien, Rumänien und Russland. Aber auch Tschechien, Ungarn, Weißrussland, Moldawien, Kasachstan und Usbekistan spielen eine große Rolle. Und diese Frauen sollen alle den Weg nach Deutschland gefunden haben, um hier freiwillig der Prostitution nachzugehen? Das glaube ich nicht.

Die geringen Fallzahlen beim Menschenhandel hängen eher mit dem Umstand zusammen, dass viele Staatsanwälte das Thema erst gar nicht anpacken, weil sie entweder keine Kapazitäten dafür haben, oder weil sie sich angesichts der komplexen Materie scheuen, solche Verfahren zu verfolgen. Fazit: Wir können das wahre Ausmaß des organisierten Frauenhandels hierzulande nicht annähernd beziffern.

Nach zuverlässigen Angaben der Internationalen Arbeitsorganisation ILO betrifft der globale Menschenhandel jährlich mindestens 2,4 Millionen Menschen – größtenteils Frauen und Kinder. EU-Angaben zufolge soll allein der Handel mit Zwangsprostitutierten jährlich sieben Milliarden Dollar abwerfen, also mehr als der internationale Drogen- oder Waffenhandel. Nach diesen Berechnungen erhalten die Schlepperorganisationen von den Auftraggebern zwischen 2500 und 5000 Euro pro eingeschleuste Frau. Abzüglich der eigenen Kosten von etwa zehn Prozent bleibt den Banden somit ein Reingewinn von zirka 2200 bis 4500 Euro pro Frau.

Seit 2000 ist der Kampf gegen die Zuhälterringe in einer durch die EU verabschiedeten »UN-Konvention gegen grenzüberschreitendes Organisiertes Verbrechen« und dem »Protokoll zur Verhütung, Bekämpfung und Bestrafung des Menschenhandels« international einheitlich definiert. Um das Phänomen noch besser in den Griff zu kriegen, erließ die EU zudem am 5. April 2011 die Richtlinie 2011/36/EU. Dieses Papier verpflichtet die Mitgliedstaaten, im Kampf gegen Zuhälterorganisationen und Menschenhändler grenzüberschreitend zusammenzuarbeiten. So sollen Polizei, Justiz und Finanzbehörden schneller Informationen über internationale Händlerzirkel austauschen. Zuvorderst aber will Brüssel die Rechte der Opfer besser schützen und sie dazu ermutigen, in Strafverfahren als Zeugen gegen die Täter auszusagen. Videoaufzeichnungen der ersten Vernehmungen sollen demnach unnötige Wiederholungen im weiteren Strafverfahren vermeiden. Außerdem müssen die Opfer laut EU-Statut unterstützt und betreut werden.

Artikel 2 dieser Richtlinie stellt unter anderem die Anwerbung nebst Transfer von Personen unter Strafe, die durch Gewalt, Entführung oder Täuschung zur Prostitution oder Zwangsarbeit ausgebeutet wurden. Schuldig machen sich demnach auch Rotlichtgrößen, die in ihren Bordellen Zwangsprostitutierte anschaffen lassen oder beim Transport der Opfer helfen.

Leider haben nur sechs EU-Länder (Tschechien, Polen, Litauen, Ungarn, Finnland, Schweden) diese Richtlinie in nationales Recht umgesetzt. Obschon die Frist für die Umsetzung bereits Anfang April 2013 abgelaufen ist, weigert sich Deutschland noch immer, den Leitfaden aus Brüssel zu akzeptieren. Zwar liegt ein Referentenentwurf im Justizministerium vor, allerdings ist die Vorlage wieder einmal ein durchschaubarer Versuch, ein strenges EU-Papier weichzuspülen. Eine schärfere Fassung der Menschenhandelsparagraphen im Strafgesetzbuch will das liberale Justizministerium offenbar verhindern. Es sieht stattdessen die Polizei in der Pflicht, stärker gegen diese Banden vorzugehen – ohne dass diese auch Wohnungsbordelle kontrollieren darf …

Der innenpolitische Sprecher der CDU/CSU-Fraktion indes fordert bisher erfolglos, die Opfer von ihrer Beweislast zu befreien; bis dato müssen die Frauen nämlich nachweisen, dass sie ins Bordell gezwungen wurden. Darüber hinaus will Uhl Schuldsprüche gegen Menschenhändler nicht nur von Aussagen der Opfer, sondern auch von handfesten Indizien (sogenannten »objektiven Kriterien«) abhängig machen. So soll etwa ein Zuhälter schon dann verurteilt werden, wenn er einer Frau nur den Pass oder das Telefon abgenommen hat. Zudem sei es widersprüchlich, dass der Betreiber einer Imbissstube zahlreiche Auflage erfüllen und zuverlässig sein müsse, dagegen aber jeder vorbestrafte Menschenhändler ungestört ein Bordell eröffnen könne. Ich bin gespannt, wann die Politik sich endlich zusammenrauft und die EU-Richtlinie zugunsten Tausender geschändeter Frauen umsetzt. Das 2001 mit den Stimmen der rot-grünen Koalition verabschiedete Prostitutionsgesetz sollte die Lage der Prostituierten verbessern, indem ihre Tätigkeit legalisiert wurde und sie unter anderem ihren Lohn einklagen konnten. In der Praxis hat sich diese Maßnahme leider als Förderprogramm für Zuhälter herausgestellt, zumal die entsprechenden Strafvorschriften verwässert wurden.[51]

Dabei ist der Menschenhandel von der Täterseite gut strukturiert und arbeitsteilig organisiert. Weitläufige Netzwerke von Anwerbern, Schleppern, Erpressern, angeheuerten Schlägern und konspirativen Wohnungen sowie von Online-Diensten können Bordellbetreibern und Zuhältern in Deutschland in nur 48 Stunden über Kontinente hinweg »Arbeitskräfte« mit dem jeweils gewünschten Alter, der gewünschten Nationalität und den gewünschten körperlichen Vorzügen liefern. Das Täterpersonal stellt sich folgendermaßen dar:

- die Anwerber, die in den Herkunftsländern junge Frauen »einfangen«,
- die Schleuser, die den Menschentransport durch die Transitländer in die Zielländer organisieren,
- die Vermittler,
- die Zuhälter,
- die Bordellbetreiber.

Die Organisation des Menschenhandels wird plastisch in der Strukturanalyse 2004/2005 des Landeskriminalamts unter dem Titel *Quo vadis … (Organisierter) Menschenhandel in NRW?* geschildert, in der es unter anderem heißt: »Die Verbreitung des Menschenhandels wird sich durch zunehmende Globalisierung aller Lebensbereiche (…) in Europa vergrößern.«

Ein Phänomen, das bisher weitgehend nur unter dem Gesichtspunkt »Schleusung« betrachtet wurde, stellt sich der deutschen Polizei und Staatsanwaltschaft vor diesem Hintergrund nun als eigener Verbrechenssektor dar. Dazu zählen auch Bezüge zur illegalen Beschäftigung beziehungsweise zur Wirtschaftskriminalität. Eine ausgefeilte Beschafferlogistik nebst systematischen »Vertriebs«-Wegen und »Absatz«-Strukturen der »Handelsware« Mensch ist das Einmaleins, das den organisierten Sklavenmarkt am Laufen hält.

Aktuelle wissenschaftliche Untersuchungen haben festgestellt, dass vorwiegend kleinteilige, ethnisch geschlossene Netzwerke einen grenzüberschreitenden Handel gen Deutschland betreiben. Neben bewährten Schleuserwegen und -methoden wird mittels einer entsprechenden Logistik oft ein »Komplettservice« angeboten, der auch die erforderliche Begleitkriminalität wie zum Beispiel das Fälschen von Dokumenten und Bestechung von Grenzbeamten beinhaltet.

Heikle Handelsetappen geben die Hintermänner oft an »Externe« ab. Gibt es irgendwo auf dem Weg von Osteuropa oder Afrika nach Deutschland Probleme, kauft man spezielle »Menschenhandelsdienstleister« ein, die alles Nötige liefern: Transporter, falsche Pässe, Führer, die verschlungene Pfade kennen, um Grenzstationen zu umgehen, oder sichere Häuser, in denen die geschleusten Frauen übernachten können.

Der gesamte Organisationsaufbau und die Logistik sind schwer durchschaubar. Schleuserbanden bringen in unterschiedlicher Konstellation die Frauen nach Deutschland, alles Weitere regeln dann die hiesigen Bordellwirte und Zuhälter.

Genau an diesem Punkt fangen aber die Probleme an. Für das Rotlicht in den Städten ist die Kripo zuständig, für internationale Schleuserringe hingegen die Bundespolizei (BGS). Das heißt nicht, dass BGS und Länderpolizei nicht zusammenarbeiten würden, oft aber entstehen Reibungsverluste, weil der Informationsfluss zwischen den beiden Ermittlungsbehörden stockt. Mitunter hindern sogar persönliche Ressentiments, Standesdünkel oder bürokratische Schranken die Ermittler daran, Synergieeffekte zu nutzen. Das liegt daran, dass zum Beispiel die Bundespolizei nur an Bahnhöfen, Flughäfen oder an den Staatsgrenzen exekutive Befugnisse besitzt. Der Rest obliegt den jeweiligen Länderpolizeien, und die achten sehr darauf, dass ihnen niemand von außen hineinpfuscht. So hat es mich sicher zehn Jahre und viele Nerven gekostet, bis beide Behörden endlich eine gemeinsame Ermittlungsgruppe gegen Schleuser einrichteten. Meines Wissens haben nur die Sachsen inzwischen nachgezogen, der Rest besteht immer noch auf der unsinnigen Teilung von Landes- und Bundespolizei.

Dabei wäre es längst an der Zeit, bundesweit zentrale Ermittlungsgruppen aus Polizei, BGS, dem Zoll und seiner Abteilung »Finanzkontrolle Schwarzarbeit« zu schaffen, um die Menschenhändlernetzwerke zu zerschlagen. Je weitverzweigter ein Kartell international operiert, desto schwieriger ist es, die nötigen Daten, E-Mails, Telefongespräche, Unterlagen von Scheinfirmen und Finanzbescheide zusammenzuführen. Nur wer die jeweilige Rolle der Akteure im In- und Ausland verifiziert, fängt seine Beute.

Letztlich geht es darum, bei der Jagd auf Menschenhändler den Input an Informationen zu perfektionieren. Nur so gewinnen die Ermittler Einblicke in die internationalen Schleuserwege. Das BKA verfügt etwa über Verbindungsbeamte bei jeder Botschaft, die aus erster Hand Informationen aus den Schleuserländern liefern können. Die Bundespolizei verfügt zudem über geschulte Leute, die schnell gefälschte Reisedokumente erkennen. Nur Spezialisten sehen den Unterschied, wenn – wie häufig geschehen – zum Beispiel rumänische und bulgarische Frauen mit nachgemachten italienischen und griechischen Pässen ausgestattet worden sind.

Überdies sollten diese gemeinsamen Ermittlungsgruppen mit einem entsprechenden Gegenstück bei der Justiz in Form einer Schwerpunktstaatsanwaltschaft für die Bekämpfung von Schleusungen und Menschenhandel zusammenarbeiten. Nur so kommt man weiter.

Denn der Gegner agiert auf beinahe jedem Kontinent und ist schwer zu fassen. Als Anwerber und Schleuser sowie Vermittler fungieren hauptsächlich deutsche, türkische, albanische, polnische, bulgarische, rumänische und nigerianische Gangster, wobei insbesondere in Nigeria auch Frauen als Rekruteure auffallen.

Die typische Masche der Menschenhändler schildert eine Anklage meiner Kollegen in Koblenz aus dem Jahr 2011 gegen eine mehrköpfige Bande bulgarischer Schleuser und Zuhälter. Die Truppe hatte mehr als ein Dutzend junger Frauen aus den Elendsquartieren im Nordwesten des Balkanstaates mit falschen Versprechungen nach Deutschland gelockt. Die Fahrtkosten mussten die Mädchen dann in hiesigen Bordellen »abarbeiten«. Fortan gerieten die Frauen immer tiefer in einen Strudel von Abhängigkeit, Angst und täglichem Anschaffen. Ihre Peiniger nahmen ihnen die Pässe weg, kassierten ihre Einnahmen und brachten die Mädchen in einer Art Ringtausch beinahe jeden Monat in einem anderen Etablissement unter.

Die Bande hielt die Frauen wie Sklavinnen. Die Gewinne teilten sich die Zuhälter vor Ort mit den Hintermännern in der Heimat, die den »Nachschub« der menschlichen Ware organisierten. Mangels Sprachkenntnissen trauten sich die Opfer nicht, ihrem Gefängnis zu entfliehen. Erst bei einer Razzia entdeckten Fahnder zwei der Mädchen, die den Kollegen nach langem Zögern endlich die ganze Geschichte erzählten.

Bei den Bordellbesitzern handelt es sich hauptsächlich um Deutsche und Türken. In Köln, Hamburg, Frankfurt am Main und Berlin mischen aber auch Kosovo-Albaner, Araber und Russen mittlerweile das Milieu auf. Brutal und skrupellos laufen Vereinigungen aus Süd- und Osteuropa den Lokalmatadoren den Rang ab. Zunächst verwüsten die Newcomer die Etablissements der etablierten Rotlichtgrößen; es folgen Massenschlägereien bis hin zu Schusswechseln oder Sprengstoffattentaten. Irgendwann knicken die Altvorderen ein und überlassen den südosteuropäischen Gangs das Feld.

Auf der lukrativen Rotlichtschiene rollen auch mächtige Rockergruppen. Frank Hanebuth, Ex-Profi-Boxer und einer der führenden Köpfe der Hells Angels in Deutschland und Europa, kontrollierte in Hannover ein kleines Reich aus Bordellen, Bars und Sicherheitsfirmen. Der clevere 140-Kilogramm-Koloss soll dabei weitreichende Kontakte zur gesellschaftlichen Elite Niedersachsens unterhalten haben. Im Jahr 2012 jedoch löste sich das Hannoversche »Charter« (der dortige Ortsclub) der Höllenengel auf. Die niedersächsische Polizei und Justiz hing Hanebuth immer wieder im Nacken, der kahlköpfige Ober-Angel hatte anscheinend die Nase voll. Er erweiterte mit etlichen anderen »Brüdern« seine Geschäfte auf die Ferieninsel Mallorca. In der Touristenhochburg gründete sich das Hells-Angels-Charter »Spain«. Präsident: Frank Hanebuth.

Ende Juli 2013 verhaftete die spanische Guardia Civil Hanebuth und sieben seiner Kumpane. Für den Zugriff hatten die deutschen Stellen eigens Spezialisten nach Iberien geschickt. Den Club stuften die Ermittler als kriminelle Organisation ein, und den Mitgliedern wurden unter anderem Schutzgelderpressung, Zuhälterei, Bestechung und Betrug zur Last gelegt. Auch sollen die Männer erwogen haben, illegale Gelder in Millionenhöhe beim Bau einer Rennstrecke zu »waschen«.[52]

Den Ermittlungen zufolge lockten einige Höllenengel unter anderem Frauen aus Osteuropa auf die Baleareninsel und zwangen sie dort zur Prostitution. Hanebuth selbst ließ die Vorwürfe über seinen Anwalt Hans-Peter Beyer zurückweisen. Tenor: Bezüglich eines kriminellen Netzwerks in Zusammenhang mit Herrn Hanebuth fehle jeglicher Beweis.[53]

Seit Jahren tobt etwa in Nordrhein-Westfalen ein erbitterter Rockerkrieg. Es geht um Macht, Reviere, Schutzgeld, Drogen – und natürlich auch um Anteile im Rotlichtmilieu. Beinahe jeden Monat knallt es irgendwo im 18-Millionen-Einwohner-Land. Sprengstoffanschläge, Massenschlägereien, Überfälle, Schusswechsel, Attentate – das Register ist lang.

Auslöser der Fehde war eine Massenschlägerei im Januar 2012 zwischen den verfeindeten Hells Angels und Bandidos in Mönchengladbach. Zwei Kuttenträger mit dem Totenkopf, dem Zeichen der Hells Angels, wurden durch Messerstiche lebensgefährlich verletzt. Einer der beiden mutmaßlichen Täter, den wir hier Nazim Yunuz nennen, war ein alter Bekannter aus meiner OK-Abteilung. Yunuz, muskulös und großgewachsen, begann seine Karriere als Mitglied einer türkisch-arabischen Türsteherbande in Köln. Irgendwann ging der Araber seine eigenen Wege. Über Strohleute beteiligte er sich an Bordellen im Kölner Umland, pussierte mit Mädchen und versuchte, sein Geschäftsfeld auszubauen. Dabei geriet er einem Kölner Rotlichtpaten namens Mehmed ins Gehege. Der türkische Oberboss verhängte über Yunus ein »Kölnverbot«: Sollte der Araber das Stadtgebiet betreten, sei er vogelfrei, war damit gemeint. Das Mittelalter lässt grüßen.

Der Konflikt zwischen den Türken und den Arabern eskalierte. Es kam zu Schießereien. Erst musste Yunus mehrere Jahre in den Knast, ein Jahr später folgte dann Mehmed. Letzterer verbüßte nur einen Teil seiner Strafe, bevor er in seine türkische Heimat abgeschoben wurde. Dort mutierte der türkische Rotlichtpate zum Chef der »Hells Angels Mc Nomad Türkei«. Bei seiner Krönung machte sogar Angel-Häuptling Frank Hanebuth seine Aufwartung.

Früher wäre dies undenkbar gewesen. Die Hells Angels in Deutschland akzeptierten lange Zeit keine Zuwanderer oder Ausländer als Rekruten. Doch das hat sich geändert. Alle kriminellen Rockergruppen rüsten personell auf – da spielt der Pass, die Provenienz oder die Hautfarbe keine Rolle mehr. Der Prätendent muss nur willig und natürlich schlagkräftig sein. Und so gewinnen Gangster wie Mehmed über ihre Rocker-Connection wieder neuen Einfluss in deutschen Landen. Nach meinen Informationen soll er über

Strohleute immer noch Anteile an Bordellen in Augsburg und anderswo halten.

Auch sein ehemaliger Rivale Nazim Yunuz ist längst wieder auf freiem Fuß. Er hat ebenfalls eine Kutte angezogen: Yunuz ist jetzt Bandido-Präsident in Köln. Immer wieder fanden wir Hinweise darauf, dass einige Frauen womöglich nicht ganz freiwillig in seinen Läden arbeiteten. So behauptete eine junge Nordafrikanerin, der Araber habe ihr den Kiefer gebrochen, um sie in den Hurendienst zu zwingen. Yunuz wanderte dafür kurzzeitig in Untersuchungshaft, kam aber frei, nachdem das Mädchen seine Aussage widerrief. Über die Gründe dafür kann man nur spekulieren.

Fakt ist: Die Zahl der Zuhälter in Rockerkutte nimmt zu. In den letzten Jahren sind wir etwa im Kölner Raum dem »Hells Angel Charter Cologne« auf den Pelz gerückt. Aus zuverlässigen Quellen stammte der Hinweis, dass die Höllenengel Damen vom Straßenstrich an der Brühler Landstraße in Köln massiv abkassierten. Die Erpresser verlangten 100 Euro Standgeld für Wohnwagen und 80 Euro für Pkws. Wer sich weigerte zu zahlen, musste die Konsequenzen tragen: Hells Angels schlugen dann die Frauen und setzten auch schon mal einen Wohnwagen in Brand.

Die Rocker sind mächtig auf dem Vormarsch. Und ihre Opfer kommen meist aus dem Ausland. Mehr als die Hälfte der Zwangsprostituierten stammt laut BKA-Lagebild 2011 aus Osteuropa, insbesondere aus Rumänien und Bulgarien. Das dürfte mit dem EU-Beitritt der beiden Balkanstaaten im Jahr 2007 zusammenhängen. Geschickt versteht es das Milieu, die ausländischen Prostituierten von der Außenwelt abzuschotten. Die isolierten Frauen sind damit hilflose Gefangene ihrer Ausbeuter.

Die Methoden afrikanischer Menschenhändler sind subtiler und perfider. So werden etwa nigerianische Frauen per Voodoo-Zauber gefügig gemacht. Dabei spielen sogenannte »Juju-Schwüre« eine große Rolle. Große Teile der Bevölkerung praktizieren in Nigeria diesen uralten Kult – ganz gleich, ob sie Christen oder Muslime sind. Von den Juju-Geistern erhoffen sich die Anbeter Glück, Erfolg und Gesundheit. Für das Ritual erhält der Juju-Priester abgeschnittene Fingernägel, Haare, Blut oder andere Utensilien seines Schützlings. Durch diesen Akt, so der Aberglaube, avanciert der Priester zum Herrscher über Tod und Leben des Bittstellers.

Skrupellose Geschäftemacher nutzen diesen religiösen Irrsinn gnadenlos für sich aus. Sie arbeiten mit betrügerischen Geistlichen zusammen, die den meist einfach gestrickten Mädchen einreden, sie müssten sich nun für ihr Seelenheil den Männern hingeben. Dabei assistieren meist »Madames«, die oft selber früher im Rotlichtgewerbe gearbeitet haben. Sie wohnen in Deutschland und spinnen ein filigranes Netz zwischen Schleusern auf dem Händlertrail und Zuhältern am Ende des Weges hierzulande. Auf Geheiß obskurer Priester schwören die jungen Frauen den Madames bedingungslosen Gehorsam.

In Bonn etwa agierte eine Frauenhändlerin genau mit dieser Masche. In ihrem Dorf in Nigeria hatte ein 17-jähriges Mädchen den Eid bei einer Juju-Zeremonie abgelegt. Sollte sie ihr Gelübde brechen, drohe ihr der Tod, hatte man ihr eingebläut. Danach wurde sie nach Deutschland gebracht. Sie begann auf dem Straßenstrich, später verdingte sie sich in mehreren Clubs. Die junge Frau lieferte fast ihre gesamten Einnahmen bei ihrer Madame ab: 20 000 Euro in bar. Ihre Angst vor dem Voodoo-Zauber war so groß, dass sie nicht als Zeugin aussagen wollte.

Die Dunkelziffer der Zwangsprostituierten bleibt hoch, auch wenn nur vergleichweise wenige Frauen gewaltsam in deutsche Bordelle genötigt werden. 15 Prozent der bekanntgewordenen Fälle wurden mit falschen Versprechungen zu diesem Zweck nach Deutschland gelockt. Der größte Teil der Frauen hingegen weiß oder ahnt zumindest, dass sie hierzulande Freiern ihre Dienste anbieten sollen. Einige von ihnen waren sogar bereits in ihrer Heimat im horizontalen Gewerbe tätig. Dieser Umstand ändert aber nichts daran, dass sie in den Augen unserer Justiz zu den Opfern der Menschenhändler zählen.

Schließlich fliehen viele Frauen aus Südosteuropa aus dem Elend ihrer Länder in der Hoffnung, in Deutschland das große Geld zu verdienen, und das wird von den Menschenhändlern skrupellos ausgenutzt. Manche müssen ihre Familie daheim versorgen, die ansonsten kaum über die Runden käme. Diese Frauen aus den ehemaligen GUS-Staaten oder aus Süosteuropa sind beinahe zu allem bereit, um der Armut in ihrer Heimat zu entrinnen oder die Not ihrer dort lebenden Verwandten zu lindern.

Umso leichter fällt es den Schlepperbanden, sie mit irgendwelchen Märchen über tolle Berufs- und Arbeitschancen zu ködern. Da ist etwa von Au-Pair-Jobs bei einer reichen deutschen Familie die Rede, der Tätigkeit als Kindermädchen oder als Serviererin im Hotel- und Gaststättengewerbe. Die Banden schalten auch Annoncen: »Zuverlässige Babysitterinnen gesucht.« Mitunter gehen sie auch direkt in medias res: »Sehr gut aussehende Mädchen« (500 Dollar Gehalt), »Masseurinnen« (kostenlose Ausbildung garantiert), »18- bis 28-Jährige für Arbeiten in Deutschland« oder einfach »Mädchen fürs Ausland« mit »Spezialausbildung Künstlerin im weitesten Sinne«. In anderen Fällen rekrutieren die Menschendealer ihre »Ware« auch unter Frauen, die schon von der Prostitution leben – oft direkt vom örtlichen Straßenstrich.

Der Weg führt meist über die Transitstationen Rumänien und die Staaten Ex-Jugoslawiens. Zwei Hauptrouten der Mädchenhändler verbinden den Osten des Kontinents und den Schwarzmeerraum mit Deutschland, Frankreich, England, den Beneluxstaaten sowie Italien und Spanien: Von Bukarest aus werden slawische Mädchen auf die Ostroute geschickt – nach Griechenland oder in die Türkei. Timisoara hingegen gilt als Zugang zur Westroute, über Ungarn oder die Länder des früheren Jugoslawien.

Eine Studie vom September 2004 beschreibt die Misere der Prostitutionswanderung aus den Balkanstaaten:

> In den letzten Jahren hat eine verstärkte Arbeitsmigration von Frauen aufgrund von Armut, Perspektivlosigkeit und Diskriminierung aus den mittel- und osteuropäischen Ländern stattgefunden. Zielregionen der Frauen, die mehrheitlich in einer ersten Migrationswelle aus der Ukraine, den baltischen Staaten, Polen und Tschechien kamen und nun aus Bulgarien, Rumänien und Moldau, sind meist Länder Westeuropas, Nordamerika, die Russische Föderation, Israel und die Golfstaaten.[54]

In Bulgarien ist diesem Bericht zufolge jede fünfte Frau eine alleinerziehende Mutter, gut zwei Drittel von ihnen wiederum leben in größter Armut. Schätzungsweise 450 000 Bulgarinnen würden das Risiko eingehen, schwarz im Ausland zu arbeiten.

Gleichberechtigung ist in den meisten Ländern Südosteuropas ein Fremdwort. In diesen patriarchalisch orientierten Gesellschaften wird das weibliche Geschlecht unterdrückt. Vor allem Frauen ethnischer Minderheiten (wie die Roma) werden in Rumänien stark diskriminiert. Die meisten von ihnen leben dort völlig mittellos, ganz ohne Perspektive.

Problemlos rekrutieren Menschenhändler daher ihren Nachschub aus den Armenvierteln solcher Länder. Laut einer soziologischen Untersuchung in Rumänien sind die meisten rumänischen Opfer junge ungebundene Frauen zwischen 15 und 25 Jahren. Ihr Drang nach Freiheit und nach einem besseren Leben macht sie zu fast allem bereit, denn »schlimmer als jetzt kann es sowieso nicht werden, nur besser«, so die exemplarische Aussage einer der Betroffenen.

Der Glaube versetzt so gesehen Berge. Aber er kann auch in den Abgrund führen – in ein perfides System, das in ein mieses Zimmer mit einem Bett führt, in dem es nur um käuflichen Sex geht und nicht um eine Chance auf ein besseres Leben.

Allzu oft spielen ältere Frauen die Lockvögel für die Händlerringe. Mitunter stehen sie sogar an deren Spitze. Wanda Wittlich war der Paradetypus einer ausgebufften Bandenchefin: eine attraktive, üppige Blondine mittleren Alters, die sich schon als Abiturientin in ihrer polnischen Heimat das Taschengeld in einem Bordell aufbesserte. Dort verguckte sie sich in einen älteren skandinavischen Freier, der bald nach der Hochzeit verstarb. Übermäßiger Wodkagenuss hatte ihn dahingerafft, was ihr ein bedeutendes Vermögen bescherte. Dasselbe Schicksal ereilte auch Wandas Gatten Nummer zwei und drei, und jedes Mal erbte die junge Polin ein erkleckliches Sümmchen. Ihre vierte Ehe mit einem Deutschen zerbrach bald. Wanda, mittlerweise in Köln lebend, nahm ihren alten Job wieder auf und heuerte in einem deutschen Puff an. Anfangs lief das Geschäft ausgezeichnet, doch mit zunehmendem Alter blieben die Freier aus. Wanda musste sich etwas Neues einfallen lassen, wollte sie fürs Alter vorsorgen.

Bald verfiel die Polin auf die Idee, junge hübsche Frauen in Diskotheken und Clubs ihrer Heimat nahe Danzig aufzutun und sie mit Lügengeschichten über lukrative Aushilfsjobs nach Deutschland zu lotsen. Auf diese Weise schleuste sie 200 junge Mädchen nach Köln. Kaum am Rhein angekommen, nahmen Wandas Handlanger ihnen die Pässe ab, sperrten sie in Wohnungen ein und zwangen sie, anschaffen zu gehen. Den Liebeslohn kassierte Wanda ab. Bündelweise trug die Bandenchefin das Geld zu einer Sparkassenfiliale in Köln.

Das war ihr Fehler. Einer der Angestellten des Instituts wurde misstrauisch und erstattete Anzeige wegen des Verdachts der Geldwäsche. Schnell stellte sich heraus, dass Wanda Wittlich einen Ring von Menschenhändlern lenkte. Wochenlange Observationen und Telefonüberwachungen erhärteten den Tatverdacht. Polizeibeamte reisten in den Heimatort Wandas. Die polnischen Kollegen berichteten, die Zuhälterin habe an der Ostsee ein schlossähnliches Anwesen gekauft. Die Villa wolle sie zu einem Großbordell für betuchte Kunden umbauen.

Bei einem der nächsten Frauentransfers von Polen nach Deutschland nahmen wir Wanda Wittlich fest. Gleichzeitig ließ ich zahlreiche illegale, in Apartments betriebene Bordelle durchsuchen. Die Ermittler befreiten dort Dutzende von Mädchen.

Einmal in Sicherheit, begannen die Frauen ihre Peinigerin schwer zu belasten. Die Aussagen ließ ich richterlich bestätigen und sorgte dafür, dass Wandas Opfer bis zum Prozess gegen die Bandenchefin vom Ausländeramt Köln eine entsprechende Aufenthaltsduldung erhielten.

Die Beweise gegen Wanda Wittlich waren erdrückend, der Prozess rückte näher. Da brachte mir der Justizbote einen Brief aus dem Gefängnis. Wanda, ein offenbar recht eitles Frauenzimmer, bat mich um die grünen Halbschuhe, die wir in ihrem Mercedes gefunden hatten. Zur Hauptverhandlung wollte sie gestylt erscheinen, daher brauchte sie zu ihrem grünen Kleid die dazu passenden Highheels. Auch Staatsanwälte sind keine Unmenschen, deshalb entsprach ich ihrer Bitte. Als ich zum Prozessbeginn den Gerichtssaal betrat, nahm mich eine Justizwachtmeisterin zur Seite. Empört berichtete sie mir, Wanda habe ein Kleid nebst durchsichtiger Bluse angezogen. »Ich will doch dem Staatsanwalt in der Gerichtsverhandlung gefallen«, habe sie erklärt. Die Wachtmeisterin hatte ihr daraufhin befohlen, einen BH anzuziehen. »OK«, brummte ich, »dann ist ja alles geregelt.« Die Beamtin schaute mich fassungslos an; vermutlich hatte sie erwartet, ich würde nun als hoher Tugendwächter der vermeintlich unzüchtigen Angeklagten die Leviten lesen. Da kannte sie mich schlecht. Moralische Anstandspredigten liegen mir nicht. Ich bin Staatsanwalt, kein Moralapostel.

Zumal sich in dieser Causa alles wie gewünscht entwickelte: Wanda Wittlich legte ein umfassendes Geständnis ab, und das Verfahren ging nach wenigen Tagen zu Ende. Ergebnis: Wanda musste drei Jahre absitzen. Mangels Fluchtgefahr hob das Gericht bis zum Strafantritt den Haftbefehl gegen die Mittvierzigerin auf. Nach dem Urteilspruch kam die vollbusige Blondine an meinen Tisch. »Ach, Herr Oberstaatsanwalt, Sie sind so süß«, säuselte sie lächelnd. »Mein Gott«, dachte ich, »was kommt denn jetzt?« »Es dauert ja nicht lang«, flüsterte die Zuhälterin, »dann bin ich wieder draußen und werde mich bei ihnen in Bonn niederlassen – und dann werden wir heiraten.«

Hatte ich mich verhört? Wie kam sie auf diese Idee? Ihr Vorhaben lehnte ich lächelnd mit der Bemerkung ab, dass ich glücklich verheiratet sei. »Außerdem« ergänzte ich, »würde ich gerne noch ein wenig länger leben. Sie haben ja bereits einige Männer verschlissen.« Wanda lächelte und winkte mir zu, während sie aus dem Gerichtsaal stolzierte.

Eine skurrille Anekdote, die aber nicht darüber hinwegtäuschen darf, wie brutal diese Frau polnische Mädchen zu Dirnen abgerichtet hatte. Menschenhändler haben kein Gewissen, für sie sind Frauen ein Mittel zum Zweck. Wer sich wehrt, wird gefoltert oder durch mehrere Männer vergewaltigt. »Zureiten«, lautet der Fachjargon der Gangster dafür. Um ihre Opfer gefügig zu machen, schrecken die Zuhälter vor nichts zurück. In den meisten Fällen werden die Frauen dabei nicht gefesselt oder eingesperrt – nein, sie spüren unsichtbare Ketten. Die Menschenhändler drohen nämlich gerne damit, an die Familien in der Heimat ranzugehen, falls die Frauen sich dem Anschaffen verweigern.

Tuncay Torun kannte ebenfalls keine Gnade, wenn's ums Geschäft ging. Über ein international agierendes Syndikat warb er Frauen aus Bulgarien und Lettland für seine beiden Etablissements im Kölner Raum an. Die Frauen wurden in Wohnungen im Ruhrgebiet untergebracht und gegen zehn Uhr abends zu ihren »Arbeitsstätten« an den Rhein gekarrt. Die Liebesschicht endete frühmorgens gegen sechs Uhr. Einer der Puffs empfing seine Gäste direkt gegenüber einer Polizeistation in Erftstadt bei Köln.

In einer Januarnacht 2003 versuchten drei Kölner Zuhälter, in einem von Toruns Freudenhäusern Prostituierte abzuwerben. Der Bordellwirt ließ an dem Trio ein Exempel statuieren: Die Männer wurden zusammengeschlagen, mit Kabeln ausgepeitscht und beraubt. Einem von ihnen setzte Torun eine Schusswaffe auf den Hinterkopf. Zu guter Letzt mussten sie vor den Prostituierten mit gesenkten Köpfen auf dem Bauch durchs Lokal kriechen und ihre Personalien auf Zettel schreiben. Toruns Schläger machten Fotos von den gepeinigten Konkurrenten. Bei dem »Fotografen« handelte es sich um einen türkischstämmigen Polizeibeamten aus Köln, der im Auftrag Toruns die Personalien der Geschädigten im Polizeicomputer überprüfte.

Durch einen Informanten bekamen wir Wind von der Sache. Die Bande um Torun hatte bulgarische und polnische Frauen mit falschen Versprechungen an den Rhein gelockt und in einer Art Karussellsystem in Gelsenkirchen, Dortmund, Duisburg, Hamburg, Lüdenscheid und Euskirchen anschaffen lassen. Bei der Übernahme der entsprechenden Akten der örtlich zuständigen Kollegen wurde mir schnell klar, dass bislang keiner das Karussellsystem dieser Menschenhändler durchschaut hatte.

Ich zog die Sache in unsere OK-Abteilung rüber und begann, die verschiedenen Fäden zusammenzuknüpfen. Am Ende überführten wir den Torun-Clan. Der Boss und seine Folterknechte wanderten für eine längere Zeit in die Zelle.

Die Verfahren rissen auch in der Folgezeit nicht ab: Im August 2010 gelang es der Polizei im Köln-Bonner Raum, einen Menschenhändlerring auszuheben, wobei neun Bulgaren im Alter von 25 bis 39 Jahre ins Gefängnis wanderten. Die Frauen mussten auf dem Straßenstrich in Köln und Bonn sage und schreibe bis zu 15 Stunden täglich Freier bedienen. Sklaven in der Antike hatten mitunter ein weit besseres Leben als diese Mädchen.

Darum habe ich auch keine Scheu, Deutschland als Sklavenmarkt zu bezeichnen, zumal viele dieser Fälle im Untergrund laufen, im Dunkelfeld, abseits kriminalpolizeilicher Statistiken und abseits der Justiz, die viel zu schwerfällig agiert. Gerichte, abgefüllt mit rechtsformalistischem Ballast, klammern häufig die Menschenhandelsvorwürfe aus den Anklagen aus, weil sie den allzu zeitraubenden Streit um die Beweismittel fürchten. Warum schwierig, wenn es auch einfach geht, so die Devise. Oder anders gesagt: Augen zu und durch, ganz gleich, ob der Fall gänzlich oder nur zur Hälfte aufgeklärt wird und ob der Zuhälter drei oder sechs Jahre erhält. Hauptsache, Prozess erledigt. Laut dem Bundesamt für Statistik werden die meisten Ermittlungsverfahren in diesem Bereich wegen mangelnder Beweise eingestellt. Das macht das Geschäft für die Gangster so attraktiv: Die Gewinne beim Menschenhandel sind hoch, die Risiken dagegen verschwindend gering.

Die Ursachen für die ineffiziente Strafverfolgung sind vielfältig. Erstens handelt es sich zumeist um komplizierte, personalintensive und langwierige Ermittlungsverfahren, die durch die komplexen Auslandsbezüge zusätzlich erschwert werden. Zweitens werden die Frauen oft über Händler- und Verteilerringe eingeschleust und im »Ringtausch« von Bordell zu Bordell verschoben. Dadurch entstehen Streitigkeiten darüber, welche Ermittlungsbehörde nun jeweils zuständig ist. Drittens handelt es sich beim Menschenhandel um ein typisches Kontrolldelikt; solange weder Opfer noch jemand anderes Anzeigen erstattet, bleibt die Causa im Dunkeln. Die Polizei ist aufgrund ihrer begrenzten Personalressourcen jedoch zu einer verstärkten Überwachung der Bordelle nicht in der Lage, und die Ausländerämter selbst unterhalten keine eigenen Kontrolldienste.

Ein vierter Problempunkt ist der Zeugenschutz. Damit steht es richtig schlecht. Die Opfer der Menschenhändler gelten ja zugleich auch als deren Komplizen. Zu allem Überfluss tragen Frauen aus dem nichteuropäischen Raum oft den Malus der »Illegalen« mit sich herum. Einerseits sind sie also wichtige Zeuginnen in Menschenhändlerprozessen, andererseits halten sie sich widerrechtlich im Bundesgebiet auf, bisweilen sogar mit gefälschten Pässen, sodass auch noch ein Verfahren wegen Urkundenfälschung auf die Frauen zukommt, die ja eigentlich in erster Linie Geschädigte sind.

Die Frauen werden von der Polizei erkennungsdienstlich behandelt, als Beschuldigte vernommen und entsprechend belehrt, dass sie keine Aussagen zu machen brauchen. In der Regel müssen sie danach das Land verlassen, oder sie verbringen Monate in Abschiebehaft. Viele Frauen können nicht verstehen, dass man sie wie Verbrecher ins Gefängnis steckt. Spätestens ab diesem Zeitpunkt sind sie nicht mehr bereit, als Zeuge gegen die Menschenhändler im Prozess aufzutreten.

Ein fataler Zustand: Nichts ist wichtiger in solchen Verfahren als die Aussagen der gepeinigten Mädchen. Nur sie können erzählen, wie viel ihr Zuhälter täglich kassiert hat und ob er sie geschlagen oder bedroht hat. Wie sagte mir ein Seelsorger im Frauen-Abschiebegefängnis Neuss: Gäbe es ein generelles Bleiberecht, würden mehr Frauen reden – und »dann würden Polizei und Justiz endlich an die Hinterleute im Menschenhandel herankommen«.

Ginge es nach Überlegungen im Europarat, dann gäbe es bald großzügige Regelungen, um die Prostituierten vor der Abschiebung in ihre Heimatländer zu bewahren. Nach Ansicht mancher Polizisten könnte nur ein kühner Schritt mit einem entsprechenden Gesetz die Frauen aus der Illegalität und damit aus den Fängen ihrer Zuhälter befreien. Nur die wenigsten Frauen folgen einer Vorladung vor ein deutsches Gericht. Zum einen fürchten sie die Rache ihrer ehemaligen »Herren« – Folter und Mord sind hier keine Seltenheit, ebenso wenig die Bedrohung von Angehörigen. Zum anderen verlieren die Kronzeuginnen mit dem Ende des Prozesses meist jeglichen Schutz. Sie sind dann quasi vogelfrei. Deshalb meiden sie den Gerichtssaal am liebsten.

Vernehmungen der Opfer kann das Gericht zwar vorlesen. Diese Beweismittel sind aber viel leichter angreifbar, da Widersprüche in Abwesenheit der Zeuginnen nicht mehr aufzuklären sind und sich das Gericht nicht persönlich überzeugen kann, wie glaubwürdig diese sind. Was dann folgt, ist quasi ein Automatismus: Die Verteidiger bombardieren das Gericht mit Beweisanträgen. Ohne Zeugin ist es schwierig, die Angriffe abzuwehren, sodass die Richter bemüht sind, einen »Deal« auszuhandeln. Vielfach verzichtet man auf die Zeugin und einigt sich darauf, von der Anklage wegen Menschenhandels abzusehen. Der Tatvorwurf wird dann gewöhnlich auf eine Förderung der Prostitution heruntergehandelt – ein unerträglicher Vorgang. In solchen Momenten erinnert mich die deutsche Justiz an einen Bazar, auf dem das Recht meistbietend versteigert wird.

Was mich aber am meisten ärgert, ist wieder einmal die bürokratische Kleinstaaterei in Europa. Wenn ich gegen eine internationales Rotlichtsyndikat ermitteln will, heißt das noch lange nicht, dass ich Partner in den anderen betroffenen Ländern finde.

Wie es der Zufall will, entdeckte das Kölner Ausländeramt vor ein paar Jahren in einer Gaststätte eine heranwachsende bulgarische Staatsangehörige. Im Verhör machte das junge Mädchen umfangreiche Angaben zu einem bulgarischen Menschenhändler, der sie mindestens zwei Jahre lang quasi wie eine Sklavin gehalten hatte. Erst hatte er ihr den Lover vorgespielt, dann hatte er sie mit einem Heiratsversprechen in seine Heimatstadt gelotst. In seinem Haus hielt er sie wochenlang mit anderen Leidensgenossinnen gefangen, anschließend verfrachtete er das Mädchen in Bordelle an der bulgarischen Schwarzmeerküste. Danach ging es nach Brüssel und einige Monate später ins spanische Leon. Von dort gelang der jungen Frau die Flucht zu ihrer Mutter nach Köln.

Bald hatten wir die den Zuhälter identifiziert. Nach dem Stand der Ermittlungen betrieb dieser von Bulgarien aus zumindest in Brüssel und Leon Rotlichthäuser, wo er Mädchen aus seinem Heimatland »arbeiten« ließ.

So weit, so gut. Wer aber sollte den Mann nun dingfest machen? Uns in Köln ging der Fall ja eigentlich nichts an: Der Bandenchef saß in Bulgarien, seine Bordelle lagen in Belgien und Spanien, also waren die dortigen Sicherheitsbehörden zuständig. Freilich dauerte es Monate, bis wir über Europol und die europäische Anlaufstelle für Staatsanwälte namens Eurojust die spanischen und belgischen

Strafverfolgungsbehörden zum Mitmachen animieren konnten. Dies setzte ein förmliches Rechtshilfeersuchen und die Übernahme der Strafverfolgung nebst Übersetzung der Ermittlungsakten voraus.

Der Fall dokumentiert wieder einmal ein generelles Dilemma im Kampf gegen das internationale Verbrechen. Vielleicht schaffen wir es ja irgendwann einmal, ein einheitliches Strafgesetzbuch und eine Strafprozessordnung für die gesamte Europäische Union einzuführen. Dann ginge vieles schneller, und wir wären, was die grenzüberschreitenden Aktionen anginge, endlich mit Mafia & Co. auf Augenhöhe. Wir bräuchten auch endlich gemeinsame Ermittlungsteams aus verschiedenen Staaten (Joint Investigation Team – JIT), die den Menschenhändlern das Handwerk legen.

Doch das ist nach wie vor Zukunftsmusik. 2004 wurde bei einer Tagung von Eurojust zum Thema »People Smuggling and Traffiking in Human Beings« in Den Haag die Bildung einer derartigen Ermittlungsgruppe erörtert. Ich erklärte mich bereit, im Rahmen eines Pilotverfahrens ein Ermittlungsverfahren mit dem BKA unter dem Namen »EK Maritsa« (benannt nach einem Fluss in Bulgarien) zu installieren. Es ging um Menschenhändler in Bulgarien. Alle beteiligten Länder stimmten zu, jedoch wollte außer Deutschland kein Land Geld oder Personal beisteuern. Das Unternehmen schlug fehl.

Vieles liegt im Argen – auch hierzulande. Nur die ganz großen Metropolen sind in der Lage, überhaupt spezielle OK-Kommissariate und Staatsanwaltschaften zu unterhalten. Beim Menschenhandel sieht es noch düsterer aus. Obschon das Phänomen weit verbreitet ist, gibt es nur wenige Stellen bei Justiz und Kripo, die speziell dagegen vorgehen.

Vorbildlich dürfte das Landeskriminalamt in Berlin sein, in dem zwei Kommissariate mit insgesamt 20 Beamten den Menschenhandel bekämpfen. Auch in München befasst sich das OK-Kommissariat 132 speziell mit dem Thema. Auf einer Tagung im April 2008 berichteten Vertreter des LKA Rheinland-Pfalz, dass man die Polizeidatei »Kristall« geschaffen habe, in der unter anderem OK-relevante Daten zum Menschenhandel gespeichert würden. Diese Vernetzung unterschiedlicher Infos habe zu herausragenden Erfolgen geführt.

Das sind positive punktuelle Ansätze. Im Großen und Ganzen sieht die Realität aber mau aus. Leider werden die Strafverfolger allzu oft im Regen stehen gelassen, da sich die Europäische Union trotz aller hehren Wochenendreden der Politik meist nur als Wirtschaftsgemeinschaft versteht – mit freien Grenzen für Waren und Geldverkehr. Das damit einhergehende Verbrechen ohne Grenzen erträgt man als leidliches Übel. Wie sonst ist es zu verstehen, dass die bereits erwähnte, seit 2011 existierende EU-Richtlinie zur besseren Bekämpfung des Menschenhandels bislang nur in sechs Mitgliedstaaten umgesetzt worden ist? Auch Deutschland schaut wieder einmal tatenlos zu – und spielt so den Frauenausbeutern in die Hände. Während hingegen EU-Bestimmungen zu Sparlampen und Duschköpfen quasi umgehend ins deutsche Recht umgewandelt werden.

Das Kartell der Geldwäscher

Al Capone – der Name ist noch heute ein Mythos. Alphonse Gabriel »Al« Capone, genannt »Scarface« wegen seiner Messernarbe im Gesicht, galt als der Archetyp der Gangsterkaste an der Ostküste der USA in den 20er und 30er Jahren des vorigen Jahrhunderts. Der Mafioso kontrollierte die Chicagoer Unterwelt (»Chicago Outfit«). Seine Geschäfte machte er vor allem mit illegalem Glücksspiel, Prostitution und mit illegalem Alkoholhandel während der Prohibitionszeit.

Capone war der erste Mafia-Boss, der im großen Stil Geldwäsche betrieb. Seine illegalen Erlöse steckte er etwa in Waschsalons, um Hunderttausende US-Dollar in den legalen Geldkreislauf einzuschleusen. Sein Modell mit Tarnfirmen, verdeckten Investitionen über Strohmänner und undurchsichtigen Finanztransaktionen funktioniert im Prinzip heute noch und bildet eine feste Säule der internationalen Verbrecherkartelle.

Inzwischen haben die Geldwäschespezialisten ihre Methoden dank Internet, dem globalen Finanzhandel und einer Armada von Juristen und Topmanagern verfeinert. Die Gelder laufen über Off-Shore-Firmen in karibischen Steuerparadiesen, lagern auf anonymen Nummernkonten in der

Schweiz oder stecken in Hedgefonds und diversen Aktienportfolios. Auch kauft man Anteile an seriösen Firmen, oder man bedient sich der Hilfe gefälliger Banken.

Dazu zählen selbst gottesfürchtige Geldinstitute wie die skandalumwitterte Vatikanbank IOR. 2013 berichtete die Zeitung *La Repubblica* von einem Geldwäschering, dem der katholische Geistliche Don Salvatore Palumbo wie auch Ernesto Diotallevi angehörten. Letzterer ist eine der Schlüsselfiguren der »Banda della Magliana«, eine der gefährlichsten kriminellen Organisationen Roms. Don Palumbo wiederum, so die römische Staatsanwaltschaft, verfüge über ein Konto beim IOR, auf dem Einnahmen aus kriminellen Geschäften der Banda della Magliana eingezahlt worden seien. Eine Affäre von vielen.

Schon vor 30 Jahren geriet die Vatikanbank durch dubiose Verbindungen in die Unterwelt ins Gerede. Damals enthüllten italienische Finanzermittler die Mafia-Verflechtungen rund um den Erzbischof Paul Marcinkus. Zeugen italienischer Mafia-Jäger schildern mitunter sehr anschaulich, wie sie mit Bargeldkoffern in die IOR gestapft sind. Geistliche empfingen sie dort herzlich, nahmen ihre Koffer – und stellten keine Fragen.

Jahrelang diente etwa der Geschäftsmann Vito Ciancimino als Geldbote für sizilianische Mafia-Bosse, die zu den blutrünstigsten Clanchefs Italiens gehören.[55] Sie wuschen ihre Einnahmen aus schmutzigen Geschäften im Vatikan – mit der Hilfe von Strohmännern wie Ciancimino. Dessen Sohn berichtete in einem Fernsehinterview Ende 2012 auch von Geldern, die der 2006 verhaftete Boss der Bosse, Bernardo Provenzano, im IOR auf einem Konto lagerte. Eigentlich soll dieses Institut, das keine Bank im eigentlichen Sinn ist, Kapital aus frommen Stiftungen verwalten, also jene Gelder mehren, die manche Gläubige der Kirche vermachen. Dass dazu auch blutiges Mafia-Kapital zählt, ist in der Satzung sicher nicht vorgesehen, aber offenbar gang und gäbe.

Die Zeiten der dunklen Aktenkoffer gehen freilich zu Ende. Finanztransaktionen per Internet, in Sekundenschnelle abgewickelt, mit der Garantie maximaler Anonymität, verdrängen den risikoreichen Transport von Barmitteln. Vor kurzem machten US-Ermittler des FBI und der amerikanischen Steuerbehörde IRS die digitale Notenbank Liberty Reserve dicht. Die virtuelle Währung des Geldinstituts diente offenbar als bevorzugtes Zahlungsmittel der Unterwelt: Drogendealer, Hacker, Menschenhändler – wer sein unlauteres Geld waschen wollte, war bei dem Unternehmen gut aufgehoben. Mindestens sechs Milliarden Dollar soll Liberty Reserve insgesamt über ein kompliziertes globales Netzwerk gewaschen haben, das man vom Firmensitz in Costa Rica betreute.[56] »Die Geldwäsche ist im Internetzeitalter angekommen«, sagte der Chef der IRS bei einer Pressekonferenz. »Wenn Al Capone noch leben würde, dann würde er hier sein Geld verstecken.«

Bei Liberty Reserve ging es um Online-Werte und ein komplexes Netzwerk in mindestens 17 Ländern, das innerhalb von sieben Jahren mehr als 55 Millionen Transaktionen abwickelte und Millionen von Kunden betreute. Wer mitmachen wollte, brauchte nicht viel. Eine E-Mail-Adresse reichte aus, dazu ein (meist erfundener) Name. Eine Überprüfung der Kundendaten fand nie statt – dem Verbrechen waren Tür und Tor geöffnet. Ein verdeckter Ermittler eröffnete bei der Bank einmal ein Konto auf den Namen »Joe Unsinn« und nannte als Verwendungszweck »Cocaine«. Auch auf offensichtlich kriminell lautende Namen wie »Russian-Hacker« wurden Konten angemeldet. Einmal im Netz, konnten die Kunden von Liberty Reserve Geld austauschen – auch über Staatsgrenzen hinweg. Zwischengeschaltet wurde eine Phantasiewährung, der »Liberty Reserve Dollar«.

Die Bank selbst tätigte keine Ein- oder Auszahlungen, sondern überließ diesen Teil der Transaktion unabhängigen Organisationen, darunter zahlreiche Banken aus Ländern mit traditionell schwachen Regulierungen: Russland, Malaysia, Nigeria, Vietnam. Die überwiesen wiederum von oder auf ein Konto der virtuellen Bank.

Als ich von dieser Cyber-Geldwaschstation hörte, wurde mir klar, dass es vielleicht doch gar nicht so schlecht war, nun aufs Altenteil zu gehen. Mit diesen Internetmafiosi ist eine neue Spezies auf den Plan getreten, die noch schwieriger zu packen ist als die Vorgängergenerationen.

Im Sommer 2013 fiel mir der aktuelle Mafia-Report des Sonderausschusses des Europäischen Parlaments gegen das organisierte Verbrechen, Korruption und Geldwäsche in die Hände: Der Bericht zitiert eine Erhebung der UN, wonach Verbrechersyndikate allein im Jahr 2009 mehr als zwei Billionen US-Dollar einnahmen – immerhin 3,6 Prozent des globalen Bruttosozialprodukts. Obschon keine genauen Zahlen für den EU-Raum existieren, konstatierten die Experten in Brüssel, dass allein die europäischen Organisationen »Milliarden Euros generierten«. 3600 internationale kriminelle Organisationen operieren laut dem Parlamentspapier in der Europäischen Union. »Davon haben 70 Prozent eine heterogene Zusammensetzung und einen heterogenen geografischen Wirkungsbereich, da ihre Mitglieder aus mehreren Ländern stammen, die ungestört und über alle nationalen Grenzen hinweg Verbrechen begehen.« Diese Banden nutzten »die Möglichkeiten der wirtschaftlichen Globalisierung und der neuen Technologien.« Dabei verbünden sie sich mit kriminellen Vereinigungen anderer Kontinente. Knapp ein Drittel dieser Organisationen beschäftigt sich mit diversen Kriminalitätssparten. »Sie nutzen jede Art des illegalen Handels und verderben so die legale Wirtschaft, die sie inzwischen in sehr hohem und besorgniserregendem Maße unterwandert haben«, so das alarmierende Resümee.

Neben dem hippen Geldkarussell im Netz vertrauen viele Gangster eher altmodischen, aber stabilen Werten. So registrieren Schweizer Behörden seit Jahren enorme Bargeldtransaktionen im Immobilien- und Kunsthandel. Heiß begehrt sind auch Juwelen, teure Autos und die berühmten Nobeluhren eidgenössischer Traditionshäuser. Der Run auf Luxusartikel hat gerade in der Schweiz gewaltige Ausmaße angenommen, was selbstverständlich die Geldwäsche wesentlich erleichtert.[57]

Der Beruf des Verbrechers birgt nicht nur Risiken, sondern auch einen nennenswerten Vorteil: Er ist krisensicher. Während etwa der italienische Staat immer stärker unter der Schuldenlast in die Knie geht, steht die dortige Mafia so gut da wie noch nie. Laut einer Studie avanciert das organisierte Verbrechen mittlerweile zur größten Wirtschaftskraft des Landes. Mit einer Liquidität von etwa 65 Milliarden Euro ist sie inzwischen auch die »Bank Nummer eins«. (Das geht aus dem Expertenbericht *Die Hand der Kriminalität auf den Betrieben* der Dachvereinigung kleinerer und mittlerer Firmen in Rom hervor.) Die Mafia setze inzwischen 140 Milliarden Euro um und mache 100 Milliarden Euro Gewinn, konstatiert der Report – das entspricht sieben Prozent der Wirtschaftsleistung Italiens. Die kriminellen Gruppen würden Geld zu Wucherzinsen verleihen, da viele Firmen bei den Banken während der Finanzkrise kein Geld mehr bekämen, heißt es. Dies sei inzwischen eine neue, lukrative Einnahmequelle neben dem Drogen- und Waffenschmuggel, der Prostitution und den illegalen Wetten. Etwa 200 000 Unternehmen seien betroffen. »In diesen Krisenzeiten ist die Mafia AG somit als einzigartige unternehmerisch-wirtschaftliche Größe in der Lage, Investitionen zu tätigen«, zitierte der Berliner *Tagesspiegel* Marco

Venturi, den Chef der italienischen Dachvereinigung kleinerer und mittlerer Firmen.[58] Die Komplizenschaft mit Politikern, Wirtschaftsleuten und Verwaltungsbeamten komme den kriminellen Organisationen auch hier zugute. Die Nähe zur Mafia könne für eine Firma schon den Unterschied ausmachen, ob sie endgültig vom Markt verdrängt werde oder aber weitermachen könne, sagte Venturi. Die Investitionstätigkeit der Unterwelt breite sich zusätzlich immer stärker im Gesundheitswesen sowie im Transport- und Logistikbereich aus. Kleine und mittlere Firmen seien dabei die ersten Opfer.

Cosa Nostra, Camorra, 'Ndrangheta & Co. haben ihre Investmentfelder längst auf reiche westeuropäische Staaten ausgedehnt. So hat etwa die Camorra laut dem EU-OK-Ausschuss insbesondere in Spanien, Frankreich, den Niederlanden und Deutschland Millionen in gewinnbringende Geschäfte angelegt. Als Beleg führen die EU-Parlamentarier die Aktivitäten des Polverino-Clans an. Im Mai 2011 beschlagnahmten Mafia-Jäger vorläufig die Vermögenswerte dieser kriminellen Familie. Dabei fielen ihnen 100 große Grundstücke, 175 Apartments, 19 Villen, 141 Geschäfte, Park- und Kaufhäuser, 43 Hotelanlagen, Schmuckläden und Bauernhöfe, 117 Autos, 62 Lastwagen und 23 Motorräder im Wert von insgesamt bis zu 18 Milliarden Euro in die Hände.[59]

Gerade Deutschland gilt als Eldorado für Geldwäscher. Nach Schätzungen der OECD werden hierzulande pro Jahr zwischen 43 und 57 Milliarden Euro illegaler Gelder durch deutsche Unternehmen geschleust.[60] Höchstens ein halbes Prozent davon stellen die deutschen Behörden durch Gewinnabschöpfungen sicher – 2011 waren es 170 Millionen Euro. In Italien hingegen wurden im gleichen Zeitraum 1,3 Milliarden Euro beschlagnahmt. Allein auf Sizilien konfiszierten die Behörden in den vergangenen drei Jahren 4,5 Milliarden Euro. Wegen der härteren und effektiveren

Gangart der italienischen Polizei gegen die Geldwäscher flüchtet das Kapital der Verbrechersippen über die Alpen.

Vor diesem Hintergrund schlugen Bundeskriminalamt (BKA) und die zuständige Finanzaufsicht BaFin 2012 Alarm: 13 000 Anzeigen wegen des Verdachts auf Geldwäsche waren 2011 eingegangen. Im Vergleich zum Vorjahr kletterte die Zahl um rund 17 Prozent. Seit Inkrafttreten des Geldwäschegesetzes 1993 hatte es noch nie so viele Verdachtsanzeigen gegeben.[61]

Zugenommen haben vor allem Betrugsdelikte, bei denen Privatleute ihr Konto für entsprechende Reinigungsaktionen zur Verfügung stellen. Aber auch der Immobilienmarkt, Restaurantbetriebe und Spielhallen würden immer häufiger zur Geldwäsche missbraucht, meldete das Bundeskriminalamt. »Es gibt besonders viele Geldströme aus Italien nach Deutschland«, sagt der Geldwäsche-Experte Friedrich Schneider von der Universität Linz. Aber auch aus Russland, Weißrussland und der Ukraine flossen Mittel der organisierten Kriminalität nach Deutschland.

Dabei ist das liebe Geld die Achillesferse der Verbrecher-Gesellschaft. Nichts trifft die Banden so sehr wie der Verlust ihrer Finanzmittel. Diese sind ihr Fundament, denn nur mit Geld hält man die eigenen Leute bei der Stange, zahlt den Stoff, die Waffen, die neuen Mädchen für die Bordelle, schmiert Staatsdiener und Politiker.[63] Das Geld ist die Plattform aller Macht; wer nichts mehr hat, verliert sein Geschäft und seinen Einfluss – und womöglich auch sein Leben.

Wir müssen deswegen konsequent an die Gewinne der organisierten Verbrecherbanden heran, ihre Konten einfrieren, ihre Autos und Villen beschlagnahmen. Das Einziehen ihres Vermögens trifft die Mafia-Organisationen viel härter als jede Verhaftung. So kalt es klingen mag, aber Menschen sind ersetzbar, Gewinne nicht. Wenn also einer der Ganoven im Knast landet, ist das für die Syndikate weniger tragisch, als wenn die eine oder andere Million nicht mehr verfügbar ist. Ein weiterer Vorteil der Beschlagnahmungen: Mit den konfiszierten Geldern kann man auch die Opfer der Syndikate entschädigen; der Rest kommt der Staatskasse zugute.

Deshalb konzentrierten sich die deutschen OK-Ermittler nach italienischem Vorbild gerade in der vergangenen Dekade verstärkt darauf, illegale Gewinne abzuschöpfen. In jüngster Vergangenheit wurden ferner die gesetzlichen Regelungen in dieser Causa praxistauglicher gestaltet.

Das größte Hindernis bilden dabei die unterschiedlichen Rechtssysteme der europäischen Länder. Während das organisierte Verbrechen sich keinen Deut um nationale Grenzen schert und Gelder nach Belieben hin- und herschiebt, war es bis vor kurzem noch so, dass ein konzertierter Angriff der Justiz auf die Vermögenswerte internationaler Banden aufwendige Rechtshilfeersuchen nötig machte. Wochen, ja Monate vergingen oft, ehe wir zugreifen konnten. Im Dezember 2012 hat der Europäische Rat nun endlich beschlossen, die grenzüberschreitende Jagd auf Erträge aus schweren Straftaten zu erleichtern. Geht es nach den EU-Staaten, können etwa nicht nicht mehr nur die Gelder eines Mafiosos in Italien konfisziert werden, sondern ganz ohne bürokratische Hürden auch seine Reichtümer in anderen Mitgliedstaaten mit Hilfe der jeweiligen lokalen Polizei und Justiz – ganz gleich, ob der Gangster dort ebenfalls ein Verbrechen begangen hat oder nicht.

Die rechtlichen Instrumente der Vermögensabschöpfung sind so komplex, dass inzwischen spezialisierte Finanzermittler zur etatmäßigen Besetzung großer Sonderkommissionen gehören. Wir normalen Ermittler würden schnell im Paragraphensumpf und Fachbegriffslabyrinth zwischen Pfändung von beweglichem Vermögen, Forderungen bei der Beantragung von Arresthypotheken, einstweiligen Verfügungen und Ähnlichem versinken. Aus diesem Grunde sind seit Anfang der 90er Jahre (Vorreiter war Baden-Württemberg) speziell ausgebildete Polizeibeamte als Finanzfahnder tätig. Sie sind quasi die »Trüffelschweine«, die nach Geld und anderen Vermögenswerten suchen und diese auch finden. Hierfür bietet das Strafgesetzbuch verschiedene Maßnahmen an. Auch die Staatsanwaltschaften besitzen seit vielen Jahren Experten für Vermögensabschöpfung, die auf speziellen Lehrgängen entsprechend geschult wurden. Anders als die polizeilichen Finanzermittler bearbeiten diese spezialisierten Ankläger in NRW auch das gesamte Ermittlungsverfahren (»Einheitsprinzip«).

In manchen Bundesländern (etwa in Bremen) bevorzugt man hingegen das sogenannte »Trennungsmodell«. Das heißt, ein Kollege kümmert sich um den Fall an sich, der andere um das Inkasso krimineller Gelder. Dieser Weg hat meiner Meinung nach enorme Nachteile. So müssen sich immer gleich zwei Dezernenten in die meist komplexen, zigtausend Seiten starken Akten einarbeiten und sich stets abstimmen, um sachgemäße Anträge stellen zu können. Das kann zu Verzögerungen führen, die in dringenden Haftsachen womöglich die Entlassung des Verdächtigen nach sich ziehen. Denn unsere Rechtsprechung räumt der Unschuldsvermutung größtes Gewicht ein. Deshalb müssen wir das Verfahren gerade bei Untersuchungsgefangenen so schnell wie möglich zu Ende führen, ganz gleich, ob wir schon weit genug sind, um Konten einzufrieren oder Immobilien, Geld, Schmuck und Autos zu beschlagnahmen. Im schlimmsten Fall kann es also geschehen, dass wir die Tatverdächtigen anklagen, diese aber finanziell weiter aus dem Vollen schöpfen können.

Das ist aber nur ein Glied in der Problemkette. Die besondere Crux liegt darin, dass deutsche Strafverfolger dem

Verbrecher nachweisen müssen, dass er sein Vermögen durch Straftaten erlangt hat. Das ist nicht unmöglich, aber schwierig; allzu oft kommen die Täter mit einem blauen Auge davon. Zwar werden sie wegen ihrer Verbrechen verurteilt. Weil es aber meist schwer ist, jeden illegal erworbenen Cent vom legalen zu unterscheiden, scheuen viele Richter lange Debatten um das Für und Wider von Indizien; sie schicken den Gangster ins Gefängnis, lassen ihm aber sein Vermögen. Wenn er wieder freikommt, kann er mit Hilfe seiner Finanzmittel dort weitermachen, wo er aufgehört hat. Oder aber er setzt sich mit seinem Verbrecherlohn zur Ruhe. Das ist absurd.

Da lobe ich mir andere Länder wie die USA und Italien. Dort ist es genau umgekehrt: Der Tatverdächtige muss die legale Herkunft seines Eigentums belegen. Von solchen Regeln können deutsche Strafverfolger nur träumen. Nicht zuletzt deshalb gilt Deutschland in den Augen der Mafia als Paradies, in dem sie vorzugsweise ihre Gelder anlegt. Wie schon erwähnt, haben wir allein in einem Baumafia-Fall umgerechnet zehn Millionen Euro eingezogen; in einem aktuellen Fall aus dem Januar 2013 waren es sogar 30 Millionen. Die Summen, die dem Staat und den Opfern zugutekämen, wären gewaltig, könnte sich der Gesetzgeber dazu durchringen, die Beweislast im Zusammenhang mit der Vermögensabschöpfung nach dem US-Modell umzukehren.

Wie segensreich sich die Finanzermittlungen auswirken können, beweist das Beispiel der Menschenhändlerin Wanda Wittlich. Ihre sichergestellten Barmittel in Höhe von 200 000 Euro flossen an Frauen, die in Bordelle gezwungen worden waren. Ein kleiner Ausgleich für all das Leid, das die Zwangsprostituierten hatten ertragen müssen.

Mitunter sind aber auch die Staatsanwälte selbst Leidtragende ihres Jagdfiebers – vor allem dann, wenn's ums liebe Geld geht.

An einem Nachmittag Mitte der 90er Jahre klingelte die Geldwäscheabteilung des Landeskriminalamts (LKA) bei mir durch. Er sei auf der Suche nach einem Staatsanwalt, der Geldwäscheverfahren bearbeite, sagte der Kripomann mit gepresster Stimme.

»Hier ist heute keiner mehr, die haben Feierabend«, erwiderte ich und vertröstete ihn auf den nächsten Tag.

Es sei aber dringend, blieb der LKA-Ermittler stur. »Es geht um eine Durchsuchung, noch heute. Eile ist geboten«, drängte der Kommissar. In knappen Worten schilderte er mir den Fall: Tags zuvor hatte es einen Medienbericht zum Thema Geldwäsche gegeben. Dabei hatte ein Reporter – getarnt als angeblicher Mafioso – einen Kaufmann und einen Lokalpolitiker animiert, für ihn Gelder zu waschen. Der Kaufmann hatte sich bereit erklärt, gegen Zahlung einer Provision die schmutzigen Gelder zu säubern. Der Bericht habe viel Staub aufgewirbelt, berichtete der Anrufer.

Am nächsten Tag fand die Polizei die Leiche des Geschäftsmannes. Er hatte Selbstmord begangen. Das LKA wurde eingeschaltet. Eines war klar: Der Mann hatte Dreck am Stecken. Es ging nun um schnelles Handeln. Wer wusste schon, ob mögliche Auftraggeber aus dem kriminellen Sektor nicht bereits Leute zu ihm nach Hause geschickt hatten, um kompromittierende Unterlagen über dubiose Geldtransfers verschwinden zu lassen?

»O.k.«, entschied ich, »da ist Gefahr im Verzuge. Einen Richter, der die Durchsuchung genehmigen könnte, finden wir jetzt nicht mehr so schnell. Dann komme ich eben mit.«

Innerlich fluchte ich. Eigentlich hatte ich mich auf einen Fernsehabend gefreut, zusammen mit meinem jüngeren Sohn. Fußball-Europapokal stand auf dem Programm. Was soll's, dachte ich, nun mal los!

Das Haus des Kaufmanns entpuppte sich als ein riesiges Anwesen, das von einer etwa zweieinhalb Meter hohen

Mauer umgeben war. Da mussten wir wohl oder übel rüberklettern, weil niemand auf unser Klingeln reagierte.

Per Räuberleiter überwanden wir die Ummauerung und liefen über den Rasen zum Haus, als plötzlich zwei riesige Schäferhunde auf uns zujagten. Mir sank das Herz in die Hose. Schon sah ich mich als Märtyrer im Namen von Justitia zerfleischt auf dem kurzgeschnittenen Grün liegen. Die Schirmherrin der Strafverfolger war allerdings gnädig zu uns: Die Riesenviecher blieben friedlich, schwanzwedelnd umkreisten sie mich und die LKA-Beamten.

Wenige Augenblicke später erschienen die beiden Söhne des verstorbenen Kaufmanns. Sofort pfiffen sie die Hunde zurück.

Ich sprach den Söhnen zunächst unser Beileid zum Tode des Vaters aus und erklärte ihnen den Grund unseres Besuches. Gemeinsam gingen wir ins Haus. Etwas ungelenk versuchte ich die Brüder in der Eingangshalle ein wenig zu trösten, während die LKA-Beamten ausschwärmten und die Zimmer der Villa durchstöberten.

Ich schämte mich etwas, den Aufpasser der beiden Jungs zu spielen, die eigentlich nur unendlich traurig über den Tod ihres Vaters waren und ansonsten überhaupt nicht wussten, wie ihnen geschah. Um Längen lieber hätte ich in den Schubladen oben im Büro des Mannes gewühlt oder konfiszierte Papiere und Akten im Durchsuchungsbogen aufgeführt, als hier unten mit den bedrückten Hinterbliebenen Konversation zu betreiben und gleichzeitig darauf zu achten, dass sie unseren Ermittlern nicht in die Quere kamen.

Nach rund 20 Minuten, die mir ewig lang erschienen waren, kamen die Beamten des LKA zurück. Einer von ihnen erklärte mir, wir müssten weiter zum Steuerberater des Toten, dort gebe es weiteres Material. Mit Blaulicht und Karacho rasten wir über die A 3 und erreichten am frühen Abend das Büro des Steuerberaters. Er händigte uns die gewünschten Ordner aus.

Zur Halbzeit der Europacup-Partie war ich endlich zu Hause. Doch mein Interesse am Fußball ging an jenem Abend gegen null. Immer wieder wanderten meine Gedanken zu den beiden Jungen, die ihren Vater verloren hatten. Jetzt saßen sie in ihrem großen Haus und wussten sicher nicht, wie es weitergehen sollte. Wir hatten genug Hinweise gefunden, dass ihr Vater Geldwäsche im großen Stil betrieben hatte. Seine Söhne konnten sicher nichts dafür, da war ich mir sicher. Aber wie furchtbar musste es für die jungen Männer sein, zu erfahren, dass der Vater nach seiner Verstrickung in kriminelle Geschäfte Selbstmord begangen hatte? Ich weiß nicht mehr, wie das Spiel ausgegangen ist, aber noch heute denke ich an jenen Tag Mitte der 90er Jahre und an die beiden Jungs.

Als Staatsanwalt im Visier der Verbrecher

Die Männer wähnten sich ungestört. Wo sonst als im Besucherraum einer Justizvollzugsanstalt konnte man sichergehen, dass nirgends Mikrofone der Staatsmacht vertrauliche Gespräche belauschten? Und so ließ der Gangsterboss Mehmed seiner Wut freien Lauf. Wüst schimpfte er über den Oberstaatsanwalt Benno Walter, der ihn hinter Gitter gebracht hatte. »Wenn ich hier rauskomme, werde ich ein paar Leute Dings machen«, radebrechte der Bandenboss vor einem Besucher. »Walter, ich ficke ihn. Ich hasse Walter … Ich weiß ein paar Namen, ich schwöre dir, ich werde die mein Leben lang nicht vergessen. Diese Ratten.« Die Ermittler vermerkten später, dass der Gefangene zweifelsohne »beabsichtigt, nach seiner Haftentlassung (…) bestimmte Personen zu töten«, zuvorderst meinen Kollegen Benno Walter.

Mehmed galt jahrelang als großes Kaliber in der rheinischen Rotlicht- und Türsteherszene. Auf sein Kommando hörten mindestens 100 Leute. Sein Arm reichte weit – bis in den Ruhrpott, ins Rhein-Main-Gebiet und nach Bayern. Über Strohleute führte der türkische Gangster etliche Bordelle und Table-Dance-Bars. Von seiner Kölner Zentrale aus arbeitete der langhaarige Zuhälter eng mit der Rockerbande Hells Angels in Düsseldorf und in Frankfurt zusammen. Auf sein Konto gingen Drogenhandel, Schießereien, blutige Revierkämpfe mit Rivalen aus dem Milieu, Schutzgelderpressung, Zuhälterei und Menschenhandel.

Mein Kollege Benno Walter (der in Wahrheit anders heißt) ermittelte mit einer OK-Abteilung der Kölner Polizei jahrelang verdeckt gegen die Rotlichtgröße. Walter arbeitete Tag und Nacht an dem Fall. Unnachgiebig verfolgte er das Ziel, die mächtige Türsteherszene an der Rheinschiene aufzureiben.

Nach und nach wanderten wichtige Gefolgsleute und Rivalen Mehmeds in den Knast. Im Jahr 2002 dann stürmte ein Spezialeinsatzkommando Mehmeds Wohnung und setzte ihn fest. Walter überwachte die Festnahme persönlich. Es muss eine seltsame Szene gewesen sein: Der Gangsterboss, die Hände mit Plastikriemen gefesselt und vor seinem ärgsten Gegner kniend – wer die archaischen Regeln des Milieus kennt, weiß, wie demütigend diese Begegnung für Mehmed gewesen sein muss. Der Bandenboss hat dies nie vergessen.

Nach der Verhaftung erhielt unsere Abteilung Hinweise darauf, dass Mehmed aus dem Knast heraus den Auftrag gegeben habe, meinen Kollegen zu ermorden. Ein Informant berichtete, 50 000 Euro Kopfgeld sollten an einen Killer vom Balkan gezahlt werden.

Nach diesem Tipp verwanzten wir auf richterlichen Beschluss hin Mehmeds Zelle sowie den Besucherraum der JVA, in der er einsaß. Auf diese Weise bekamen wir auch die neuerliche Morddrohung des Bandenchefs mit.

Die Polizei erstellte eine Risikoanalyse. Fazit: Benno Walter war hochgefährdet – Risikostufe 1. Sein Leben änderte sich von heute auf Morgen schlagartig. Walter erhielt Personenschutz rund um die Uhr, er konnte keinen Schritt mehr ohne sechs bis acht speziell ausgebildete Zivilbeamte der

Polizei tun. Wenn er mit seinem Hund spazieren ging, lief er inmitten einer Kolonne schwerbewaffneter Personenschützer durch den Park, gefolgt von einer gepanzerten Limousine. Im Ernstfall hätte man ihn in den Wagen gerissen und wäre davongebraust.

Walters Haus wurde nach allen Regeln der Kunst sicherheitstechnisch umgebaut, es wurde quasi ein Gefängnisbunker. Vor der Einfahrt zum Haus stand ein speziell gepanzerter Wagen mit 460 PS. Ferien waren nur in Begleitung der Polizeiwache möglich, und dafür mussten ganze Hoteletagen angemietet werden. Und so saß der Kollege dann eingerahmt von zwei Beamten an der Hotelbar, von denen der eine stets eine Maschinenpistole im Anschlag hielt.

Jeder Gang nach draußen wollte wohlgeplant sein. Alles musste Walter mit seinen Bewachern absprechen. Bei Arzt- oder Lokalbesuchen durchstöberte ein Vorauskommando die jeweilige Örtlichkeit.

Für meinen Kollegen war dies eine schwierige und teils auch qualvolle Zeit. »Ich habe zwar diesen Gangster in den Knast gebracht, aber dafür lebe ich jetzt selbst wie im Gefängnis«, sagte er einmal. Ein Treffen mit Freunden war nur noch selten möglich. Zwangsläufig schliefen viele Bekanntschaften ein. So ein Leben macht einsam, es nagt an den Nerven, zermürbt die Seele.

Anfangs machte mein Kollegen so weiter wie bisher. Im Jahr 2004 feierte er einen Riesenerfolg: Mehmed wurde zu neun Jahren Haft verurteilt, zumal das Gericht auch die Gang des Türken als kriminelle Vereinigung einstufte. Auf dieser Grundlage konnte Oberstaatsanwalt Walter Dutzende Bandenmitglieder des Bandenchefs gleich mit aus dem Verkehr ziehen.

Das tolle Resultat bedeutete aber zugleich das Ende der Karriere eines der besten OK-Staatsanwälte, die ich kenne. Die ständige Bewachung, die ständige Angst vor einem möglichen Anschlag zeigte Schritt für Schritt Wirkung. Walter zog sich zurück, und er verbiss sich geradezu in die Ermittlungen gegen die Türsteherbanden. Im Justizzentrum begann sich langsam der Wind zu drehen: Walter solle sich auch um andere Verbrecherbanden kümmern, verlangten die Vorgesetzten. Stur wie er war, wollte er dies nicht. Es folgten interne Querelen mit höheren Stellen. Benno Walter fühlte sich irgendwann nicht mehr verstanden, sah seine Arbeit wenig geschätzt und sich selbst ungerecht behandelt.

Der Frust wuchs. Am Ende konnte Walter nicht mehr – posttraumatische Belastungsstörungen, konstatierten die Ärzte. Die stete Angst vor einem Mordanschlag legte sich auf sein Gemüt. Mein Kollege wurde zeitweilig depressiv. Er hatte zwar einen der größten Gangster im Rheinland zu Strecke gebracht, aber dieser Abnutzungskampf hatte ihn letztlich auch selbst geschafft. Völlig fertig ging Benno Walter in den vorzeitigen Ruhestand.

Damit aber nahm die ganze Bewachungstortur kein Ende. Im Gegenteil: Nachdem Mehmed die Hälfte der Strafe abgesessen hatte, wurde er in seine türkische Heimat abgeschoben. Dort kam er sofort frei und begann wieder seine Fühler Richtung Deutschland auszustrecken. Denn noch immer soll er Anteile an einem Bordell in Augsburg halten.

In seiner Heimat baute der Bandenchef zugleich die türkische Filiale der international größten kriminellen Rockerorganisation auf: Mehmed wurde Chef der »Hells Angels Mc Nomads Türkei«. Inzwischen sollen Mehmeds Leute auch wieder bei Revierkämpfen in Köln und Umgebung mitmischen, so Erkenntnisse hiesiger LKA-Ermittler.

Das war auch der Grund dafür, dass Benno Walter ein ganzes Jahrzehnt lang Personenschutz erhielt. Die Risikoanalysen der Polizei, ständig aktualisiert, gingen bis 2013 von einer extremen Gefährdung aus. Das heißt im Klartext:

Der Gangster konnte und kann sich frei und ohne Sorgen bewegen, und derjenige, der ihn nach Recht und Gesetz eingebuchtet hatte, musste jahrelang wie ein Gefangener leben, stets begleitet von der Furcht, getötet zu werden. Justiz absurd: Der Gangster läuft wieder frei herum, und der Strafverfolger lebt quasi wie im Gefängnis.

Das Schicksal meines Kollegen machte die Mitarbeiter der OK-Abteilung naturgemäß betroffen. Zwar muss man als Staatsanwalt oder Richter bei der Bearbeitung von Schwerkriminalität immer mal mit Drohungen rechnen. Aber solch einen Fall wie den meines Kollegen Walter hatte es in der Republik wohl noch nicht gegeben.

Die besondere Gefährdungslage der OK-Staatsanwälte führte jedenfalls früh dazu, dass unsere Abteilungen in einem besonders gesicherten Trakt untergebracht wurden. Sicher ist sicher.

Fazit: Warum wir neue Wege im Kampf gegen die organisierte Kriminalität brauchen

Auch wenn die vorherigen Kapitel eine andere Sprache sprechen und beim Lesen durchaus Angst machen, muss ich meinem Fazit eines voranstellen: Deutschland ist kein Gangland – noch nicht! Städte wie Neapel, in denen an jeder Ecke irgendein Mafioso der Camorra die Leute abkassiert, gibt es hierzulande nicht. Im Vergleich zu einigen Balkanländern oder Nationen in Mittel- und Südamerika gilt Deutschland zweifelsohne als sicheres Land. Obgleich inzwischen etwa Clans in Berlin oder Hamburg, Rockerbanden in Frankfurt am Main und Köln ganze Viertel oder Straßenzüge beherrschen. Die organisierte Unterwelt in Deutschland ist auch noch nicht so weit, dass sie etwa nach italienischem Vorbild die gesamte Gesellschaft durchdringt, die Wirtschaft, die Politik. Aber sie hat ihre vielfältigen Operationsgebiete bei uns massiv ausgebaut.

Die deutsche Staatsmacht hingegen belässt alles beim Alten. Anstatt massiv aufzurüsten, zieht man gar noch Personal ab, um verschiedene Formen des Terrorismus zu bekämpfen. Das ist sicher nötig, darf aber nicht zu Lasten der allgemeinen Sicherheit gehen. Denn es führt dazu, dass den OK-Ermittlern weniger Informanten, verdeckte Ermittler und Observationsteams zur Verfügung stehen.

Meiner Meinung nach sind wir auf dem besten Weg, den Kampf gegen die organisierte Kriminalität zu verlieren. Gehörige Anstrengungen sind nötig, um zumindest den jetzigen Status quo bei der Verbrechensbekämpfung zu halten. Drastisch zugenommen haben etwa Cyber- und Kreditkarten-Betrügereien, die Abzocke älterer Menschen, Raub, Einbruch, Diebstahl. Fast jedes Jahr meldet die Kriminalstatistik hohe Fallzahlen in diesen Bereichen. Beim Drogen-, Waffen- oder Menschenhandel, bei Schutzgelderpressung, Zigarettenschmuggel oder Bauschiebereien ist es anders: Das Zahlenwerk der Polizei sagt überhaupt nichts über die wahren Dimensionen aus. Das organisierte Verbrechen wächst hier im Verborgenen. Nur bei einem Bruchteil der Rauschgiftdeals bekommen wir die Nase dran, dasselbe gilt für Zwangsprostituierte oder Lokalbesitzer, die unter der Knute brutaler Gangster stehen.

Das Dunkelfeld liegt in diesen Bereichen weitaus höher, als wir auch nur erahnen können. Da die Opfer solcher Straftaten selten Strafanzeige erstatten, tauchen diese Fälle kaum im Lagebild der Polizei auf.

Geradezu euphorisch verkündeten einige Schlaumeier aus Politik und Polizei unlängst, das organisierte Verbrechen sei in Deutschland nicht mehr so aktiv. Als Beleg für ihre These führten sie die gesunkenen Fallzahlen in der Kriminalstatistik an. Mit der Realität hat dies rein gar nichts zu tun, sondern einzig mit dem veränderten Schwerpunkt, den Polizei und Justiz seit einigen Jahren verfolgen: Die ohnehin knappen Ressourcen kommen den Staatsschutzstellen zugute, die Rechtsextremisten und militante Muslime im Auge behalten sollen. Viel Personal für den Rest der Kriminalität bleibt da nicht übrig.

Das ist der wahre Grund für den Rückgang der Fallzahlen im OK-Bereich: Je weniger du ermittelst, desto weniger klärst du auf – so einfach ist das.

In diesem Zusammenhang muss einfach mal die Frage erlaubt sein: Was wollen wir uns unsere Sicherheit kosten lassen? Wie soll es weitergehen? Welche Instrumente können wir uns noch leisten? Und was können wir logistisch, organisatorisch und gesetzgeberisch verbessern?

Wollen wir es tatsächlich hinnehmen, wenn in Deutschland nur 15,7 Prozent aller Einbrüche aufgeklärt werden? Wenn das Internet zur Brutstätte der organisierten Kriminalität, der Kinderschänder und diverser Terrorgruppen verkommt? Wollen wir etwas dagegen tun, oder lassen wir es sein?

Wollen wir etwa wirklich den NSA-Horchskandal im Sommer 2013 als Grund dazu nutzen, die dringend nötige Vorratsdatenspeicherung nie mehr einzuführen? Abgesehen davon, dass das eine mit dem anderen gar nichts zu tun hat: Wenn selbst konservative Politiker wie Horst Seehofer von der CSU aus vermutlich wahltaktischem Kalkül dieses wichtige Ermittlungsinstrument in Frage stellen, muss man sich nicht wundern, dass die Verbrechersyndikate sich ins Fäustchen lachen.

Demnächst fangen wir wohl wieder an, mit der guten alten Fingerabdruckkartei die Cyber-Gangster zu jagen. Es kommt mir vor, als müssten wir wieder per Rauchzeichen unsere Ermittlungsergebnisse weiterreichen, während die Verbrecher das Smartphone benutzen. Unsere Gesellschaft steht vor einer entscheidenden Zeitenwende im internationalen Verbrechertum. Wenn wir uns nicht wie unsere Nachbarn in Frankreich, Italien, England oder den USA entsprechend mit neuestem Ermittlungsbesteck und Technik ausrüsten, verlieren wir hierzulande den Kampf gegen die Unterwelt.

Das BKA hat allein in einer einzigen Stellungnahme zur Vorratsdatenspeicherung zig Fälle aufgeführt, die wegen einer fehlenden Neuregelung des Gesetzes nicht aufgeklärt werden konnten, darunter ganz üble Verfahren um Kinderporno-Ringe, die mit dem Missbrauch von Kleinkindern auf dem ganzen Erdball Kasse machten. 86 Prozent aller Anfragen bezüglich der IP-Adressen verdächtiger Computernutzer verliefen ergebnislos, kanpp 40 Prozent betrafen Fälle mutmaßlicher Kinderschänder oder Kinderporno-Konsumenten.

Im Gegensatz zu etlichen meiner Kollegen habe ich allerdings bis heute nicht resigniert, auch wenn ich in der Vergangenheit oft genug bei Justiz und Politik mit meiner Kritik und meinen Verbesserungsvorschlägen auf taube Ohren gestoßen bin. Anders als einige Vertreter meiner früheren Behörde bin ich auch der Meinung, dass dieses Thema die Bevölkerung enorm interessiert. Die Leute ahnen schließlich gar nicht, dass es in Deutschland allzu oft an einer wirksamen Bekämpfung der Schwerkriminalität hapert. Die Menschen spüren nur, dass Verkehrssünder und Kleinstkriminelle, die zumeist auch noch geständig sind, mit aller Härte des Gesetzes verfolgt werden – während die Gerichte bei hochkarätigen Verbrechern, vertreten durch Spitzenanwälte, allzu oft die weiße Fahne hissen. Willkommen in der Zweiklassenjustiz!

Viele dieser Strafverfahren sind kaum noch justiziabel. Je länger die Verteidiger den Prozess hinauszögern können, desto größer ist die Chance, dass das Gericht um eine Verständigung – den berühmt-berüchtigten »Deal« – nachsucht, um dadurch möglichst problemlos zum Ende zu kommen. Sehr häufig bleibt bei diesen Urteilsabsprachen die Gerechtigkeit auf der Strecke. Die Aufklärung des wahren Sachverhalts scheint dann plötzlich nicht mehr wichtig. Das ist nicht nur meine Meinung, sondern auch das traurige Fazit, das das Bundesverfassungsgericht in einer Entscheidung im März 2013 über die Verfassungsmäßigkeit des Deals festgestellt hat.

Mafia-Helfer in Berlin – der fehlende politische Wille an wirksamer Strafverfolgung

Verbrechensopfer verfügen über eine vergleichsweise schwache politische Lobby. Die Opferorganisation »Der Weiße Ring« kommt immer dann zum Zug, wenn die Medien ein neues Rührstück über ein bemitleidenswertes Einzelschicksal veröffentlichen wollen. Ansonsten aber verhallen die politischen Forderungen der Opferschutzverbände im politischen Nirwana von Bund und Ländern.

Nach dem Amoklauf von Winnenden beispielsweise, bei dem ein 17-jähriger Schüler mit der Pistole des Vaters 15 Menschen erschoss, hat die Politik alle Forderungen nach schärferen Waffengesetzen geschickt ausgesessen. Passiert ist nichts. Und so ist es auch bei der OK-Bekämpfung. Inzwischen profitieren ganze Wirtschafts- und Berufszweige wie Rechtsanwälte, Steuerberater oder Banker von Geldern, die durch russische, ukrainische oder italienische Clans nach Deutschland transferiert werden.

Das Dilemma rührt nicht zuletzt von der Blauäugigkeit der Politiker. Leider verharrt Deutschland in Untätigkeit und teilweise in Resignation. Von irgendeinem Elan bei der Kriminalitätsbekämpfung ist wenig zu spüren, obschon Reformen längst überfällig sind, auch und gerade in der Justiz. Stattdessen ist eine Kultur des Wegschauens und des Verschweigens Trumpf.

Bei den EU-Beitrittsverhandlungen der Länder Rumänien und Bulgarien im Jahre 2005 etwa wischte die Politik alle damaligen Warnungen der Experten aus Justiz und Polizei beiseite. Niemand wollte das erhebliche Wohlstandsgefälle beider Balkanstaaten zu den westeuropäischen Industrieländern als Problem wahrnehmen, kaum einer nahm Berichte über dortige OK-Syndikate und -Clans ernst, die sich mittels Korruption und Drohungen ein erhebliches

Machtpotential aufgebaut hatten. Eher befürchtete man bei Einführung der Freizügigkeit für Bulgaren und Rumänen eine eventuelle »Überflutung des Arbeitsmarktes« durch Niedriglöhner aus diesen Staaten. Eine etwaige Zunahme der Kriminalitätsrate aber werteten die Verantwortlichen in Berlin und Brüssel eher als reine Stimmungsmache, einige sprachen auch von hinnehmbaren Kollateralschäden, die man der großen europäischen Idee zuliebe hinnehmen müsse. Leichtfertig wurde das Problem auf die Bundesländer und die Kommunen abgewälzt, ohne aber Justiz und Polizei ob des neuen Phänomens personell und finanziell aufzurüsten.

Acht Jahre später ist genau jene prekäre Lage eingetreten, die Fachleute bereits im Jahr 2005 vorausgesagt haben. Heute zetern deutsche Politiker auf Europa-, Bundes- und Landesebene unisono über die »Armutseinwanderung und die damit einhergehende Kriminalität« (wie es auf dem Deutschen Städtetag hieß). Dortmund, Duisburg, Berlin, Mannheim und Köln klagen inzwischen über Riesenfinanzlöcher, die die Unterbringung der Wirtschaftsflüchtlinge vom Balkan reißen. In den Reviermetropolen verelenden ganze Quartiere, rumänische Frauen verdingen sich auf dem Straßenstrich, die Männer für vier Euro auf dem Schwarzarbeitermarkt – oder sie gehen klauen. Die Familien leben vom Kindergeld, das der deutsche Staat zahlt, und müssen an Immobilienhaie Wucherpreise für Bruchbuden bezahlen – manche Geschäftemacher vermieten eine Matratze für 20 Euro die Nacht.[64]

Ein Positionspapier des Deutschen Städtetages aus dem Februar 2013 analysierte die Schwierigkeiten bei der Eingliederung der Zuwanderer in deutsche Großstädte mit kritischen Worten. Der Verband konstatierte, dass organisierte Schlepperbanden die soziale Notlage der Armutseinwanderer missbrauchten. Die Gauner vermieteten völlig überteuerten Wohnraum und kassierten ein hohes Entgelt für die Vorbereitung von Kindergeldanträgen.

Anfang 2014 fallen die letzten Zuzugsschranken für Rumänen und Bulgaren. Dann winkt die völlige EU-Freizügigkeit für die Bürger dieser Balkanstaaten. Der Chef der Bundesagentur für Arbeit rechnet damit, dass jährlich bis zu 180 000 Menschen aus den südosteuropäischen Ländern auf den hiesigen Arbeitsmarkt strömen. Zugleich fürchten Kommunen an Ruhr und Rhein, dass die sozialen Kosten für Armutseinwanderer aus diesen beiden Nationen die städtischen Etats sprengen.[65]

Ende April 2013 erhoben die Innenminister Deutschlands, Großbritanniens, Österreichs und der Niederlande Einspruch:[66] In einem gemeinsamen Schreiben an die Ratspräsidentschaft in Brüssel forderten sie, gegebenenfalls die EU-Freizügigkeitsrichtlinie von 2004 so anzupassen, dass der organisierte Missbrauch der Sozialhilfesysteme westeuropäischer Staaten eingedämmt werden könne. Regelungen, die dazu führten, dass Neuankömmlinge, die nie in einem Land gearbeitet oder Steuern gezahlt hätten, denselben Zugang zu Sozialleistungen und Wohnraum wie die einheimischen Bürger hätten, seien ein »Verstoß gegen den gesunden Menschenverstand« und müssten überprüft werden. »Diese Einwanderer nutzen die Möglichkeiten, die die Bewegungsfreiheit bietet, ohne jedoch die Anforderungen für die Ausübung dieses Rechts zu erfüllen«, heißt es weiter. Das wiederum gefährde die Freizügigkeit innerhalb der EU. »Diese Art von Einwanderung bedroht unser gemeinsames Ziel, die Mobilität der europäischen Bürger zu fördern, die in anderen Mitgliedstaaten arbeiten, studieren oder ein Unternehmen aufbauen wollen.«

In dem Schreiben formulierten Bundesinnenminister Hans-Peter Friedrich (CSU) und seine Kollegen ihre Vorschläge zur Lösung des Problems: Sozialbetrüger aus anderen EU-Ländern sollten ausgewiesen und mit einer Wiedereinreise-Sperre belegt werden können. Die Herkunftsstaaten der Einwanderer sollten zudem die Lebensbedingungen der Migranten verbessern. Die dafür vorgesehenen EU-Gelder sollten effektiv eingesetzt und möglicherweise aufgestockt werden.

Die EU-Kommission reagierte zurückhaltend. Sie werde sich der Sache annehmen und Stellung nehmen, hieß es. Aber: »Wir haben von keinem Mitgliedstaat irgendwelche Zahlen zum Ausmaß dieses vorgeblichen Sozialleistungs-Tourismus erhalten.« Auch gebe es bereits Regeln zur Verhinderung von Sozialbetrug durch Bürger anderer EU-Länder. Die Antwort zeugt vom typischen Abwehrreflex in Brüssel: Aussitzen, erst mal nichts tun und abwarten, was passiert.

Seit Anfang Juli zählt auch Kroatien zur Europäischen Union. Auch hier gab es im Vorfeld massive Bedenken der Sicherheitsexperten wegen der organisierten Kriminalität und der Korruption. Ob sie recht behalten, bleibt abzuwarten.

Um es noch einmal zu sagen: Mir geht es wahrlich nicht darum, Deutschland gegen Einwanderer abzuschotten. Auf die ausländischen Fachkräfte ist unser Land allein schon wegen der prekären demographischen Entwicklung dringend angewiesen. Allerdings darf im Zuge einer sinnvollen Integration der Migranten der Hinweis auf manche Probleme mitsamt ihren Auswirkungen auf die organisierte Kriminalität kein Tabu sein.

In manchen Vierteln deutscher Städte etwa ist der Verkauf von Drogen auf den Straßen ebenso üblich wie Schutzgelderpressungen und Schlägereien. Duisburg-Marxloh zum Beispiel gilt im Polizeifachjargon als »gefährlicher Ort«. Seit Jahren versuchen Bürgerinitiativen und Polizei, die Probleme in den Griff zu bekommen. Es ist ein Stadtteil mit zwei

Gesichtern: Zahlreiche türkische Geschäftsleute haben sich hier niedergelassen, sie betreiben Lebensmittelläden, Friseurgeschäfte, Bäckereien und halten das Quartier am Leben. Den Ton geben aber Sippen aus dem Libanon, den kurdischen Gebieten der Türkei, dem Irak und neuerdings auch aus dem Balkan an. Sie sind ein Grund für die wachsende Deliktsrate im Viertel. Insbesondere Familien, die sich selbst »die Araber« nennen, leben hier in einer Parallelwelt, in denen Frauen als Menschen zweiter Klasse behandelt werden und der deutsche Rechtsstaat nicht akzeptiert wird. Diese Sippen haben ein weites Geschäftsfeld aufgebaut: Rotlicht, Schutzgeld, Drogen – Hauptsache illegal.

Ähnlich ist die Lage im benachbarten Essen. Im nördlichen Teil der Innenstadt um die Viehoferstraße bestimmen libanesische Clans die Gesetze. Polizisten wagen sich in diese Gegend nur mit Verstärkung hinein. Im Jahr 2007 spitzte sich die Lage derart zu, dass die Essener Polizei dieses Gebiet aufgrund des Polizeigesetzes von NRW zum »Gefährlichen Ort« erklärte, sodass dort vorbeugende Kontrollen erlaubt sind.

Selbst in der Hauptstadt Berlin werden bestimmte Bezirke von libanesischen, palästinensischen und türkischen Familienclans beherrscht. In Neukölln etwa hat der deutsche Gesetzeshüter kaum noch etwas zu sagen, die Justiz wurde hier in Teilen längst durch den islamischen Friedensrichter abgelöst. Unsere Bundespolitiker müssen also gar nicht erst lange Reisen nach Duisburg, Essen, Mannheim, Bremen oder Leverkusen unternehmen, um Feldforschung zu betreiben, sondern einfach mal in der Hauptstadt die U- und S-Bahn besteigen. In wenigen Minuten erreichen sie die Stadtbezirke, in denen etwa Junkies und Kleindealer am Ende der Lieferkette gepanschten Stoff offen auf der Straße verkaufen.

Doch nicht nur der Bund ist bei der Problemlösung gefragt. Mehr noch stehen die jeweiligen Bundesländer in der Pflicht, mehr zu tun, als solche Themen für parteitaktische Spielchen auszuschlachten.

Ein Jahr nach den Duisburger Mafia-Morden im Jahr 2007 etwa griff die rot-grüne Opposition im Düsseldorfer Landtag den Fall medienwirksam auf. Ralf Jäger (SPD), damals noch innenpolitischer Oppositionssprecher, warf der Landesregierung und ihrem FDP-Innenminister Ingo Wolf Versagen im Kampf gegen das organisierte Verbrechen vor. Er behauptete, die schwarz-gelbe Landesregierung leugne die Bedrohung durch die Mafia und habe »keine erkennbaren Aktivitäten« entfaltet, um dieser Gefährdungslage zu begegnen. Die Regierung solle eine ungeschönte Bestandsaufnahme der gegenwärtigen Mafia-Aktivitäten in NRW vorlegen. Das Beispiel Italien zeige, dass die erfolgreiche Bekämpfung der Mafia eine gesamtgesellschaftliche Aufgabe sei.

So viele schöne Worte hört man selten. Mittlerweile ist die damalige Opposition in die Regierungsverantwortung gewechselt, und Ralf Jäger, jetzt selbst Innenminister, steht vor derselben Misere: Die Kriminalitätszahlen steigen unentwegt, die Aufklärungsrate sinkt – insbesondere bei den Wohnungseinbrüchen. Und mir ist nicht bekannt geworden, welche besonderen Aktivitäten die neue Landesregierung zur Bekämpfung der organisierten Kriminalität entwickelt hat, außer, dass man nun den Kampf gegen Einbrecherbanden zentraler zu führen gedenkt.

Zwar stellt das bevölkerungsreichste Bundesland mit seinen 18 Millionen Einwohnern jährlich mehr als 1400 neue Polizisten ein, das reicht aber noch lange nicht, um die zunehmende Vergreisung bei der Kriminalpolizei zu stoppen. Bis zum Jahr 2017 geht das Gros der Beamten aus der Hochphase der Einstellungen während der 70er und 80er in Pension.[67] In vielen Kommissariaten ist der Großteil über 50 Jahre alt. Der Chef einer OK-Dienststelle in einer Revierstadt, die derzeit Schauplatz eines brutalen Rockerkrieges ist, hat genau 15 Leute zur Verfügung, um die Lage zu beruhigen und den Konflikt zwischen Hells Angels, Bandidos und einer neuen niederländischen Gang namens »Satudarah« in den Griff zu bekommen. Jeder seiner Leute ist älter als 50 Jahre und schiebt Hunderte Überstunden vor sich her. »Das Rockerproblem wird immer größer; wir aber werden immer weniger und älter«, klagt der Chefermittler.

Diese Situation ist kein Einzelfall. Die Überalterung bei der Kripo ist auch kein NRW-Phänomen an sich, sondern betrifft viele Kommissariate länderübergreifend. Oft laufen die Kripostellen nur noch auf Notstrom-Modus. Die Einsparungen der Länder, etwa in Berlin und Nordrhein-Westfalen, tun ihr Übriges.

Die Kriminalitätsbekämpfung darf aber nicht allein Sache der Politik als Gesetzgeber der Judikative und Exekutive bleiben, sondern muss als gesamtgesellschaftliche Aufgabe verstanden werden. »Gelegenheit macht Diebe«, lautet ein altes Sprichwort. Dieser Satz trifft in etlichen Teilen der Wirtschafts- und Finanzwelt den Kern des Problems. Wenn etwa die deutsche Automobilindustrie genauso intensiv unknackbare Wegfahrsperren entwickeln würde wie etwa immer leistungsstärkere Motoren, entfiele diese Einnahmequelle für die organisierten Autobanden aus Süd- und Osteuropa, und die hiesigen Sicherheitsbehörden hätten eine Sorge weniger.

In diesem Fall sind auch die Versicherungen gefordert, durch hohe Prämien Druck auf die Hersteller nobler Marken auszuüben, ihre Fabrikate besser zu sichern. Das hat sich schon einmal als probates Mittel erwiesen: Auf diese Weise sahen sich die Produzenten hochwertiger Autoradios gezwungen, Codes in ihre Geräte einzubauen, die deren Diebstahl erschweren.

Ebenso müssten Banken und Sparkassen Chips in die Kreditkarten einbauen, die das Ablesen der Daten und anschließende Skimming-Taten unmöglich machen. Und Enkeltricktaten könnten teilweise dadurch verhindert werden, dass die Bankangestellten sich bei größeren Barabhebungen stärker nach dem Grund dafür erkundigen.

Für mich besteht kein Zweifel, dass wir unsere Strategien gegen das organisierte Verbrechen dringend verbessern müssen. Bereits im August 2004 hat ein Direktor des nordrhein-westfälischen Landeskriminalamts in seiner Analyse zum Gefährdungspotential durch organisierte Kriminalität Folgendes ausgeführt:

> Der Glaube an eine Entwicklung, die sich immer nur als eine Verbesserung der jetzigen Situation darstellt, erweist sich zunehmend als überholt. Menschen wie auch Organisationen sind heute mehr denn je einem ständigen und scheinbar immer schneller werdenden Wandel gesellschaftlicher, politischer, wirtschaftlicher und kultureller Rahmenbedingungen ausgesetzt.[68]

Der rasante Fortschritt im Bereich der IT-Technik, das World Wide Web, die Globalisierung nebst ihren Auswirkungen auf viele Lebensbereiche sowie die stete Erweiterung der EU erfordern dringende Reformen im Kampf gegen die Unterwelt.

Die EU ist mittlerweile auf 27 Staaten angewachsen. Der freie Waren- und Reiseverkehr, so positiv er auch für die Wirtschaft und die unbescholtenen Reisenden sein mag, birgt viele Risiken. Organisierte Banden reisen aus dem Ausland ein, legen eine ganze Verbrechensserie hin und verschwinden wieder über die Grenze. Kontrollen müssen sie nicht mehr fürchten, die EU ist zum offenen Paradies für legale wie auch illegale Geschäfte geworden.

Überdies entstehen immer neue Spielfelder der organisierten Kriminalität: Die moderne Telekommunikation macht's möglich. Je mehr sensible Informationen wir ins Netz stellen, desto angreifbarer werden wir. Internetshopping, Überweisungen per Mausklick, Kreditkartennummer nebst Geheimzahl beim Ticketkauf online, die sozialen Netzwerke – da ist viel virtueller Raum, um intimste Finanzdaten oder andere Infos abzufischen. Die Datenflut im Netz nutzen etwa osteuropäische Gruppierungen für Betrugsmaschen wie Phishing oder Skimming.

Es müssen deshalb wirksame Strategien entwickelt werden, die nicht nur die jetzigen Kriminalitätsbereiche abdecken, sondern auch in die nähere Zukunft blicken, um etwa Sicherheitslücken bei der Informationstechnik – sei es beim Cloud-Computing oder bei der Industrie-Spionage – abzudecken.

Doch in der Politik tut sich wenig, wenn es darum geht, der Kriminalität mit adäquaten Mitteln zu begegnen. Bereits im Februar 1993 kritisierte der Berliner OK-Oberstaatsanwalt Hans Jürgen Fätkinhäuer in einem Zeitungsinterview den deutschen Gesetzgeber scharf. Die Politik lasse die Strafverfolger im Regen stehen. Die gesetzlichen Instrumente der OK-Jäger seien völlig unzureichend. Und Hans Ludwig Zachert, seinerzeit Präsident des Bundeskriminalamtes, stieß ins selbe Horn.

Das ist jetzt 20 Jahre her, doch geändert hat sich wenig. Nach wie vor fehlen in Deutschland zum Beispiel spezielle Anti-Mafia-Paragraphen. Die USA und die Italiener sind uns hier weit voraus. Nach Artikel 416 im italienischen Strafgesetzbuch ist schon die Mitgliedschaft in der Mafia strafbar. Hat einmal ein italienisches Gericht eine kriminelle Organisation als Mafia bezeichnet, ist dieses Urteil für jedes andere italienische Gericht bindend. Auf diese Weise erspart sich die Justiz neue, langatmige Beweisaufnahmen, denn von vornherein steht fest, dass der Angeklagte einer Mafia-Familie angehört. Einmal Mafioso, immer Mafioso.

Ähnlich sieht es wohl der jetzige BKA-Präsident Jörg Ziercke. Bei einer Feierstunde zum 20. Jahrestag der Ermordung des sizilianischen Journalisten Beppe Alfano sprach sich Ziercke dafür aus, hierzulande ein Anti-Mafia-Gesetz nach italienischem Vorbild einzuführen.

Nicht nur ausländischen Prozessbeobachtern fällt auf, dass der Begriff »Mafia« in deutschen Gerichten nie eine Rolle spielt. Ich habe das nie verstanden. Da sitzen wir monatelang in einem Prozess gegen Drogenhändler, die Bande agierte wie ein mittelständisches Unternehmen, mit straffen Hierarchien, alles gut durchorganisiert und laut Erkenntnissen aus Italien mit klaren mafiösen Verbindungen – und den Richter kümmert dies alles nicht?

Ähnlich verhält es sich in anderen Sparten: Bandenmäßiger Umsatzsteuerbetrug durch Baumafiosi oder Schutzgelderpressung zählen zum typischen Modus Operandi mafiöser Gruppierungen. In kaum einem Prozess stellen die deutschen Gerichte jedoch eine Mafia-Connection fest. Das hängt natürlich damit zusammen, dass dieser Umstand keinen Tag mehr Gefängnis nach sich zieht. Wo kein Gesetz, da keine Strafe.

Und so müssen die deutschen Strafverfolger mit einem völlig untauglichen Paragraphen umgehen: der Bildung einer kriminellen Vereinigung. In der Praxis macht die Justiz kaum Gebrauch davon. In den vergangenen zehn Jahren wurde jedenfalls von der Staatsanwaltschaft in Köln keine Anklage dieser Art erhoben.

Das liegt vor allem an der höchstrichterlichen Rechtsprechung des Bundesgerichtshofes. Demnach müssen die Ankläger in diesen Fällen den hierarchischen Aufbau der Organisation darstellen. Sie sollen detailliert darlegen, wer die Bosse sind und wer die Soldaten, wer wen kommandiert oder die Geschäfte lenkt. Jeder Fall muss zeitlich genau aufgegliedert werden, alle Beteiligten genannt und deren Rolle bei den krummen Touren konkret beschrieben werden.

Das ist ein Mordsaufwand und meist weder personell noch zeitlich zu leisten. Deshalb verzichten viele meiner OK-Kollegen darauf, den Tatvorwurf der Bildung einer kriminellen Vereinigung anzuklagen, sondern beschränken sich auf konkrete Delikte wie Rauschgifthandel, Schutzgelderpressung oder bandenmäßigen Diebstahl.

Noch schwieriger sieht es beim Menschenhandel aus. Seit Jahren streitet die schwarz-gelbe Regierungskoalition darum, die Gesetze gegen Zwangsprostitution und Rotlichtmafia zu verschärfen. Auch hier legt sich das Bundesjustizministerium quer, obschon eine (im Menschenhandel-Kapitel erwähnte) EU-Richtlinie aus dem Jahr 2011 die Deutschen zum Handeln zwingt. Dieses Papier verpflichtet die Mitgliedstaaten im Kampf gegen Zuhälterringe und Menschenhändler dazu, grenzüberschreitend zusammenzuarbeiten. So sollen Polizei, Justiz und Finanzbehörden auch schneller Informationen über internationale Händlerzirkel austauschen. Zuvorderst aber will Brüssel die Rechte der Opfer besser schützen und sie ermutigen, in Strafverfahren als Zeugen gegen die Täter auszusagen. Allerdings haben, wie gesagt, nur sechs EU-Länder diese Richtlinie bislang in nationales Recht umgesetzt. Deutschland ist nicht darunter.

Hürden bei der Wohnraumüberwachung und der Datenspeicherung

Italienische Mafia-Jäger schwören auf die Wohnraumüberwachung. Nach ihren Angaben brachte der sogenannte »Große Lauschangriff« in den vergangenen Jahren die größten Fahndungserfolge. Fast 90 Prozent der Festnahmen und der Verurteilungen gingen auf Wanzen in Mafia-Quartieren oder auf Telefonüberwachungen zurück.

In Deutschland dagegen hat die akustische Wohnraumüberwachung wegen der komplexen rechtlichen Bestimmungen als Instrument der OK-Justiz quasi ausgedient. Das Jahr 2007 etwa registrierte gerade mal zehn Horchfälle; im darauffolgenden Jahr wurden neun Lauschangriffe durchgeführt. Heutzutage ist das Ausspähprogramm für Wohnungen tot. Das bedeutet, dass die Sicherheitsbehörden allzu oft außen vor bleiben. Gerade dort, wo der Täter sich am sichersten fühlt, wo er häufig alle Scheu fahren lässt und offen über sein illegales Tun redet, können die Ermittler nicht mehr mithören. Dieser Umstand führt zu einer enormen Sicherheitslücke – im OK-Bereich wie auch bei der Terrorabwehr.

Die Schuld für diese Bankrotterklärung trägt das Bundesverfassungsgericht in Karlsruhe. Im Jahr 2004 erlaubten die Richter das Installieren von Wanzen in Wohnungen zwar, setzten die Hürden für den Einsatz der Mikrofone allerdings so hoch an, dass kaum noch ein Staatsanwalt darüberspringen mag oder kann.[69]

Die Verfassungshüter lehnten etwa Eingriffe im Bereich des absoluten Kernbereichs privater Lebensgestaltung ab. Das heißt, dass zum Beispiel Liebesgeflüster oder familiäre Dinge tabu sind. Sobald etwa Anhaltspunkte bestehen, dass die Menschenwürde durch die Abhörmaßnahme verletzt wird, muss der Ermittler abschalten. Wann dieser höchstpersönliche Bereich tangiert wird und wann nicht, ist in der Praxis oft ungewiss. Es kann ja durchaus sein, dass der überwachte Drogendealer zwischen zwei anzüglichen Bemerkungen gegenüber seinen Bettgenossinnen wieder auf die nächste Koksübergabe zu sprechen kommt – wovon wir aber nichts mitbekommen, weil wir uns längst schon ausgeklinkt haben und nicht mehr in der Leitung hängen.

So gesehen ist das Diktum der Verfassungshüter aus kriminalistischer Sicht eine praxisfremde Entscheidung. Zumal die höchstrichterliche Vorgabe neben Wohnungen auch Pkws, Garagen, Tiefgaragen und allgemein zugängliche Vereinsbüros von Parteien sowie Hotelzimmer und Gaststättenhinterzimmer umfasst. Das heißt in der Praxis: Dort überall bleiben wir Ermittler blind.

Auch das formale Prozedere gleicht eher einer Schnitzeljagd mit ungewissem Ausgang. Einen Antrag auf akustische Wohnraumüberwachung muss der Staatsanwalt bei der speziellen Staatsschutzkammer eines Landgerichts stellen. Falls das Gericht die Lauschaktion genehmigt, gilt die Erlaubnis nur für einen Monat. Die Erkenntnisse aus der Wohnraumüberwachung unterliegen zudem rigiden Verwertungsbeschränkungen. Ferner besteht eine Berichtspflicht an den zuständigen Justizminister des jeweiligen Bundeslandes. Und nach dem Ende der Maßnahme müssen auch die Verdächtigen entsprechend informiert werden.

Dieser bürokratische Wahnsinn hat dazu geführt, dass meine Kollegen so gut wie gar nicht mehr vom »Großen Lauschangriff« Gebrauch machen. Dieser Drops ist gelutscht – zur Freude der Verbrechersyndikate.

Ein weiteres Sicherheitsproblem stellt das Handy dar. Es ist heutzutage Tatwaffe Nummer eins. Absprachen, Treffpunkte, Logistik, Kommandos – vieles läuft übers Mobiltelefon. Die Bandenmitglieder verwenden dabei oft Codewörter, um etwaige behördliche Lauscher in die Irre zu führen. Einen unzweifelhaften Beweis liefern jedoch die Bewegungs- und Verbindungsdaten ihrer Handys. Oft haben wir hierdurch überregional agierende Einbrecher- oder Betrügerbanden per Bewegungsbild überführen können. Komplizen, die im Hintergrund die Fäden zogen, gingen uns erst durch Telefonverbindungsdaten ins Netz.

Seit dem gesetzlichen Vakuum in Sachen Vorratsdatenspeicherung liegt diese Ermittlungsmethode flach. Das muss sich schleunigst ändern, sonst können wir einpacken. Um Strukturen dieser Organisationen aufzudecken, müssen wir wissen, wer mit wem wann von wo und worüber telefoniert – Punkt! Da die Telekommunikationsunternehmen nur noch zwischen 7 und 30 Tagen Telefondaten vorhalten, ist es unmöglich geworden, relevante Mobilfunkverbindungen älteren Datums nachzuvollziehen. Kurz gesagt: Wichtige Beweismittel in OK-Verfahren gehen verloren.

Das Bundesverfassungsgericht hat Anfang März 2010 eine Neuregelung für den Casus Vorratsdatenspeicherung angemahnt. Zudem hat Karlsruhe Nachforschungen auf schwerste Straftaten beschränkt. So weit, so gut. Gäbe es da nicht eine Bundesjustizministerin, die sich allem verweigert. Trotz einer eindeutigen EU-Richtlinie, trotz scharfer Kritik der Innenminister in Bund und Ländern und trotz einer evidenten Sicherheitslücke blockiert Bundesjustizminsterin Sabine Leutheusser-Schnarrenberger eine neue Gesetzesvorlage. Stattdessen hat sie als Alternative eine anlassbezogene Sicherungsanordnung (Quick Freeze) für die Dauer von sieben Tagen vorgeschlagen. Ein abwegiger Gedanke! Mitunter dauert es Monate, bis wir etwa einer Einbrecherbande überhaupt auf die Schliche kommen. Manche Taten liegen dann schon Wochen zurück und bleiben ungesühnt, weil die entsprechenden Beweismittel fehlen. Denn die Provider haben die Daten dann nicht mehr gespeichert.

Ein Beispiel: Der Mord an dem zehnjährigen Mirco im Herbst 2010 wäre wohl nie aufgeklärt worden, hätte die Telekom nicht aus Rechnungszwecken die Telefonate ihrer Kunden früher 30 Tage lang vorgehalten. Ein Abgleich der rekonstruierten Fahrtroute des Kindermörders mit den zur Tatzeit eingeloggten Handys hatte die Ermittler um Kriminalhauptkommissar Ingo Thiel zum Täter geführt.

240 000 Mobilfunkdaten hatten die Fahnder ausgewertet, bis sie nach 133 Tagen mit einem Haftbefehl an die Tür des Mörders klopften.[70] Erst ein halbes Jahr vor Mircos Verschwinden hatten die Verfassungsrichter das Gesetz zur Vorratsdatenspeicherung kassiert. Seither löscht die Telekom die Daten viel schneller. Zum Glück hatten Thiel und seine Kommission ihre Datenabfrage noch vor Ablauf der 30-Tage-Frist beim Bonner Kommunikationsmulti gestellt, sonst hätte man den Mörder wohl nie gefunden.

Vor dem Einfrieren der sogenannten Vorratsdatenspeicherung speicherte die Telekom die Daten drei Monate. Besagte EU-Richtlinie fordert gar eine Ausweitung auf eine sechsmonatige Speicherfrist. Doch die schwarz-gelbe Bundesregierung hat sich bis zur Bundestagswahl im September 2013 nicht zu einer effektiven Neuregelung durchringen können. Durch diese Blockade der Vorratsdatenspeicherung ist es heutzutage ein Lotteriespiel geworden, ob Justiz und Polizei noch beweiserhebliche Daten erhalten oder nicht.

Respekt vor Mafia-Geld – und Hürden für verdeckte Ermittler

Wer die Kreise der italienischen, osteuropäischen oder sonstigen Mafia-Organisationen erfolgreich stören will, muss an ihr Geld heran. Das erfolgreichste Rezept, das auch die EU empfiehlt, hat die Bundesrepublik leider immer noch nicht importiert: nämlich die Umkehr der Beweislast mutmaßlich illegal erlangter Vermögen.

Hierzulande muss immer noch die Justiz dem Straftäter nachweisen, dass sein Vermögen aus kriminellen Geschäften stammt. In Ländern wie Italien ist es genau umgekehrt: Sobald der Täter einer Straftat schuldig gesprochen ist, erstellen die Ermittler ein komplettes Vermögensregister – und zwar nicht nur beim Verurteilten, sondern auch bei seinen Verwandten und Bekannten, denn womöglich hat er Gelder auf Konten seiner Angehörigen verschoben. Anschließend erforschen die Finanzfahnder beim Fiskus, wie viel der Mafioso versteuert hat. Ergeben sich hierbei große Differenzen, muss der Gangster nachweisen, dass er sein Kapital, seinen Fuhrpark und seine Immobilien rechtmäßig erlangt hat. Kommen Zweifel daran auf, beschlagnahmt der Staat sämtliche Vermögenswerte. Nach Angaben meines sizilianischen Kollegen Scarpinato aus Palermo konfiszierten die Anti-Mafia-Einheiten auf diese Art und Weise während der letzten Jahre 4,5 Milliarden Euro.

Von derartigen Summen können deutsche Strafverfolger nur träumen. Bis heute hat die hiesige Politik weder die entsprechenden EU-Richtlinien noch das Abkommen der UNO zum Kampf gegen die organisierte Kriminalität (»Palermo-Abkommen«) aus dem Jahr 2000 umgesetzt. Nach Auffassung des Bundesjustizministeriums verstößt eine Umkehr der Beweislast nämlich gegen den Eigentumsschutz des Grundgesetzes. So kann man es natürlich auch sehen. Die Frage ist nur, ob damit dem ehrlichen Bürger wirklich mehr geholfen ist – denn somit wird die Verbrechensbekämpfung nun ausschließlich mit seinen Steuergeldern bestritten.

Eine weitere Schwachstelle im deutschen Justizsystem ist die Frage des Einsatzes ausländischer Staatsangehöriger als verdeckte Ermittler (VE). Der Job ist wahrlich nichts für schwache Nerven. Anders als eine Vertrauensperson (VP) oder ein Informant ist ein verdeckter Ermittler ein Polizeibeamter. Mitunter tauchen die Undercover-Agenten wochenlang in den Untergrund ab, leben unter falscher Legende und riskieren ihr Leben, falls sie enttarnt werden. Und das für 2600 Euro netto im Monat – so viel etwa verdient ein Oberkommissar mit Frau und zwei Kindern.

Das Beamtenrecht verlangt, dass der verdeckte Ermittler einen deutschen Pass besitzen muss. Da die organisierte Kriminalität aber leider überwiegend auf das Konto von Ausländern geht, die meist auch noch in ethnisch geschlossenen Gruppierungen handeln, haben wir nur selten einen verdeckten Ermittler in solche Verbrecherclans einschmuggeln können. Ähnliches gilt für den Einsatz in Rockerbanden. Viele Chapter verlangen von ihren Mitgliedern, sich auffällig zu tätowieren. Dazu ist kaum ein Beamter bereit. Ferner müssen sich die Neulinge bei den Kuttenträgern über Jahre hinweg bewähren. Die Frondienste reichen von Toiletten reinigen im Clubhaus bis hin zu schweren Straftaten. Die Novizen sollen durch solche Mutproben ihre Treue zur Kluft und zum Rockerclan beweisen.

An diesem Punkt aber muss der verdeckte Ermittler passen. Ein deutscher Polizeibeamter darf keine Straftaten begehen – auch keine geringfügigen, die helfen könnten, weit schwerwiegendere Verbrechen aufzudecken. Die US-Justiz zeigt sich da großzügiger. Zur Not darf der Undercover-Ermittler dort auch kleinere Delikte begehen – ausgenommen natürlich Mordtaten oder Sprengstoffattentate.

Ich weiß, dass meine Ansichten an dieser Stelle in Deutschland auf wenig Gegenliebe stoßen. Dennoch sollte man über eine neue Taktik beim Einsatz verdeckter Ermittler nachdenken. Zum einen muss eine gesetzliche Ausnahmeklausel her, die auch den Einsatz von VEs mit ausländischem Pass in OK- oder großen Staatsschutz-Verfahren erlaubt. Aus eigener Erfahrung weiß ich, dass solche Ermittler weitaus zuverlässiger sind als Zuträger aus dem kriminellen Milieu. Zum anderen sollten wir auch über grenzüberschreitende Einsätze der VEs nachdenken. Warum gehen wir nicht hin und bitten Kollegen im Schengen- oder EU-Raum um den Transfer von Undercover-Beamten für eine gewisse Zeit oder für einen speziellen Fall, der so vertrackt ist, dass wir mit den üblichen Ermittlungsansätzen nicht weiterkommen? Da es aber keine zentrale Kriminalstelle im europäischen Raum gibt, sind solche Ideen momentan eher Hirngespinste. Leider.

Die Crux der Formalitäten

Somit nähern wir uns dem Kernproblem einer Reform der Strafprozessordnung. Bisher müssen die OK-Ermittler selbst Leute aus dem Dunstkreis von Verbrecherbanden über den wahren Hintergrund ihrer Festnahme aufklären.[71] Dadurch riskiert man, dass die Schlüsselfiguren der Gruppierung vorzeitig gewarnt werden und sich absetzen können. In dem Zusammenhang tun sich viele ungeklärte Rechtsfragen auf. Bei unseren Ermittlungen gegen Autoknackerbanden aus Polen, Litauen und Russland ergaben sich zahlreiche Hinweise darauf, dass einzelne Nobelkarossen in Rotterdam verschifft werden sollten oder Lkw-Fahrer mit gestohlenen Gefährten auf dem Anhänger der Grenze nach Polen entgegenrollten. War der gestohlene Wagen aber erst einmal in Polen, dann war er so gut wie weg. Mit ihm verschwand der Beweis, dass die Diebe wieder zugeschlagen hatten. Also griffen wir zu einem Trick. Auf der Autobahn nahe Magdeburg bauten wir einen Kontrollpunkt auf und ließen die Fahrer herauswinken. »Allgemeine Verkehrskontrolle«, hieß es – die gestohlenen Fahrzeuge wurden »zufällig« sichergestellt. Die Transporteure mussten zum Verhör, ohne dass wir ihnen die ganze Wahrheit offenbart hätten. Erst drei Monate später erfuhren die Fahrer alle Zusammenhänge, um ihre Verteidigungsrechte zu wahren. Damit stieg allerdings die Gefahr, dass der gesamte Komplex aufflog.

Ähnlich läuft es bei Drogenlieferungen über Staatsgrenzen hinweg. Zum Schein kontrollierten etwa Zollfahnder in unserem Auftrag ein Paar aus den Niederlanden und entdeckten bei ihnen ein Kilogramm Speed. Der Stoff wurde beschlagnahmt. Sie und er mussten wegen des Drogenfundes und Fluchtgefahr in Untersuchungshaft, ohne die wahren Hintergründe zu kennen – denn wir wussten, dass es sich bei den beiden nur um Kuriere für ein größeres Drogenkonsortium handelte. Uns half dieser Kniff aus einer rechtlichen Bredouille heraus: Wir konnten ja schlecht das Rauschgift weiterlaufen lassen; andererseits glaubten die Bosse so an einen Zufall und schöpften keinen Verdacht.

Aber auch solche wirksamen Tricks der »legendierten Kontrollen« sind nun vorbei. Der 4. Senat des Bundesgerichtshofes hat im Februar 2010 verboten, bei »solchen Kontrollen aktiv zu täuschen«. Ähnlich dem Fair-Play-Credo des Welt-Fußballverbandes FIFA plädiert der BGH für eine Art Fair-Trial-Grundsatz. Das heißt im Klartext: Ich muss jetzt dem festgenommenen Kurierfahrer sofort die gesamten Dimensionen des Verfahrens eröffnen, ansonsten droht mir ein Beweisverwertungsverbot. Glaubt jemand ernsthaft, dass wir so an die Hintermänner herankommen?

Manchmal meine ich, die oberste Richterkaste hat nichts Besseres zu tun, als den Strafverfolgern immer wieder Knüppel zwischen die Beine zu werfen. Kaum einer dieser Herren hat je auch nur einen Tag einen Verbrecher gejagt, sonst kämen solche Entscheidungen nicht zustande.

Zur Ehrenrettung der Justiz muss ich einräumen, dass die Gerichte seit Langem die Verfolgung der Schwerkriminalität als besonderes Anliegen der Allgemeinhiet anerkannt haben – vorbei das Interesse der Allgemeinheit und das des Einzelnen an der Wahrung seiner Rechte gegeneinander abzuwägen sind.

Große Probleme gibt es auch bei der Rechtshilfe in Europa. Während die Verbrecherkartelle problemlos über die

Staatsgrenzen hinweg operieren, dauert es manchmal Monate, ehe deutsche Strafverfolger dank der Amtshilfe ausländischer Kollegen reagieren können – wenn überhaupt. Dann ist es aber häufig zu spät.

Ein weiteres Dilemma zeigt sich bei der Bürokratie unserer Justiz. Reformen, Neuanfang, das Verlassen alteingefahrener Wege. Eher reformiert sich die verkrustete FIFA mit ihrem Generalsekretär an der Spitze, als dass sich bei der deutschen Justiz etwas bewegen würde.

Für völlig antiquiert halte ich beispielsweise das System der örtlichen Justizsprengel. Die Staatsanwaltschaft Köln etwa gehört zum Landgericht der Rheinmetropole, die aus Düsseldorf zum entsprechenden Gerichtsbezirk der Landeshauptstadt. Der Modus stammt noch aus dem 19. Jahrhundert. Inzwischen jedoch hat sich entlang der Rheinschiene zwischen Koblenz und Emmerich ein riesiger, zusammenhängender Ballungsraum mit zirka neun Millionen Einwohnern entwickelt. Aufgrund der guten Verkehrsinfrastruktur klappern die Straftäter die verschiedenen Städte und Zielobjekte in dieser Region binnen kurzer Zeit ab. Und dennoch durchschneiden heute noch zahlreiche Landgerichtsbezirke und Anklagebehörden von Koblenz bis Essen und Krefeld das Einzugsgebiet – mit der Folge, das die eine staatsanwaltliche Hand nicht weiß, was die andere tut. Das passt nicht mehr in die heutige Zeit.

Folgt man den Angaben italienischer Anti-Mafia-Experten, so haben italienische Clans ganz NRW in Reviere aufgeteilt. Allein im Großraum Duisburg herrschen mehrere Sippen aus Kalabrien, wobei, wie in der italienischen Heimat üblich, Flüsse als Grenzen der Territorien dienen. Bislang haben weder Polizei noch Staatsanwaltschaft der einstigen Montanhochburgen sich strukturell auf dieses Phänomen eingestellt.

Das Zauberwort im Kampf gegen das organisierte Verbrechen heißt Schwerpunkt-Staatsanwaltschaften. Nur Spezialisten, die alle Tricks, alle Kniffe, alle Eigenarten der Mafia und Drogensyndikate kennen und die wissen, wie etwa Zigarettenschmuggler oder Einbrecherbanden üblicherweise vorgehen, haben Aussicht auf Erfolg. Denn jede Form der OK hat ihre Besonderheiten. Sie erfordert langjähriges Spezialwissen über den Einsatz von Überwachungstechnik, gepaart mit kriminalistischem Sachverstand, der Kenntnis über die Gegebenheiten im jeweiligen Ausland und nicht zuletzt über die rechtlichen Feinheiten und Probleme, die solche OK-Verfahren mit sich bringen. Teamarbeit ist hier genauso Trumpf wie der kompetente Einzelkämpfer, der etwa den Geldflüssen der Ganoven nachspürt.

Der große Vorteil solcher zentralen Ermittlungsstellen liegt einfach darin, dass hier alle Fäden zusammenlaufen. Jeder vergleichbare Fall der Enkeltrick-Betrüger zum Beispiel wird hier gebündelt und durch Profis aufgeklärt. Die Erfolgsquote ist dadurch ungleich höher als beim ewigen Klein-Klein der lokalen Ermittler. Gerade im Bereich der organisierten Kriminalität sollten großflächig zentrale Abteilungen geschaffen werden, denn nur so kommt man den internationalen Verbrechersyndikaten bis hinauf zu ihren Bossen auf die Schliche.

Diese Konzentration würde auch die teils unsäglichen Konflikte über die Zuständigkeit der Staatsanwälte unterschiedlicher Städte beenden. Mitunter streiten sich gestandene Ankläger wie die Kesselflicker um einen Fall. Über den zeitaufwändigen Zwist um den angeblich allesentscheidenden »Tatortschwerpunkt« verlieren die Streithähne oft das eigentliche Ziel aus den Augen: die Täter zu fassen und deren Bande zu zerschlagen. Allein schon deshalb plädiere ich vehement dafür, Ermittlungen in zentralen Abteilungen zu führen, die für spezielle OK-Phänomene zuständig sind.

Dasselbe gilt für V-Männer in Staatsdiensten. Kaum ein

OK-Verfahren kommt heutzutage ohne Spitzel aus dem Milieu, ohne Informanten oder sogenannte Vertrauenspersonen aus, die für die Justiz und Polizei die Gegenseite ausspionieren. Das Handling solcher Zuträger erfordert häufig viel Fingerspitzengefühl und Erfahrung. Daher macht es Sinn, einen zentralen Ansprechpartner für diese Leute zu installieren. In Köln war es meine Aufgabe als Leiter der OK-Abteilung, dies zu übernehmen. Der Job ist reine Vertrauenssache und erfordert Einfühlungsvermögen, einen umfassenden Überblick über alle Verfahren sowie detaillierte Kenntnisse in der speziellen rechtlichen Materie.

Das Engagement von V-Leuten birgt enorme Risiken. Das beginnt bei der Frage, in welchen Fällen Polizeispitzel überhaupt eingesetzt werden dürfen, bis zu dem Punkt, wie lange etwa eine Vertraulichkeitszusage (wie die Sperrung der Identität im Einwohnermeldeamt) währt und wann sie widerrufen werden muss, weil der Informant beispielsweise selbst Verbrechen begangen hat.

Ungeklärt sind bislang auch Strategien zur Bekämpfung der organisierten Kriminalität im Internet durch virtuelle Spitzel. Bis dato ist etwa der Einsatz eines digitalen Undercover-Agenten oder die Nutzung von Fake-Accounts in sozialen Netzwerken unter deutschen Juristen höchst umstritten. Dabei hat gerade der Fall um die digitale Geldwäsche-Bank Liberty Reserve gezeigt, dass die Ermittler modernen Verbrecherbanden nur beikommen können, wenn sie ebenfalls auf die technischen Errungenschaften des 21. Jahrhunderts zurückgreifen dürfen. Das FBI hatte einen verdeckten Ermittler als Kontoinhaber in das kriminelle Bankennetzwerk der Liberty Reserve eingeschleust. Nicht zuletzt seine Nachforschungen führten zum Erfolg der amerikanischen OK-Jäger.

Manchmal zweifele ich wirklich daran, dass das Wort »Jäger« oder »Strafverfolger« wirklich auf alle Staatsanwälte in dieser Republik zutrifft. Ich denke da etwa an die Generalstaatsanwaltschaften. Diese Mittelbehörden zwischen den einzelnen Staatsanwaltschaften und dem jeweiligen Landesjustizminister sind meines Erachtens zu reduzieren oder sollten wie die Regierungspräsidien aufgelöst werden. In ihrer gegenwärtigen Struktur in NRW sind sie so wichtig wie ein Kropf. Bei den drei »Generälen« des Landes Nordrhein-Westfalen beaufsichtigen sogenannte Zentrale Ansprechpartner für organisierte Kriminalität (ZOKs) den Ablauf von OK-Verfahren der untergeordneten Staatsanwaltschaften. In der Praxis sah das so aus, dass besagte ZOKs vor allem die Stellungnahmen der untergeordneten Staatsanwaltschaften zu Gesetzesentwürfen an die jeweils zuständigen Landesjustizminister weiterleiteten. Das sind echte Papiertiger, die vor lauter Stellungnahmen den Blick fürs Wesentliche verlieren: die Strafverfolgung.

Da lohnt sich ein Blick nach Norden: Die Generalstaatsanwaltschaft Celle hat eine ganz andere Einstellung zu den Dingen. Hier entwickelt eine einzige zentrale Behörde für das gesamte Land Niedersachsen neue Strategien zur erfolgreichen OK-Bekämpfung. Dabei geht es um den Einsatz moderner Informationstechnik oder auch um Antworten auf brisante Prozessphänomene. Im Gegensatz zu vielen anderen »Generälen« und ihrem Beamtenapparat verstanden sich die Celler Chefankläger, allen voran der heutige Generalbundesanwalt Helmut Range, seit jeher in erster Linie als eine Art Dienstleister und rechtlicher Problemlöser für die Staatsanwälte an der Front. Es wäre toll, wenn andere Bundesländer diesem Beispiel folgen würden.

Denn die Zeit drängt. Nach meiner Auffassung steht die Strafjustiz in Deutschland bei der Verfolgung der Wirtschaftskriminalität und organisierten Kriminalität kurz vor dem Kollaps. Beinahe täglich wird das Verfahrensrecht undurchschaubarer, verzwickter, komplexer und weniger praktikabel. Entweder kreiert die Politik neue gesetzliche Hemmschuhe, oder die höheren Gerichte sind an der Reihe. Und wenn beide einmal pausieren, meldet sich der Europäische Gerichtshof für Menschenrechte …

Und irgendwann stellt sich die Frage: Quo vadis, Justitia? Wo wollen wir hin mit all den Instanzen, den langwierigen formaljuristischen Spiegelfechtereien, den Rechtsmitteln, Beweisanträgen, Besetzungsrügen für die Gerichte? Warum vergehen in komplexen Strafprozessen meist Tage oder Wochen, ehe die Richter alle Ablehnungs- und Aussetzungsanträge der Verteidiger abgehandelt haben und der Staatsanwalt endlich die Anklage verlesen kann? Das formalistisch-juristische Tauziehen hat nichts damit zu tun, die Schuldfrage des Angeklagten zu klären, sondern bietet den Anwälten genug strafprozessuale Munition, um ein Verfahren zu torpedieren oder so lange hinauszuzögern, bis die Richter kapitulieren.

Und welche Rolle spielt es beispielsweise, ob nun die 12. Kammer des Landgerichts ein Wirtschaftsstrafverfahren übernimmt oder die 16.? Praktisch gesehen keine. Vor kurzem aber dauerte es einige Monate, bis ein millionenschweres Untreue-Verfahren gegen geschäftsführende Gesellschafter einer großen Privatbank im zweiten Anlauf endlich beginnen konnte – und dies nur, weil der Ersatzrichter für den Prozess womöglich nicht ganz korrekt nach dem Gerichtsverfassungsgesetz bestimmt worden war. Eine Petitesse mit weitreichenden Folgen: Nach der Rüge der Anwälte wurde die Verhandlung wochenlang ausgesetzt und ein neues Prozedere für die Auswahl des Ersatzrichters ausgeknobelt. Dabei ging es beileibe nicht um die Frage, ob nun der eine oder andere Ersatzrichter der bessere Jurist war, besser im Stoff war oder über mehr Know-How im Wirtschaftsstrafrecht verfügte. Nein, es ging den Verteidigern nur darum, formaljuristische Revisionsgründe zu entwickeln. Und sollte dieser Prozess mit Schuldsprüchen enden, ist der Gang vor den Bundesgerichtshof schon programmiert. Dann besteht die Möglichkeit, dass der BGH das Verfahren aufhebt – nur weil man einen falschen Ersatzrichter benannt hat.

Wohlgemerkt: Es geht bei diesen Formalitäten nicht um die Frage der Schuld. Es geht auch nicht darum, ob der Fall vollends aufgeklärt wird oder, wie so oft, im Paragraphendschungel steckenbleibt. Es geht einzig um formale Rechthaberei. Und weil viele Richter sich sehr davor fürchten, dass ihre Urteile durch höhere Instanzen aufgehoben werden, tun sie alles, um dies zu verhindern. Ergo lassen sie beinahe jede juristische Grille von Konfliktverteidigern zu, um ja keinen Fehler zu machen.

Das kostet Zeit, und Zeit hat die Justiz heutzutage nicht. Zu Beginn meiner Tätigkeit als Staatsanwalt im Jahre 1976 ging ein Raubverfahren in der Regel in ein bis drei Hauptverhandlungstagen zu Ende. Heute braucht das Gericht hierfür in vergleichbaren Fällen ein bis drei Monate. Und da wir es im Bereich der organisierten Kriminalität oft mit sehr schweigsamen ausländischen Angeklagten zu tun haben, greifen deren Advokaten gerne zu dem beliebten Trick, die Übersetzungen der gerichtlich bestellten Dolmetscher anzuzweifeln. Allein daran entzünden sich Dutzende formalrechtlicher Konflikte, und nur die wenigsten Kammervorsitzenden sind so erfahren, dass sie auch in schweren juristischen Gewässern das Schiff schaukeln können. Nach ein paar Monaten ist die Justizfregatte durch ständige Verzögerungsaktionen oft genug so sturmreif geschossen, dass man mit dem Richter nun über milde Strafen verhandeln kann.

Als ich zuletzt mit einem Strafrichter über das Dilemma sprach, erzählte er mir, dass in früheren Zeiten eine Strafkammer bis zu 50 Verfahren im Jahre abschließen konnte.

Inzwischen schaffen die Landgerichte wegen überbordender Beweisanforderungen gerade mal drei bis fünf im Jahr. Bei allen Beschuldigten, die nicht gerade in Untersuchungshaft sitzen, dauert es Jahre, bis der Prozess stattfindet. Aus prozessökonomischen Gründen werden diese Verhandlungen schnell zugunsten der Angeklagten abgehandelt, und der psychologische Läuterungseffekt, der nur dann eintritt, wenn der Untat die Bestrafung auf dem Fuß folgt, fällt dann ohnehin aus.

Inzwischen ist die personelle Not bei den Gerichten so groß, dass manche Justizverwaltungen nur noch Anklagen mit maximal fünf Tätern einfordern, da Verfahren mit mehr Tatverdächtigen von einer Strafkammer aus prozessökonomischen Gründen nicht mehr zu bewältigen seien. Das heißt quasi: OK-Verfahren mit Dutzenden Gangstern wären künftig kaum noch machbar. Dabei sollte es doch gerade das Ziel der OK-Staatsanwälte sein, die gesamte verbrecherische Organisation bis zu ihren höchsten Ebenen zu verfolgen. Wenn aber seitens der Gerichte die Kapazitäten fehlen, wozu sich überhaupt noch diese Mühe machen?

Deshalb brauchen wir spezielle OK-Kammern, die das Rechtsmaterial in diesem Bereich aus dem Eff-Eff kennen. Es ist einfach etwas anderes, ob man einen Kinderschänder aburteilt oder einen Großbetrüger, Mitglieder eines Drogensyndikates oder einer Türsteherbande. Nicht umsonst gibt es eine OK-Abteilung bei der Staatsanwaltschaft, die in den speziellen Usancen der Ermittlungen gegen Verbrecherbanden dieses Kalibers besonders bewandert ist. Wieso kann es nicht auch entsprechende Gerichte geben? Denn inzwischen sind die Beweisanforderungen und die Rechtskenntnis in OK-Verfahren so komplex geworden, dass auch die Gerichte sich entsprechend spezialisieren sollten. Dadurch würde die Justiz viele Durchhängepartien verhindern, die entstehen, weil die Kammern nicht sattelfest auf dem Gebiet sind und umso mehr Angst davor haben, Fehler zu machen (weswegen sie vorzugsweise Kompromisse anbieten und milde Urteile verhängen).

Ich war und bin immer noch Staatsanwalt mit Leib und Seele. Ich weiß, dass sich die Anforderungen an uns Strafverfolger geändert haben. Aber bei allem neuen formaljuristischen Beiwerk in einer komplexer gewordenen strafprozessualen Welt und bei allem Verständnis für die Diskussion um »Big Brother« und die vermeintliche allumfassende staatliche Überwachung möchte ich eines klarstellen: An dieser lobenswerten gesellschaftlichen Debatte beteiligen sich viele, nur nicht die organisierte Kriminalität. Diese Leute interessiert nur eines: Geld – koste es, was es wolle, und gerne auch Menschenleben. Mit Samthandschuhen kommen wir gegen diese Krake nicht an. Wir müssen die Chance ergreifen, ihr auf Augenhöhe entgegenzutreten. Sonst wird Deutschland doch noch zum Verbrecherland.

Nachwort zur Taschenbuchausgabe 2015

Da saßen sie nun: Bundesinnenminister Thomas de Maizière und Jörg Ziercke, der Präsident des Bundeskriminalamtes (BKA). An jenem 1. Oktober 2014 stellten die beiden Spitzen der deutschen Ordnungsmacht das Bundeslagebild Organisierte Kriminalität (OK) 2013 vor. Fazit: Die Bedrohung durch das organisierte Verbrechen in Deutschland ist weiterhin hoch. Im Jahr 2013 führten die OK-Dienststellen 580 Ermittlungsverfahren, gut zwei Drittel der Fälle kamen neu hinzu. Verglichen mit 2012 war das ein Zuwachs von 7,2 Prozent. Die Zahl der Tatverdächtigen hatte mit 9155 gegenüber 2012 (da waren es 7973) erheblich zugenommen.

Der Minister sprach offen aus, was ich seit Langem fordere: »Viele Straftaten in Deutschland werden von Banden begangen, und wir können verstärkt Bezüge zur Organisierten Kriminalität feststellen. Hinter den Tätern verbergen sich oftmals professionelle Strukturen, die sich nur mit vergleichbaren Ermittlungsmethoden bekämpfen lassen wie die Organisierte Kriminalität. OK-Gruppen agieren zunehmend professioneller und globaler. Die Täter kommen aus aller Welt, insgesamt wurden über 100 unterschiedliche Nationalitäten registriert. Auf diese Entwicklungen müssen unsere Ermittlungsbehörden antworten; wir werden die OK-Bekämpfung neu ausrichten.«

Neben Drogenhandel mit gut 35 Prozent avancieren Cyber-Gangster, organisierte Einbruchssyndikate und beispielsweise Enkeltrick-Betrüger zunehmend zur kriminellen Krake in der Mitte Europas. Mit eindringlichen Worten warnte BKA-Präsident Jörg Ziercke bei dieser Gelegenheit vor dem wachsenden Druck der organisierten Unterwelt: »Wohnungseinbruch, Kraftfahrzeugdiebstahl und Betrügereien am Telefon – die Organisierte Kriminalität ist an der Haustür angekommen. Dabei gehört die Eigentumskriminalität zu den Hauptbetätigungsfeldern von OK-Gruppierungen in Deutschland und betrifft alle Bürgerinnen und Bürger. Aktuelle Studien schätzen die Umsätze der OK europaweit auf einen dreistelligen Milliardenbetrag. Die Gelder werden vielfach gewaschen und dem legalen Wirtschaftskreislauf zugeführt. Die OK betrifft daher nicht nur die Sicherheit des Einzelnen, sie stellt auch eine Gefahr für Staat und Wirtschaft dar.«

Die Mehrzahl der OK-Gruppen hierzulande werden nach den Worten Zierckes durch »ausländische Staatsangehörige« dominiert. Als Erfolg feierte der scheidende BKA-Chef, dass es endlich gelungen sei, gegen italienische Mafiagruppierungen vorzugehen. In sechs von elf Verfahren habe man einen Bezug zu den im Kokainschmuggel weltweit führenden süditalienischen Organisationen der 'Ndrangheta nachweisen können.

Da möchte man ausrufen: Heureka! Wenn es nur nicht so traurig wäre. Denn wenn man weiß, dass Hunderte Mafiosi hierzulande ihr Unwesen treiben und dass bisher noch kein Prozess in Deutschland klare Bezüge zur »Ehrenwerten Gesellschaft« hervorgebracht hat, dann zweifele ich doch sehr daran, dass die italienischen Syndikate nun vor den deutschen Behörden schlottern. Meiner Meinung nach hat sich kaum etwas zum Guten gebessert. Justiz und Polizei mögen sensibler geworden sein, aber die Probleme im Kampf gegen das Organisierte Verbrechen bleiben die alten: wenig Personal, geringe Ressourcen, ermittlungstechnische Instrumente aus der Steinzeit ohne Internet und Smartphone – und eine Politik, die solche Probleme angesichts knapper Kassen und einer geradezu sträflichen Borniertheit einfach aussitzt.

Wo kein Kläger, da kein Richter: Einbruchsopfer verfügen über keine öffentliche Lobby. Insofern kümmert es auch keinen, wenn in vielen Städten Deutschlands nicht einmal jeder zehnte Einbruch aufgeklärt wird. In Nordrhein-Westfalen fährt der Innenminister Ralf Jäger (SPD) die Kampagne »Riegel vor«. Heißt: Selbst ist der Mann oder die Frau. Wer sich vor Einbrechern schützen will, soll tief in die Tasche greifen, um seine Wohnung oder Haus zu sichern. Das ist völlig absurd, belegt aber das Dilemma der hochverschuldeten öffentlichen Hand an Rhein und Ruhr. Die Botschaft ist eindeutig: Entweder du bezahlst aus deinen Privatmitteln ein Stück mehr Einbrecherschutz, oder du bist selber schuld, wenn Banden dein Heim plündern. Die aus Steuermitteln finanzierte Polizei und die Justiz werden dir gewiss nicht helfen. Ein Offenbarungseid.

Da wirkt es geradezu lächerlich, wenn etwa der nordrhein-westfälische Landtagsabgeordnete Hans-Willi Körfges (SPD) die Riegel-Aktion als eine Art Meilenstein in der Abwehr der meist südosteuropäischen Banden feiert. Die Chuzpe muss man erst einmal haben, um solch einen Unsinn zu verbreiten.

Bei aller Kritik aber zeichnen sich gerade bei der Jagd auf die Einbruchsbanden vielsprechende Ansätze ab. Nachdem die Fallzahlen 2012 und 2013 weiter angestiegen sind, hat Nordrhein-Westfalen die Taten bei den großen Polizeibehörden gebündelt und lässt sie nun mit viel Aufwand zentral verfolgen. Erste Erfolge zeichnen sich ab. Allerdings passen sich die Einbrecherbanden dem erhöhten Verfolgungsdruck in NRW dadurch an, dass sie nun das bislang wenig frequentierte Ostwestfalen »bearbeiten« oder vorrangig andere Bundesländer aufsuchen. So ist etwa in Berlin die Zahl der Einbrüche von Januar bis September 2014 um 13 Prozent im Vergleich zum Vorjahr angestiegen, auf insgesamt 8000 Einbrüche. Dabei fällt auf, dass die Täter verstärkt in Wohnungen statt in Einfamilienhäuser einsteigen, was darauf schließen lässt, dass die Wohnungen nicht sonderlich gut gesichert sind, weil sich die Besitzer hochwertige Einbruchsicherungen nicht leisten können.

Aber auch die Verbesserungen in Nordrhein-Westfalen stehen auf tönernen Füßen. Schließlich fehlen die Ermittler jetzt an anderer Stelle, etwa bei der Bekämpfung des Taschendiebstahls, denn die Anzahl der Polizeibeamten wird aufgrund der angespannten Haushaltslage mittelfristig gesehen nicht größer. Die zunehmende Ökonomisierung der Strafverfolgung geht weiter. Verbrechensbekämpfung nach Kassenlage – muss man dafür Verständnis haben?

Meiner Meinung nach kann es nicht angehen, dass immer mehr besorgte Bürger, die es sich finanziell leisten können, Bürgerwehren bilden oder Wachdienste damit beauftragen, Einbrecher oder andere Straftäter fernzuhalten. Bislang war der Schutz der Bürger vor Straftaten eine Kernaufgabe des Staates, der auch dafür sorgte, dass die Strafverfolgung rechtsstaatlich zu erfolgen hat.

Die von mir in diesem Buch angesprochenen Defizite im Kampf gegen Mafia & Co. in Deutschland haben bei den Medien, bei Strafverfolgern und bei der Bevölkerung ein großes Echo hervorgerufen. So hatte ich Gelegenheit, im Fernsehen, im Hörfunk sowie in Zeitungsartikeln die Problematik anzusprechen und meine Lösungsvorschläge darzulegen. Viele Polizeibeamte aus ganz Deutschland haben mir deswegen geschrieben. Der Zuspruch gab mit recht: Viele freuten sich, dass endlich jemand offen den Finger in die Wunde legte. Die Resonanz seitens der Staatsanwaltschaften und Gerichte fiel hingegen zwiespältig aus. Während viele Strafrichter und Kollegen der Staatsanwaltschaft (etwa aus Trier, Freiburg und Berlin) meinen Denkanstößen beipflichteten, erntete ich auch aus meinem ehemaligen direkten Umfeld durchaus kritische Stimmen. Manche im Kölner Justizzentrum und bei der Generalstaatsanwaltschaft warfen mir Populismus vor. Den unsinnigen Vorwurf nehme ich gerne in Kauf, ist er doch ein Zeichen dafür, bei den Verantwortlichen einen empfindlichen Nerv getroffen zu haben.

Auf einen Punkt muss ich noch zu sprechen kommen, weil er mir nach wie vor sehr am Herzen liegt: die Vorratsdatenspeicherung. Fälschlicherweise wird der Eindruck erweckt, dass mit deren Hilfe – ähnlich wie von bestimmten Nachrichtendiensten praktiziert – sämtliche Kommunikationsdaten und insbesondere auch der Inhalt von Telefongesprächen gespeichert und ausgewertet würde. Das ist mitnichten so. Die vorgesehene Vorratsdatenspeicherung – die übigens sowohl vom Bundesverfassungsgericht als auch vom Europäischen Gerichtshof im April 2014 grundsätzlich für zulässig erklärt worden ist – sieht vor, dass nur beim begründeten Verdacht schwerer Straftaten (wie Mord oder Menschenhandel) die Telekommunikationsdaten gespeichert werden. Diese Daten werden außerdem nicht vom Staat, sondern von den Providern gesammelt und nur auf ausdrücklichen Beschluss eines Richters und nach dessen sorgfältiger Prüfung an die Strafverfolgungsbehörden herausgegeben. Erst bei weiteren Ermittlungen und durch eine richterliche Anordnung können dann auch Inhalte von Telefonaten überwacht werden.

Mir ist bewusst, dass dieses Thema mit vielen Vorurteilen belastet ist. Allerdings verstehe ich nicht, weshalb die anlasslose Speicherung von zunächst anonymen Daten ein derart schwerer Eingriff in die Privatsphäre sein soll. Zumal bei der Bekämpfung der Geldwäsche ja durchaus hingenommen wird, dass laut Geldwäschegesetz finanzielle Transaktionen, die konkreten Personen zugeordnet werden können, von Banken und Sparkassen für die Dauer von fünf Jahren aufbewahrt werden müssen Aus Ermittlersicht gehört das Thema Vorratsdatenspeicherung jedenfalls auf die Tagesordnung, denn sie ist schlichtweg notwendig – in der digitalen Welt, in der sich auch die Straftäter bewegen, sind die Verbindungsdaten oft der einzige Ermittlungsansatz, um schwerwiegende Straftaten aufdecken zu können, da vielfach keine Zeugen und keine Fingerabdrücke zur Überführung der Täter vorhanden sind. Und auch zur Verhinderung von Straftaten – bis hin zu Terrorattentaten – führt an der Vorratsdatenspeicherung kein Weg vorbei. Terroristen aller Couleur nutzen das Internet. Wenn wir Ermittler dort außen vor bleiben, haben die Täter leichtes Spiel.

Doch auch nach dem im Herbst 2013 erfolgten Wechsel von einer schwarz-gelben Regierung zu einer Großen Koalition blockiert der jetzige Bundesjustizminister Heiko Maas (SPD) eine dringend gebotene gesetzliche Neuregelung der Abfrage von Handydaten und IP-Daten (also der Nutzeradressen) von PCs. Immer noch sind somit Computer und Smartphones – also ausgerechnet die meistgenutzten Kommunikations- und Kriminalitätsmittel – für die Ermittler unantastbar. Das BKA untersuchte ein Jahr lang anhand von gut 5000 Fällen die Folgen des gesetzlichen Moratoriums der Vorratsdatenspeicherung. In mehr als 90 Prozent der Fälle versuchte die Polizei, den Anschlussinhaber einer dynamischen IP-Adresse zu ermitteln. In mehr als 4000 Verfahren blieben diese Versuche erfolglos. 1900 Mal ging es dabei um schweren Betrug, 1600 Mal um Kinderpornografie und 42 Mal sogar um Mord oder Totschlag. In 2100 Fällen war die Feststellung des Anschlussinhabers der einzige Ermittlungsansatz; in 2300 Fällen gab es zwar weitere Ermittlungsmöglichkeiten, gleichwohl hätten die IP-Ermittlungen in 92 Prozent der Verfahren vermutlich rasch zum Täter geführt. Uwe Jacob, Chef des Landeskriminalamts NRW, formulierte es kürzlich bei einem Vortrag so: »Die Frage beantwortet sich angesichts diese Erkenntnisse fast von selbst. Ich bin fest davon überzeugt, dass (...) wir eine Vorratsdatenspeicherung brauchen. Hochprofessionelle Täter hinterlassen kaum Spuren. Sie wechseln oft die Tatorte über die Zuständigkeitsgrenzen hinweg. Sie nutzen moderne Kommunikationsmittel und machen so erst effektive Verabredungen und Geheimhaltung möglich.«

Jacob spricht mir aus der Seele, etwa dann, wenn es um Einbrecherbanden geht: »Spuren für die Verbindungen zwischen den Einbrechern vor Ort und den Hintermännern sind kaum vorhanden – Telekommunikationsverbindungsdaten sind kaum vorhanden.« Tatzusammenhänge könne man so kaum aufklären, selbst wenn es gelinge, jemanden auf frischer Tat festzunehmen.

Bei der Bundesregierung in Berlin gleitet man über diese Einwände der Praktiker elegant hinweg. Vorratsdatenspeicherung gleich NSA gleich Totalüberwachung – so lautet die tumbe Logik, ungeachtet der Tatsache, dass das eine mit dem anderen rein gar nichts zu tun hat. Doch selbst Pragmatiker wie NRW-Innenminister Jäger kapitulieren inzwischen vor dem linksliberalen Mainstream. Lange Zeit gab der Law-und-Order-Mann den Vorkämpfer für die Wiedereinführung der Vorratsdatenspeicherung und rückte die abgetretene FDP-Justizministerin Sabine Leutheusser-

Schnarrenberger in die Nähe einer Strafvereitlerin – nur, um nun selbst einzuknicken. Seitdem ihr Nachfolger und sein Parteifreund Heiko Maas das Thema nicht mehr anpacken will, erfolgt kein Mucks mehr vom sonst so streitbaren Granden der nordrhein-westfälischen Sozialdemokraten. Im Gegenteil: Die SPD im bevölkerungsreichsten Bundesland hat im Oktober auf ihrem Landesparteitag beschlossen, die Vorratsdatenspeicherung nicht wieder einzuführen. Die Drogen-Mafiosi, Einbrecher, Kinderschänder oder Cyber-Gangster wird es freuen.

Anmerkungen

1 Siehe *Westdeutsche Allgemeine Zeitung*, 1. März 2011
2 Siehe *RP-Online*, 6. September 2010
3 Siehe *Focus*, Nr. 17/2005, »Die Brutalo-Welle rollt«
4 Siehe *Der Kriminalist*, Nr. 9/2006
5 Siehe *Focus*, Nr. 27/2012, »Albtraum Einbruch«
6 Siehe *Der Spiegel*, Nr. 7/2013, »Flipper, Socken, Schraubendreher«
7 Siehe *Spiegel-Online*, 21. Juni 2000, »Das Ende einer monatelangen Odyssee«
8 Siehe *FAZ-net*, 6. September 2012, »Dutzende Tote vor türkischer Küste«
9 Siehe *Frankfurter Allgemeine Zeitung*, 24. April 2013, »Schärferes Vorgehen gegen Armutseinwanderung«
10 Zit. lt. Abschlussbericht des Visa-Untersuchungsausschusses
11 Ebd.
12 Siehe *Focus*, Nr. 10/2013, »Die Armut kommt«
13 Siehe *Der Spiegel*, Nr. 6/2005, »Grünes Licht für Menschenhändler«; *Der Spiegel*, Nr. 8/2005, »Joschka Fischer Superstar«
14 Siehe *stern.de*, 16. Mai 2005, »Mitternachtsspitzen mit Otto Schily«
15 Siehe *Handelsblatt*, 25. April 2005, »Schreiben Sie: Fischer ist schuld«
16 Siehe *Kölner Stadt-Anzeiger*, 17. Juni 2005, »Überraschendes Ende«
17 Siehe *Focus*, 13. Februar 2012, »Böse Typen im Wohnpark«
18 Siehe *Kölner Stadt-Anzeiger*, 17. August 2008 »Drogenkartelle gewinnen an Macht«; ders. 10. September 2010 »Gewalt regiert in Mexiko«
19 Siehe *Frankfurter Allgemeine Zeitung*, 13. April 2013, »Europol warnt vor mexikanischen Drogenkartellen«

20 Siehe *Focus*, Nr. 25/2012, »Du fühlst dich wie Supermann«
21 *Focus*, Nr. 25/2012, »Du fühlst dich wie Supermann«
22 Siehe *Kölner Express*, 17. April 2013, »Mega-Drogenfund am Kölner Flughafen«
23 Siehe *Süddeutsche Zeitung*, 13. März 2007, »Drogenmetropole Augsburg – Heroin Handel für die PKK«
24 Siehe *Der Spiegel*, Nr. 50/2007, »Weiße Weste für die Parallelwelt«
25 Siehe *Der Spiegel,* Nr. 34/2008, »Am Altar des Verbrechens«
26 Siehe *Rheinische Post*, 19. Januar 2010, »Mafia in NRW stark verbreitet«
27 Siehe *Bonner General-Anzeiger*, 17. November 2008, »Die Mafia AG boomt«
28 Siehe *Handelsblatt*, 13. Oktober 2009, »Wie Berlusconi der Mafia hilft«
29 Siehe *Kölner Stadt-Anzeiger,* 15. März 2011, »Die italienische Baumafia in Köln«
30 Siehe Pressemitteilung Bundesfinanzministerium, 22. März 2013
31 Siehe *WDR*, 17. Januar 2013, »Schlag gegen italienische Baumafia«
32 Siehe *GEO Epoche,* 4/2011
33 Siehe *Focus*, 26. Mai 2008, »Schweigegelübde aus dem Gulag«
34 Siehe ebd
35 Siehe *Süddeutsche-Zeitung*, 2. November 2012, »Wie die Russenmafia den Knast kontrolliert«
36 Siehe *Focus,* 17/2005, »Die Brutalo-Welle rollt«
37 Siehe *Rheinische Post*, 9. Juli 2009, »Diebe tricksen BMW aus«
38 *Kölner Stadt-Anzeiger*, 5. Januar 2008, »Karatestar gesteht Überfälle«
39 Siehe *Handelsblatt*, 18. März 2013, »Das sind Deutschlands Einbrecherhochburgen«
40 Siehe *Focus,* 29/2013, »Schlechter als die Polizei erlaubt«
41 Siehe *Handelsblatt*, 18. März 2013, »Das sind Deutschlands Einbrecherhochburgen«
42 Siehe Urteil des BGH 4. November 2010, Az. 4 StR 404/10
43 Siehe *Frankfurter Allgemeine Zeitung*, 29. Juli 2013, »Altmetall statt Totenruhe«
44 Siehe *Lichtblick-Zeitung*, 2. Quartal 2013
45 Siehe *Das Wissens-Magazin* aus *wissen-aktuell*, 12. April 2012, »Fehlendes Bauchgefühl lässt Ältere leicht auf Betrug hereinfallen«
46 Siehe *Die Welt*, 11. November 2012, »Kutschaty kann auch die Keule schwingen«
47 Siehe *FAZ.net.*, 10. Mai 2011, »Datendiebstahl am Geldautomaten steigt«
48 Siehe *Focus*, Nr. 28/2013, »Mit Schirm, Charme und Kapuze«

49 Siehe *Kölnische Rundschau*, 23. Juni 2003, »Menschenhandel: Brutales Ende eines Mädchentraums«
50 Siehe *Frankfurter Neue Presse*, 22. Juli 2013, »Laufen gegen Menschenhandel«
51 Siehe auch *Der Spiegel*, Nr. 22/2013, »Bordell Deutschland – wie der Staat Frauenhandel und Prostitution fördert«
52 Siehe *Spiegel-Online*, 24. Juli 2013, »Hanebuth festgenommen«
53 Siehe *Focus-Online*, 4. August 2013, »23 Jahre Knast drohen …«
54 Tanja El-Charkch u.a.: *EU-Enlargement, Migration and Trafficking in Women*. Hamburg Institute of International Economics, 2004
55 Siehe *Deutschlandradio*, 13. April 2013, »Steuerparadies im Kirchenstaat«
56 Siehe *Tagesspiegel*, 29. Mai 2013, »Geldwäschern drohen hohe Haftstrafen«
57 Siehe *swissinfo.ch*, 25. Januar 2013, »Geldwäscherei-Fälle überfluten die Schweiz«
58 Siehe *Tagesspiegel*, 11. Januar 2012, »Mafia ist in der Krise«
59 Siehe *Spiegel-Online*, 7. März 2012, »Mafia Jäger fassen Camorra-Boss«
60 Siehe *Financial Times Deutschland*, 6. Februar 2012, »Geldwäsche-Paradies Deutschland«
61 Siehe ebenda
62 Siehe *bild.de*, 29. Oktober 2012, »So waschen Kriminelle ihr Geld in Deutschland«
63 Siehe Bundeskriminalamt, 8. Oktober 2010, Presseinformation, »Die Bedeutung für Mindestspeicherfristen für Gefahrenabwehr und Strafverfolgung«
64 Siehe *Focus*, Nr. 10/2013, »Die Armut kommt«
65 Siehe *Die Zeit*, 30. März 2013, »Ba-Chef erwartet kräftige Zuwanderung aus Rumänien und Bulgarien«
66 Siehe *Frankfurter Allgemeine Zeitung*, 24. April 2013, »Schärferes Vorgehen gegen Armutseinwanderung gefordert«
67 Siehe *Focus*, Nr. 29/2013, »Schlechter als die Polizei erlaubt«
68 Wolfgang Gatzke: *Analyse zum Gefährdungspotential Organisierte Kriminalität*, Referat an der Heinrich-Heine-Universität Düsseldorf 2005
69 Siehe Bundesverfassungsgericht, 3. März 2004, Az. 1BvR 1084/99
70 Siehe *Spiegel-Online*, 8. November 2012, »Fall Mirco: Handydaten führten laut Chefermittler zum Mörder«
71 Siehe Urteil des BGH, 11. Februar 2010–4StR 436/09

Literatur

Battaglia, Pippo/Leoluca Orlando: *Leoluca Orlando erzählt die Mafia*, Freiburg 2008
Dickie, John: *Cosa Nostra. Die Geschichte der Mafia*, Frankfurt 2007
Forgione, Francesco: *Mafia-Export. Wie 'Ndrangheta, Cosa Nostra und Camorra die Welt erobern*, München 2010
Jaeger, Rolf Rainer: »Mafia-Bekämpfung – Rechtliche und Technische Standards für die Kriminalpolizeiliche Arbeit in der EU der 27.« In: *Der Kriminalist*, 07–08/2008
Ludwig, Joachim: »Enkeltrick – Kollektive Strafvereitelung durch Unzuständigkeit?« In: *Der Kriminalist*, 02/2006
Reski, Petra: *Von Kamen nach Corleone. Die Mafia in Deutschland*, Hamburg 2010
Roth, Jürgen: *Mafialand Deutschland*, München 2010
Saviano, Roberto: *Gomorrha*, München 2007
Scarpinato, Roberto: »Die Bekämpfung der Mafia in Italien und Deutschland – Was ist zu tun?« In: *Der Kriminalist*, 4/2012
Skinner, E. Benjamin: *Menschenhandel. Sklaverei im 21. Jahrhundert*, Bergisch-Gladbach 2008
Southwell, David: *Geschichte des Organisierten Verbrechens*, Köln 2007
Wagner, Joachim: *Richter ohne Gesetz. Islamische Paralleljustiz gefährdet unseren Rechtsstaat*, Berlin 2011